一九色鹿一

本书出版获云南民族大学外国语言文学硕士点成果资助经费资助

本书部分内容为国家社会科学基金项目"中国西双版纳与泰国北部南传佛教僧伽制度改革关系调查研究"（13CZJ007）结项成果的重要内容，视频制作部分受该项目基金支持

本书为云南大学"一流大学建设""中国—东南亚、南亚贝叶文化传承与保护"创新团队项目阶段性成果

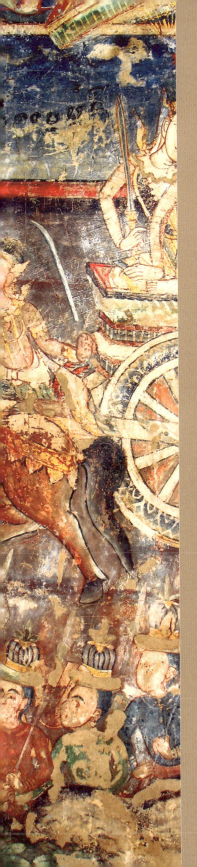

A HISTORY OF BUDDHISM IN
NORTHERN THAILAND

泰北佛教史

饶睿颖 著

社会科学文献出版社
SOCIAL SCIENCES ACADEMIC PRESS (CHINA)

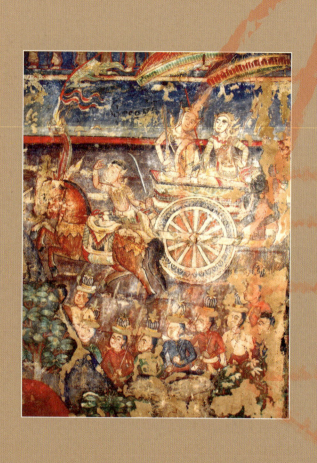

目　录

插图目录

导论　佛教、民族与宗教文化圈

兰那王国与泰北佛教

泰北地区历史上曾经是一个独立的王国，其所辖区域包括今清迈、清莱、夜丰颂、普叻府、帕尧、难府、南奔、南邦、程逸的部分地区。傣－泰民族迁移到东南亚这片区域之后，在与当地的族群孟高棉语民族不断冲突、融合发展的过程中逐渐壮大，形成了傣－泰民族中的新支系——泰庸人（Thai Yuan）。泰庸人成了这片区域的主体民族，开始建邦立国，并逐步吞并了以往盘踞在这片区域的大小部落及政权，其中包括中国史书《蛮书》中记载的"女王国"。

在数百年的征伐过程中，泰庸人逐渐建立起了独立的政权——兰那王国。事实上，目前并未发现当地人在古代历史上称呼这个独立王国为兰那的情况，泰庸人在15世纪之前一直称呼自己的国家为勐宾清迈。因为这个古国是以清迈为王都，而用王都名称来代称国名，是傣－泰民族在建邦立国过程中惯用的做法。[1]13~15世纪，中国史书中称其为"八百媳妇国"及"八百大甸"。

"兰那王国"的称呼始于15世纪中期，在此期间，这个泰北古国国力达到了鼎盛，疆域广阔。真正意义上的兰那王国也是在这一时期才形成的，即始于15世纪三界王统治时期。在此期间，中国与泰北地区的交往也很频繁，在中国史书中，兰那被记载为"揽那"，是兰那的谐音，译为"百万稻田"国。但泰北人尤其是泰北主体民族泰庸人为了纪念他们曾经的国家，将13世纪到19世纪泰北这个独立的国家统称为兰那。一直到现在，许多人还将泰北地区称为兰那地区。本书在行文中也扩大了兰那这一名称的外延，对13世纪到19世纪泰北古国的称呼，笔者均用兰那王国。

在泰庸人建立兰那王国之前，早在7、8世纪时，该区域已经受到了佛教的影响。受地理位置的影响，泰北地区北与缅境接壤，南边则通过宾河和湄南河长期与泰境中部保持商贸往来。北至缅境、南至泰境中部的两条通道，既是贸易通道，又是佛教传播的重要渠道。由于南传佛教与大乘佛教曾经在缅境与泰境中部交替出现，因此，泰北在早期曾经受到两种教派的影响，最终南传佛教在泰北取得了主导地位。而泰北南传佛教的奠基者，是中南半岛一个更为古老的族群——孟高棉语民族当中的孟人。孟人曾经活跃于缅甸南部

1　泰境中部泰人所建立的素可泰王国、阿瑜陀耶王国皆是以其王都素可泰城和阿瑜陀耶城来命名的。中国境内傣泐人所建立的景陇金殿国也是以其王都景洪城命名的。

与泰境中部，其居住地多位于港口区域。孟人极擅通商，是中南半岛地区最早与印度交往的民族，因此他们也是印度文化的直接受益者与传播者。泰北南传佛教的雏形，正是由活跃于泰境中部的孟人所缔造的。他们通过通商、传播佛教、建邦立国[1]，最终奠定了泰北南传佛教的基石。

泰庸人迁移至泰北之后，接受了当地的宗教信仰，在漫长的发展过程中，他们也成了虔诚的佛教徒。当泰庸人灭掉女王国并建立兰那王国之后，他们仍然尊奉南传佛教为国教，代代君主在加冕之际，都要接受高僧祝福，饮咒水盟誓，誓以佛法治国，以德政安民。王权的正统性，在佛教的加持下延续数代；王室为了王权的延续，也不断护持佛教并使其发扬光大，每一代国王都是佛教最大的护法者。"在南传佛教政体当中，佛教社会的制高点是王权之下道德与权力的融合，宗教与政治形成的有机整体是其最重要的组织原则，因此，国王经常采取直接行动来净化宗教。"[2]当兰那王国发展至繁盛之际，几位君王为了巩固政权、纯净佛教，数次延请斯里兰卡高僧至兰那弘扬佛法，先后形成了花园寺派与红林寺派。

在佛教的宇宙观中，王国的开疆辟土与佛光普照巧妙地结合在了一起。王都清迈及其周边地区被视为宇宙的中心，而离王都较远的勐则为宇宙中心的外围。这就是东南亚早期的政治结构——曼荼罗式结构，或称为王圈组合，[3]也称为勐制（在泰北的形象体现）。

所谓曼荼罗结构，就是指受印度文化影响的东南亚地区一种特有的政治结构。"曼荼罗"原意为神坛。这种结构描述了在一个王

1　泰北古国女王国，泰境中部孟人所建。

2　龚浩群：《佛与他者：当代泰国宗教与社会研究》，社会科学文献出版社，2019，第8页。

3　〔英〕O.W.沃尔特斯：《东南亚历史、文化和区域透视》，新加坡东南亚研究所，1982，第16页。

圈内，国王所在的王都及其周围地区为核心圈，也是宇宙的中心。国王的权威等同于神或宇宙的权威，而国王周围的人是向他效忠的盟友或封臣；在这个核心圈周围分散着多个不同的行政圈或依附圈，其地位取决于国王的重视程度及自身的效忠程度。国王希望通过自己等同于宇宙的权威，使王圈内的所有人都归顺于他。但是由于王圈内存在众多的权力中心，所以皆是依靠私人关系而形成的政治效忠网。国王能控制的地区仅限于核心圈，王圈中心的政治影响力大多是有限的，其范围和权力也不稳定，经常会因王位的更迭而发生变化。[1]

与兰那王国主体民族同源的其他傣－泰民族——缅境掸族、老挝境内的泰老人、中国西双版纳境内的傣泐人所建立的政权与兰那王国的勐制是极为相似的。傣泐人所建立的政权，虽然与泰庸人所建立的政权各自独立，但是由于两个民族为同源民族，语言、习俗相近，彼此之间上至王室、下至民间交流频繁，甚至相互通婚，形成了一种具有血缘关系的政治网络（政治联盟）。这种政治联盟被称为"兄弟之邦"（PanPhiMuangNong）。随着兰那王国国力日趋强盛，佛教影响力也传播至周边这些政治联盟，遂形成了以兰那王国清迈为中心、周边政治联盟区域为覆盖点的兰那佛教文化圈。这些区域包括缅甸掸邦、老挝琅勃拉邦和中国的西双版纳，主要集中在兰那古国以北的区域。

基于佛教的宇宙观，兰那佛教文化圈内同时还形塑了佛教的神圣空间。在兰那王国，有神圣的十二座生肖圣殿（佛塔），每一处都被认为在十二年轮中的某一年彰显神圣力量。因此人们的命运被掌控在他们出生年的圣殿权力之下，人们有义务向掌控他们命运

1　〔英〕O.W. 沃尔特斯：《东南亚历史、文化和区域透视》，第 16 页。

的圣殿表示尊崇。这些圣殿（佛塔）被认为与佛陀的一生息息相关。在这里，人们顶礼膜拜，求福报、保平安。佛塔信仰由来已久，修建佛塔是佛教徒积累功德善业的重要表现形式，是受到鼓励的。南传《长部·大般涅槃经》中载：佛陀涅槃前曾叮嘱阿难尊者"应于四大道上为如来建塔，若在那里以花鬘、香、香粉供奉或顶礼，或心生净信者，他们将得到长远的利益快乐。有此四种人值得建塔，如来、阿拉汉、正自觉者值得建塔，独觉佛值得建塔，如来的弟子值得建塔，转轮王值得建塔。阿难，什么原因、理由，如来、阿拉汉、正自觉者值得建塔呢？阿难，能让许多人心生净信：这是那位如来、阿拉汉、正自觉者之塔。他们在那里心生净信，身坏死后能生于善趣、天界。阿难，乃此原因、理由，如来、阿拉汉、正自觉者值得建塔"。因此，建造佛塔作为佛陀象征并对其进行朝礼、敬奉、供养，是佛教徒乐此不疲的功德善举，[1] 也是佛教徒积累功德最直接的方式。[2]

十二生肖圣殿在真实的地域空间中，绝大多数位于兰那佛教文化圈的地理范畴之内，[3] 且圣殿中通常珍藏有佛迹或佛骨，重要的一些圣殿位于兰那王国的王都清迈及故都清盛。由十二圣殿组合而成的神圣空间，不但涵盖泰国北部部分地区，也涵盖老挝、缅甸的部分地区。[4] 人们将这些地区与印度联结到了一起。佛教神圣空间

1　玛欣德尊者：《图说洁地》，上座部佛教图说系列之二，西双版纳法住禅林内部资料，2015，第 84 页。

2　〔泰〕田猜·阿克松迪：《兰那生肖佛塔研究》，博士学位论文，清迈大学，2011，第 34 页。

3　十二圣殿分别对应的生肖与佛为：（1）生肖鼠，清迈中通佛塔；（2）生肖牛，泰北南邦大佛塔；（3）生肖虎，泰北普叻府绰和佛塔；（4）生肖兔，泰北难府彻恒佛塔；（5）生肖龙，清迈帕信寺佛塔；（6）生肖蛇，印度菩提迦叶大菩提寺佛塔；（7）生肖马，仰光大金塔；（8）生肖羊，清迈素贴山佛塔；（9）生肖猴，帕农府帕农佛塔；（10）生肖鸡，泰北南奔大佛塔；（11）生肖狗，清迈格伽兰寺佛塔；（12）生肖猪，泰北清莱堆东山佛塔。参见〔泰〕同盛康《泰北文化全书》第 4 册，曼谷暹罗宝石出版社，1999，第 2982~2985 页。

4　〔美〕通猜·威尼差恭：《图绘暹罗：一部国家地缘机体的历史》，袁剑译，译林出版社，2016，第 29~30 页。

与印度的联结，源于前印度宇宙学的构想和规划。王国是根据宇宙
秩序加以规划的，而神圣空间虽然与王国的领土安排存在密切的关
系，却不是同一种空间。[1]笔者认为，兰那王国的领土安排属于勐制
的范畴，具有松散型特征，边界概念并不清晰。而兰那佛教文化圈
内对佛教神圣空间的形塑，则基于流传于兰那佛教文化圈区域内地
方志（Tamnan）《佛祖巡游记》[2]中对佛教圣地及佛陀圣物地理位置
的记载，十二生肖圣殿基本上能在《佛祖巡游记》中找到相应的记
载。而十二生肖所对应的出生纪年法，则可以在与星相学相关的贝
叶经中找到。《佛祖巡游记》所记载的圣殿（佛塔）位置及各地地
名，并不单纯依赖于对前印度宇宙学空间的构想与规划，除此之外
还根据上述区域的自然环境与社会环境来确定，更加接近现代地理
学。可见，记载这部地方志的僧人或居士[3]对这个文化圈的地理位置
相当熟悉，佛教在上述区域流传的深度与广度可见一斑。因此，兰
那佛教文化圈内所形塑的神圣空间，不但可以归属于宗教空间，还
可以归属于人文地理空间。

　　兰那文化圈的覆盖区自古以来就与兰那有着密不可分的关系，
兰那与这些地区的傣－泰民族、南传佛教同根同源、法脉相成，相
互之间语言、文字相通，交往密切，历史上曾经相互联姻、合作互
助，有着地缘、亲缘、血缘上的亲密关系。这些区域的佛教受兰那
佛教影响深刻，都尊奉清迈为佛教中心。

1　〔美〕通猜·威尼差恭：《图绘暹罗：一部国家地缘机体的历史》，第31页。

2　《佛祖巡游记》是一部记载于贝叶经中有关佛陀及其弟子巡游泰北、掸邦、西双版纳、泰境
　　东北部部分地区，留下各类佛陀圣物以及佛陀遗迹在各个佛寺的相关游历传记，是一部著名
　　的佛教地方文学作品。这部文学作品被誉为重要的人文地理学著作，因为这部传记中记载了
　　佛祖及其弟子在游历以上区域及为当地人说法的同时，沿途为当地佛寺等命名，或预言地名
　　的事迹。

3　地方志（Tamnan）多为僧侣或修行居士所著述，常刻写于贝叶经中。撰写这些地方志的主
　　要目的，就是弘扬佛法。

从 13 世纪开始至 19 世纪，兰那佛教的发展、衰微、复兴都直接或间接地影响了上述区域。在 700 年的发展过程中，兰那历经了沦为缅甸属国，后又复国独立，继而成为暹罗藩属国的过程。兰那佛教虽然由盛转衰，但是传承仍然较为多元。19 世纪末 20 世纪初，西方殖民主义对暹罗的威胁日益加深，兰那作为暹罗屏障的重要作用愈发凸显。历史上政教合一的暹罗为了将兰那纳入版图，对兰那进行了政治、经济、宗教方面的改革。其中对泰北的宗教改革与中央集权改革是齐头并进的，这对泰北的传统佛教、社会发展产生了深远影响，直至今日。

进入 19 世纪之后，由于暹罗宗教改革的逐步推行，兰那佛教逐步丧失了地方性佛教特征，与暹罗佛教日渐趋同。而曾经属于兰那佛教文化圈内的傣－泰民族聚居区域却保留了部分兰那佛教文化的特征与遗迹。例如，花园寺派与红林寺派在泰北已经消失，然而在同一文化圈内的景栋与西双版纳却保留了下来。清迈作为曾经佛教中心的宗教地位却未曾改变，上述区域的佛教僧侣在随后的 200多年间仍然持续不断地到清迈参学、交流，迎请三藏经典，使兰那佛教得到一定程度的复兴，这也为 20 世纪以后在泰北兴起的宗教运动、政治运动以及地方文化复兴提供了宗教文化依据。

兰那佛教文化圈与傣－泰民族

缔造兰那佛教文化圈的傣－泰民族有着共同的祖先，他们从中国境内迁移到了越南北部、老挝北部等地，后来又从老挝北部及中国的西双版纳先后迁入泰北。兰那主体民族泰庸人的先民是后来才从老挝北部及中国的西双版纳迁入泰北的。因此，迁入泰北的傣－泰民族与老挝北部、中国西双版纳的傣－泰民族分化时间较晚，保留了更多共同的特征，具有较大的相似性。这可能就是泰庸人与老挝北部的泰老人及中国西双版纳的傣泐人在语言、文化习俗等方面具有较大相似性的重要原因。[1]

泰庸人与周边傣－泰民族建立的小国家自古以来就有着较为密切的关系。这些傣－泰民族建立的小国家就位于傣－泰民族分布的区域中。傣－泰民族在历史上有着共同的发源地，随着不断的迁移，其分布区域也逐渐扩散，并呈现明显的特征，即傣－泰民族习惯聚居在自然条件较为优越的河谷平坝。这些地区气候湿热、土地肥沃，为创造热带农业文化提供了十分有利的条件。而在这些分布区内，傣－泰民族建立的小国除了南掌王国之外，皆是较为松散的城邦国家，难以形成如泰庸人所建立的兰那王国及中部泰人所建立的阿瑜陀耶王国那样相对统一的国家。

在这些迁居至中国西南及中南半岛的傣－泰民族所建立起的城邦小国周边，有三个统一的国家，即缅甸、中国和兰那。傣－泰民族所建立的小国地缘政治极不稳定。如果上述三个国家中任何一个国家变得强大，这些小国就只能依附于强大的国家，并成为其藩属国，另外还要提供人力及物产等给宗主国。只有当强国国势衰弱的时候，它们才有机会独立。这些傣－泰民族建立的城邦国家相互之间是"兄弟之邦"，它们之间或是通过委任王子到其他地区建勐，或是通过相互之间的联姻而建立起一种具有血缘关系的政治外交。

---

1 饶睿颖：《论早期泰北泰庸人的形成》，《云南民族大学学报》2011 年第 4 期，第 102 页。

兰那与这些城邦小国之间，大多维系着较为友好的关系。作为湄公河流域较为强大的王国，要维系这种友好关系，兰那主要是通过以下两种方式实现的。第一，通过联姻结盟或委任王室血亲到该地统治，从而建立血缘关系网。早在开国国王芒莱时期，兰那就先后与景洪、景栋、勐乃及琅勃拉邦等地结盟，形成了关系密切的兄弟之邦。第二，以宗教信仰为纽带，向兰那以北傣－泰民族聚居的地区尤其是景栋、勐勇、景洪、琅勃拉邦及萨尔温江流域的部分勐传播宗教——南传佛教。兰那由此在兰那以北的区域中成了宗教文化方面的先驱和领导者，扩大了兰那王国在上述区域中的政治影响力。这种通过以相似文化为纽带并传播宗教文化的方式，促使兰那和兰那以北的傣－泰民族聚居区域之间建立起了政治、经济、信仰方面的联系，更促成了文化方面的相似性。

文化上的相似性又可以促进兰那与其以北地区之间的友好关系。兰那以北地区的傣－泰民族主要由傣泐人、掸族（泰掸人）、泰老人构成。傣泐人主要分布在西双版纳、景栋、勐勇一带；掸族主要分布在勐乃、掸邦一带；泰老人主要分布在琅勃拉邦一带。泰庸人与这些傣－泰民族有着极为相似的文化，互相之间文化的差异只是由于地域分布的不同而在细节上有所不同。语言、文化、习俗的相似性为佛教在兰那以北区域的传播提供了巨大的便利，佛教在兰那佛教文化圈内的传播，为稳固兰那王国的地缘政治提供了重要的合法依据与支撑。

兰那文化圈的覆盖区自古以来就与兰那有着密不可分的关系，兰那主体民族泰庸人与这些地区的傣－泰民族共同信仰南传佛教。中国的西双版纳和泰北都是文化圈内重要的组成部分。两地的傣－泰民族，傣泐人与泰庸人（信仰南传佛教的主要族群）语言、文字相通，交往密切，历史上曾经相互联姻、互通有无，有着地缘、亲缘、血缘上的亲密关系。中国西双版纳地区的南传佛教也是通过泰北传入的，泰国佛教发展中的重要变化也会影响中国西双版纳地区。因此，研究泰北佛教史亦可以深化对中国与东南亚地区南传佛教的研究，对加强中国与周边国家的对话、交流，进一步巩固中国同周边国家的睦邻友好合作关系，对构建中国与东南亚和谐的国际关系有着重要的现实意义。

　　本书以历史为主线，在爬梳史料及田野调查的基础上，寻根溯源，对泰北兰那王国的形成发展与泰北佛教的传入、变迁进行系统全面的梳理，并对一些关键问题进行把握和探究，对兰那佛教文化圈的形成进行具体深入的研究，重点关注曼谷王朝佛教改革给泰北佛教及社会带来的深刻影响。另外，本书还研究了中国西双版纳地区与泰北之间的佛教渊源与佛教僧伽制度的改革关系。

　　本书所选取的时间范围是从 8 世纪女王国建立一直到 20 世纪初兰那归属泰国。因为这段时间涉及泰北佛教传入、发展、变迁的整个历程。在 20 世纪初兰那被纳入泰国版图、1902 年泰国颁布 121 号《僧伽法》之后，泰北佛教基本成型，未有重大变化，因此 1902 年之后的泰北佛教历史，本书并未涉及。

第一章　泰北佛教的传入与发展

佛教在泰境的传播

（一）佛教传入泰境的时间

佛教在泰境的传播时间非常漫长，路线也十分复杂。生活在泰境的不同族群其先民在历史发展进程中建立过多个部落邦国或部落联盟。早在素可泰王朝建立前，泰境出现过很多小国。例如，1 世纪，在掌叨他尼府一带有都元国、邑卢投国、谌离国；3 世纪，在泰国中部暹罗湾附近有金邻国，中国古代称暹罗湾为金邻湾；4~5世纪，泰境马来半岛出现了盘盘国；6~11 世纪，佛统一带有堕罗钵底国；6 世纪，宋卡和北大年一带有赤土国；10~14 世纪，洛坤有单马令国；2~13 世纪，吉打和北大年一带有狼牙修国；在泰境北部，8~13 世纪出现了女王国，13 世纪后又有了兰那王国。以上诸国是曾在泰境出现的大小城邦国家。13 世纪前这些大小邦国都受到过佛教的影响。泰境族群多元且分布地域不同，因此佛教传入泰境的途径也不同。13 世纪之前的泰境佛教，形成了多元的分布格局。[1]

佛统与蓬迪所出土的文物可以证实，公元初时泰境中部已经有佛教信仰存在。佛统曾发现以鹿为底座的法轮及佛陀足迹的图案。象征着佛在鹿野苑说法初转法轮，以及佛陀足迹的图案，刻有"诸法因缘生，诸法因缘灭"的巴利文铭文。有学者从艺术风格上推断，它们属于印度笈多王朝时期的产物。在蓬迪，发现有数座佛寺遗址，以及青铜、石雕佛像。这些遗迹和文物都属于 2~3 世纪，但佛塔、佛像是在佛教流行相当长一段时间后才会产生的，因此，佛教在该地区的传入大致在 1 世纪。[2]

3 世纪，印度阿育王派遣僧团到金地[3]弘扬佛法，被认为是佛教传入东南亚的起点。《善见律毗婆沙》中载："于是帝须语诸长老：汝等各持佛法至边地竖立。……即遣大德末闻提至罽宾犍陀罗国，摩诃提婆至摩醯娑末陀罗国，勒弃多至婆那婆私国，昙无德至阿波兰多迦国，须那迦、郁多罗至金地国，摩哂陀、郁帝夜、参婆楼、跋陀至狮子国，各竖立佛法。"

阿育王派弘法使团所至的金地，是在东南亚无疑，但具体地点

1　郑筱筠:《世界佛教通史》第 12 卷《斯里兰卡与东南亚佛教（从佛教传入至公元 20 世纪）》，中国社会科学出版社，2015，第 191 页。

2　宋立道:《从印度佛教到泰国佛教》，东大图书股份有限公司，2002，第 97 页。

3　金地，今天缅甸、泰国一带，中国古籍中称为金邻。缅甸、泰国的古文献及碑铭中都出现过这个地名。

是在缅甸还是泰国，尚未有定论。因为泰国、缅甸古籍中都出现过金地这个地名。根据考古资料，在泰境发现有大量扶南国时期的金器，加上湄南河流域不少地名与黄金（Thong）有关，很多泰国学者认为金地在泰国。[1] 古籍记载，金邻国出现于 1 世纪，6 世纪被堕罗钵底国取代。《太平御览》载："金邻一名金陈，去扶南可二千余里，地出银。人民多好猎大象，生得乘骑，死则取其牙齿。"[2]

（二）孟人与泰境佛教的传播

泰境佛教受孟人佛教影响深远，古代湄南河流域曾经是孟人居住的地区，考古资料显示孟人很早就接受了佛教。但它是与南印度阿摩罗婆提一带佛教形式相关的南传佛教，而非后来斯里兰卡的大寺派系。下缅甸直通地区的佛教也是孟人佛教。孟人从 7 世纪开始就出现于东南亚的历史资料中，一直到 11 世纪达到强盛。[3]

孟人是孟高棉语民族的一个分支。现在泰国与缅甸仍然有孟人散居于各处，在东南亚历史上，孟人曾经有过辉煌的历史，在很长的时间里他们曾分布于暹罗、缅甸以及马来半岛，并且统治着这些地区。他们在这些地区建立的国家，大多有重要的河流经过，如湄公河、湄南河、萨尔温江与伊洛瓦底江，或是拥有优良的港口，因此他们的农业非常发达，其在水利工程方面也做出了很大的贡献。由于地处要塞，他们的商业十分发达，而且他们居住的地区成了印度文化最早传到东南亚的地方。[4] 早在 3 世纪，孟人国家就从印度接受了佛教。此后，印度僧侣相继来到孟人地区传授佛教，佛教在

1　段立生：《东南亚宗教嬗变对各国政治的影响》，泰国曼谷大通出版社，2007，第 76 页。

2　《太平御览》卷 790 金邻国条引《异物志》，中华书局，1960，第 3502 页。

3　宋立道：《从印度佛教到泰国佛教》，第 97 页。

4　陈序经：《猛族诸国初考》，东南亚古史研究之二，印本，出版社及年月不详，第 8 页。

孟人国家得到了广泛发展。[1] 孟人所奠定的宗教文化、习俗、语言文字、建筑、法律、舞蹈、音乐等基础成为东南亚一带泰老缅等国的重要文化瑰宝。他们发达的文化，为东南亚后来文化的形成和发展奠定了重要的基础。3~5 世纪，在泰境湄南河流域以及马来半岛泰国范围内出现了一些孟人建立的小国，如金邻、林阳、顿逊、盘盘、狼牙修、赤土等国，都是一些小城邦国家，处于当时中西交通的线路上。

孟人分为东孟人与西孟人，5 世纪前后，东孟人在泰境曼谷以西及以北建邦立国，前者是堕罗钵底，后者为哈里奔猜。而西孟人还是直通王国的缔造者。孟人的传统文化以佛教为主，直通的孟人国家于 11 世纪被新崛起的缅人灭国，成了缅甸的一部分。而东孟人也未能幸免，先后遭到缅甸军队和高棉帝国的攻击，最终被高棉人消灭。之所以遭受两面夹击，与堕罗钵底所处的地理位置密切相关。10 世纪末时，其东面为高棉，西边为缅甸。

堕罗钵底的文化对缅甸人、高棉人及泰人影响深远。其中堕罗钵底就是孟人的国家，堕罗钵底已被中国隋唐时代的学者和僧侣知晓，他们留下不少记载。唐朝玄奘在《大唐西域记》中就提到过堕罗钵底，他在印度获知该国，得知这个国家佛教文化发达，与印度有交往。另外一位高僧义净也提到过该国，"从那烂陀东行五百驿，皆名东裔。乃至尽穷，有大黑山，计当土蕃南畔，传云是蜀川西南行可一月余，便达斯岭。次此南畔，逼近海涯，有室利察咀罗国。次东南有郎迦戍国。次东有杜和钵底国"[2]。杜和钵底国就是堕罗钵底。与义净法师同时代的越南清化大乘灯法师，就在这里出家，后随唐使回长安，追随玄奘修学。

1   中山大学东南亚史研究所：《泰国史》，广东人民出版社，1987，第 14 页。

2   义净著，王邦维校注《南海寄归内法传校注》，中华书局，1995，代前言，第 94 页。

在堕罗钵底首都佛统发现的帕梅尼寺遗址，属于印度风格，在乌通和库巴也有佛寺遗址，布局是斯里兰卡样式，以大象为基础支柱，并有僧人聚会的大堂。属于堕罗钵底王朝时代的雕塑也很多，青铜或石刻雕像，都以孟人风格为原型。艺术风格有的属于南印度阿摩罗婆提，有的属于笈多王朝和后笈多王朝、波罗王朝。[1]

堕罗钵底王国在 11 世纪被吴哥王朝征服，此后高棉人信奉的印度教在这里传播开来。中国史籍记载，6 世纪以后，泰属马来半岛诸国的佛教已经相当发达，其中盘盘国在南朝大通年间曾多次遣使送来舍利、画塔、菩提树叶等，《旧唐书》中记载那里的人们学习梵文、敬重佛法。《隋书》中则记载赤土国宋卡一带的人士敬重佛教，但更敬重婆罗门教。《梁书》卷 54 载，狼牙修国，在马来半岛北大年、吉打一带，于梁天监十四年（515）遣使修书通好。书中提到"离淫怒痴，哀愍众生……慈心深广，律仪清净，正法化治，供养三宝"。从记载来看，这些地区在古代曾经深受佛教影响，尤其是大乘佛教。僧人义净也曾在《大唐西域求法高僧传》中指出，狼牙修是中国与斯里兰卡、印度佛教密切联系的重要枢纽。从中国四川来的义朗三人，从长安出发，越江汉至乌雷（广西钦州湾犀牛脚）搭乘商船，在海上经过扶南后，来到狼牙修，受到国王款待，被奉作上宾。来自洛阳的义辉、荆州的通陵也到过这里。玄奘和义净将狼牙修视作极其尊重佛法的国家。[2]

在马来半岛各地所发现的碑铭，是 4 世纪用梵文刻写的，其中至少有三通碑文记载有佛教故事，足以证明佛教曾经在此地流传。[3]

1　宋立道：《从印度佛教到泰国佛教》，第 98 页。
2　宋立道：《从印度佛教到泰国佛教》，第 99 页。
3　马觉姆达：《佛教在南亚各国弘传史话》，《东南亚佛教研究》，大乘文化出版社，1978，第 5 页。

在古代社会，该地区曾经是个独立的王国，中国史籍称为单马令国，其曾多次派使节出访中国，政治中心就在泰国的洛坤。在马来西亚与泰国接壤的吉打州武吉梅林，曾发现5世纪的佛寺遗址，有石刻印度跋罗婆字体的梵文佛偈残迹；霹雳州也发现过梵文碑铭，包括佛偈和祈愿文。这些都是大乘佛教传入马来半岛的证明。因此，泰境佛教来源不一，颇为复杂，既有南传上座部系统，也有大乘系统。

女王国与泰北佛教的传入

（一）佛教传入泰北的时间

泰北重要地方志《星洪那瓦》中有这样一段记载："泰庸人一位名叫披耶阿楚达腊的国王，曾经从孟人的国家直通那里接受了一块佛骨。披耶阿楚达腊就在堆东山顶建立了佛塔来供奉这块佛骨。堆东山上的佛塔是兰那的第一座佛塔。"[1] 后来，在11世纪中期，信仰上座部佛教的缅甸蒲甘王阿奴律陀征服了孟人的国家，并把势力扩张到泰北及泰中的华富里，因此上座部佛教通过蒲甘传入了泰北，传入泰北的佛教还带有缅甸的文化色彩。[2]

然而，《星洪那瓦》所记载的内容，笔者认为不足以完全采信。

1　〔泰〕玛尼·婉丽颇东：《星洪那瓦》，总理办公厅历史材料印刷委员会，1973，第40~41页。
2　〔泰〕素拉彭·丹立棍：《兰那社会、环境与文化》，清迈大学出版社，1989，第152页。

首先,《星洪那瓦》是一部由后人追溯记载的类似地方志的传说,这种地方志最主要的目的不是记载历史,而是宣扬宗教,这导致部分史实被篡改,人物、年代都有错乱之处。其次,从对国王的称谓来看,"披耶"一词是在泰北接受了印度文化以后才出现的。在接受印度文化之前,泰北对其首领或国王没有披耶这一称呼。他们将自己的首领称为佬、坤等。

虽然以上传说记载的内容存在很多讹误,不能够完全采信,但是从这段记载中可以推测当时佛教在泰北传播的一些情况。泰北开始接受佛教的时间较早,且佛教早期最有可能是通过孟人传入的。虽然无法确定具体时间,但至少应该在芒莱王朝建立之前,佬氏王朝末期即 13 世纪之前就已经传入谷河流域地区。另外,泰北的部分地区有可能也受到大乘佛教的影响。考古证据表明,在清莱、南奔有许多佛塔建筑及佛寺受大乘佛教建筑思维模式的影响。[1]

关于南传上座部佛教传入东南亚及西双版纳等地的时间,中国学术界看法不一,有 7 世纪隋末唐初说,还有 13 世纪末元中期说。[2] 中国学者王懿之在对傣文史料和其他一些资料进行研究之后认为,早在 3、4 世纪时,释迦牟尼及其弟子就到东南亚及中国西双版纳一带传教。[3] 但是,西双版纳的傣文史籍中关于 13 世纪之前的历史记载尤其是地方志的记载几乎都是后人的追记,不少地方志掺杂了很多佛教色彩,不足以完全采信。如释迦牟尼及其弟子到过东南亚地区及西双版纳这样的记载,根本无正史可考。这些史料或为宣扬宗教,或意在讳言,随意附会。这些史籍,包括重要的傣文史

1　〔泰〕丹隆萨·坦奔:《兰那王国的形成》,硕士学位论文,朱拉隆功大学,1985,第 28 页。

2　杨玠:《西双版纳的佛塔》,王懿之、杨世光编《贝叶文化论》,云南人民出版社,1990,第 484 页。

3　王懿之:《西双版纳小乘佛教历史考察》,王懿之、杨世光编《贝叶文化论》,第 410 页。

籍《泐史》在内，对不少史实、历史时间都有所歪曲。因此，笔者认为佛教是在7、8世纪传入西双版纳及周边地区的这一说法更为可信。佛教传入西双版纳及周边地区初期，还不可能马上为广大群众所接受，因为当时居住在泰北、西双版纳地区的人们信仰的是原始宗教，只有经过佛教徒们长时间的宣传和统治阶级的大力提倡，其才可能为大众所接受。[1]

另外，印度文化（包括南传上座部佛教文化在内）影响东南亚各地的过程是非常复杂的，并非直线传接式、一次性就完成的，应该是多线、反复多次、递进传接式的过程。这些地区所呈现的印度文化因素往往并不是与印度直接接触的结果，而是经历多种途径、多条线路、多个"中转站"，经过本地文化的吸纳融合之后，才有了今天的表象。[2]

（二）佛教文化传入的重要渠道——女王国

笔者认为，佛教在泰北地区的传播，从传入到推广再到全民信仰，一定是经过了漫长的时间，不会因为某种因素就忽然之间被该地区全盘接受了。而且应该是通过某些易于进行对外交流的"窗口"，经过很漫长的时间而逐渐传入的。传到泰北地区的佛教，不单纯只有佛教文化的因素，还掺杂了印度的其他文化因素，比如婆罗门教。那么这些文化是如何传入泰北并被当地接受的呢？

许多学者认为，泰北佛教传播的重要窗口是哈里奔猜。哈里奔猜是泰北的重要地区，在整个泰北地区有着天然的地理优势，"巨大的河谷盆地，宾河流经那里，非常适合于建立较大的居住区"。当

---

1 杨玢：《西双版纳的佛塔》，王懿之、杨世光编《贝叶文化论》，第484~485页。
2 李谋：《析印度文化与古代东南亚》，《东南亚南亚研究》2009年第3期。

地的拉瓦人早已经在此定居，有着自己的聚居区和头领。哈里奔猜是泰北宾河流域最为富庶的地方之一。由于靠近宾河，从地理上来说，也很容易接收外来文化。[1] 所以哈里奔猜形成了一个易与外界进行交流的天然窗口。湄南河下游盆地的罗斛，位于暹罗湾海上贸易的交通要道上，而哈里奔猜是内陆山货贸易的集散中心。从哈里奔猜通过宾河，再通过湄南河，即可将山货运到罗斛。罗斛与哈里奔猜之间形成了长期友好的商贸往来关系。罗斛是孟人建立的国家，孟人居住的地区是最早皈依佛教的地区之一，佛教文化在该地区已繁荣多时，而且在这些地区也发现了大量婆罗门教文物。[2] 在泰北《宗教本源志》中有"印度教婆罗门隐士建立哈里奔猜城，所建之城轮廓形似海螺"[3] 的记载，有关婆罗门教文物的发现与婆罗门隐士建城的记载折射出历史上婆罗门教对泰境中部地区与泰北地区的重要影响。

随着商贸往来关系的不断发展，孟人也将其文化不断地传入哈里奔猜。孟人的文化中，还包括了印度文化因素，比如婆罗门教和佛教文化因素。而且这种宗教文化传入不是一次性的，而是延续不断的。

在《宗教本源志》《占玛黛薇的传说》《庸那迦纪年》《胜者时鬘》等具有一定历史价值的纪年、传说和佛教文学作品中都有这样的记载：8世纪来自堕罗钵底国（孟人的王国）罗斛[4]（今泰国中部

1　〔泰〕萨兰萨瓦迪·王素恭：《兰那历史》（第四次修订），曼谷因陀罗出版社，2008，第67页。

2　〔法〕G. 赛代斯：《东南亚的印度化国家》，蔡华、杨保筠译，商务印书馆，2008，第257页。

3　清迈大学社会学院编译《宗教本源志》（红林寺版本），艺术大学出版社，1975，第11页。

4　罗斛在8世纪时可能还是堕罗钵底国的一个封邑，在10~11世纪时发展成为一个强大的城市，后来独立为国。之所以叫作罗斛可能是统治这个地方的君主名叫罗斛。罗斛也可以说是堕罗钵底的继承。见陈序经《猛族诸国初考》，东南亚古史研究之二，第51页。

华富里）的一位名叫占玛黛薇的公主，受到哈里奔猜地区当地拉瓦头人的邀请，带领婆罗门教师、佛教僧侣、侍从及各行各业的熟练工匠沿宾河北上泰北的哈里奔猜国为王。[1]中国古籍将其称为女王国。《新唐书》在记载南诏方位时，对女王国有所记录："南诏，或曰鹤拓，曰龙尾，曰苴咩，曰阳剑。本哀牢夷后，乌蛮别种也。夷语王为'诏'。其先渠帅有六，自号'六诏'，曰蒙嶲诏、越析诏、浪穹诏、邆睒诏、施浪诏、蒙舍诏。兵埒，不能相君，蜀诸葛亮讨定之。蒙舍诏在诸部南，故称南诏。居永昌、姚州之间，铁桥之南，东距爨，东南属交趾，西摩伽陀，西北与吐蕃接，南女王，西南骠，北抵益州，东北际黔、巫。王都羊苴咩城，别都曰善阐府。"[2]

从古代史料注解地理方位的记载看，女王国位于南诏之南。南诏的都城是大理，也就是说女王国位于大理之南。南诏的西南是骠，骠的都城在现在的卑谬。女王国的位置在大理正南，也就是今天的南奔、清迈一带。

樊绰《蛮书》卷10载："女王国，去蛮界镇南节度三十余日程，其国去骠州一十日程，往往与骠州百姓交易。"南诏"曾将二万人伐其国，被女王药箭射之，十不存一"。女王国善用药箭，曾击溃了南诏的进攻。

《蛮书》的记载更为真实，而且较为翔实。樊绰是唐咸通中岭南西道节度使蔡袭的从事，蔡袭在南诏攻打交趾的战役中死去。樊绰参与其事，对于南诏的地理、部族及其侵略的经过知道得较为详细，所以他的记载应该较为可靠。《蛮书》中记载的骠州，在唐德宗时，即公元8世纪末，是中国最南的州，现属于越南，在女王国的

1　清迈大学社会学院编译《宗教本源志》（红林寺版本），第124~140页。

2　《新唐书》卷222上《南蛮上》，中华书局，1975，第6267页。

东边。[1]

位于南诏之南的女王国就是古时泰北的核心区哈里奔猜，即现在泰北境内的南奔。哈里奔猜不仅与南诏相近，易于交流，离骠州也很近，相互之间还有商贸往来。女王国得名于建立这个国家的孟人公主占玛黛薇。堕罗钵底罗斛城的公主占玛黛薇于768年离开罗斛到哈里奔猜为王，建立了哈里奔猜国即女王国。[2] 检索中国古籍，凡是有关女王国的记载，都集中于唐、宋、元三代的史籍中。占玛黛薇于8世纪末建国，13世纪末女王国被兰那王国开国国王芒莱王所灭。其建立直至灭亡，恰好为中国的唐、宋、元时期。笔者在泰北南奔做田野调查时发现，南奔许多佛塔、佛像具有孟人的风格，而且很多佛寺当中的壁画上也都描绘了占玛黛薇北上建立国家的画面。占玛黛薇的塑像在很多地方都有供奉，而护持占玛黛薇的拉瓦人护卫德阔，还被当地人尊崇为勐神。笔者在采访当中也收集到了很多有关占玛黛薇建立国家的相关传说。毫无疑问，中国史书中记载的女王国，就是古时的哈里奔猜国，其位置在今天距离清迈30公里的南奔。

1. 女王国的形成

女王国的形成是整个泰北地区发展的重要事件，也是一次重要的社会变革。[3] 孟人与拉瓦人对其形成和发展都起到了极为重要的作用。女王国的正式建立是从8世纪末占玛黛薇由罗斛北上建邦开始的。但是，强盛的女王国并非一朝一夕形成的。它的形成与兴起有

1　陈序经:《猛族诸国初考》，东南亚古史研究之二，第93页。

2　占玛黛薇北上建邦已有确切的碑铭记载可证其真实性，参见 Emmanuel Guillon, *The Mons: A Civilization of Southeast Asia*, James V. Di Crocco trans. and ed., The Siam Society, 1991, p. 101。

3　〔泰〕萨兰萨瓦迪·王素恭:《兰那历史》（第四次修订），第70页。

图 1-1　南奔立佛寺大殿内反映女王占玛黛薇北上建国场景的壁画
（笔者摄于南奔）

图 1-2　女王塑像
（笔者摄于南奔）

图 1-3　南奔勐神——女王护卫德阔塑像
（笔者摄于南奔）

如下因素。

（1）经济因素。哈里奔猜天然的地理优势极具潜力，较为广阔的河谷盆地，为建立较大规模的城邦创造了优良的条件。早期的拉瓦人与孟人人口发展已粗具规模，并为当地创造了许多财富，推动了当地社会生产力的发展，为国家的形成奠定了较为深厚的人力基础与经济基础。此外，港口贸易的扩大也是促成女王国形成的重要原因。堕罗钵底与哈里奔猜一直以来交往甚密，堕罗钵底封邑罗斛位于从内陆到暹罗湾的交通要道之上，可以方便地进行海上贸易或中转贸易，它还扮演了中转站的角色，即将内陆地区的各种商品收集之后又转卖给到罗斛进行买卖的外国商人，如阿拉伯人、印度人和中国人。

（2）政治因素。女王国政权的形成与堕罗钵底政权在 8 世纪开始逐渐衰落有关。罗斛本是堕罗钵底的一个封邑，后来堕罗钵底逐渐衰落，罗斛有可能在这个时期摆脱了堕罗钵底的统治独立成了一个小国，并亟须扩张领土。与罗斛来往已久的哈里奔猜由于地处宾河沿岸，可直接通过宾河与罗斛进行贸易往来。7 世纪末港口贸易的扩大，使罗斛对山货及森林产品有大量需求，刺激了罗斛本地的经济发展，原有的区域已无法满足罗斛日益增长的经济需求，哈里奔猜优越的地理位置及商贸往来要道，使其自然成了罗斛扩张领土的主要目标。罗斛孟人如果控制了哈里奔猜，就掌握了港口与内陆商贸往来的经济命脉。为了扩张领土，抢占海陆交通要道哈里奔猜，罗斛的孟人公主占玛黛薇才北上建邦。所以女王国的建立，是罗斛扩张政权的结果。[1]

至于为什么女王国是由一位孟人公主来建立，应该与妇女在东南亚古代社会享有较高的地位有关。元代汪大渊《岛夷志略》记载，罗斛"每有议刑法钱谷出入之事，并决之于妇人，其志量常过于男子"。可见罗斛妇女享有很高的社会地位。

---

[1] 〔泰〕萨兰萨瓦迪·王素恭：《旺功甘，古兰那居住区历史研究》，清迈唯新设计出版社，2008，第7~11页。

堕罗钵底时期，孟人国家社会政治组织较为完善，中国史书载："王宿卫之士百余人。每临朝，则衣朝霞，冠金冠，耳挂金环，颈挂金涎衣，足履宝装皮履。官属有朝请将军，总知国政。又有参军、功曹、主簿、城局、金威将军、赞理、赞府等官，分理文武。又有州及郡、县。州有参军，郡有金威将军，县有城局。为其长官，初至，各选官僚助理政事。刑法：盗贼多者死，轻者穿耳及鼻并钻鬓，私铸银钱者截腕。"[1] 孟人到哈里奔猜建国，有可能将堕罗钵底完善的政治组织、官僚制度、刑法等带至哈里奔猜，并运用于国家治理当中。

（3）文化因素。政治上的扩张需要强有力的意识形态作为依托。堕罗钵底早在 3 世纪已经接受了佛教文化，到 7 世纪时佛教文化已很发达，在哈里奔猜以往与其交往的过程中，佛教已经通过部分孟人逐步传入，当地居民受到了一定影响，而占玛黛薇的北上建邦则是孟人借传播佛教之名进行的领土扩张，更是孟人将佛教有组织地大规模传入哈里奔猜地区的典型，也是继早期孟人向泰北传播印度文化后的一个叠加式传播。在占玛黛薇的随从当中，婆罗门教师、佛教僧侣、侍从、各行各业熟练工匠，每个类别各有 500 人。[2] 从此，佛教在哈里奔猜扎根，它的传播与普及使其成为孟人统治者统治该地区强有力的思想工具。

女王国主流文化的形成，还是以堕罗钵底的文化模式为主。占玛黛薇的北上建邦，被泰国历史学家们喻为"堕罗钵底的翻版与再

1　杜佑：《通典》卷 188《边防四·南蛮下·投和》，王文锦等点校，中华书局，1988，第5101 页。

2　Emmanuel Guillon, *The Mons: A Civilization of Southeast Asia*, James V.Di Crocco trans. and ed., The Siam Society, 1999, p.101.

现"，[1] 就连哈里奔猜在选址建城方面都和堕罗钵底的城池建造有极为相似之处。例如，二者都习惯选择河谷平地来建立城池。堕罗钵底建城需具备土墙和护城河，通常是挖掘土墙的一面与天然的河流或水渠相连，剩下的一面则将整个城池围绕起来。这样，城池就可以通过水路与外界联系。城郭的总体形状以椭圆形和四方形居多。

女王国的主流文化有着明显的孟人文化特征，这种特定的文化并非在占玛黛薇建立女王国时形成的，而是孟人通过长时间的传播之后才形成的，也是印度文化叠加式传播而形成的最终结果。占玛黛薇建立了女王国后，孟人大规模北迁，才使得佛教文化更大规模地传入泰北，促成泰北文化发展的重要演变。

2. 女王国的兴盛

女王国从 8 世纪持续到 13 世纪，历史长达 500 多年，历经中国的唐、宋、元三个朝代。它的发展主要经历了两大阶段。第一阶段从 8 世纪末到 12 世纪，是女王国的鼎盛时期。在此期间国内所有主要居民区都建立在哈里奔猜王城附近。从考古遗迹中发现，那个时代的重要古城为旺玛诺，[2] 在哈里奔猜王城的西北边，距王城大约 8 公里。哈里奔猜古国的居民区主要是沿宾河而建，所以女王国的社会文化中心主要集中在清迈—南奔盆地以南。而清迈—南奔盆地以北，则有拉瓦人建立的部落政权，与女王国政权共存。

1　〔泰〕萨兰萨瓦迪·王素恭：《旺功甘，古兰那居住区历史研究》，第 19 页。

2　旺（Wiang）类似中国古代建筑中的瓮城。其最显著的外部特征是有城墙和护城河围绕，规模不定。平原地区所建的旺，通常是国王宫殿所在地，是国家财富的中心，也是政治、宗教、文化的中心。而在高地所建立的旺，主要起到防御外敌的作用，旺内无人居住。无论在平原还是高地所建立的旺都有防御外敌的功能。如果有外敌入侵，旺外的人都可集中到旺内。规模较大的勐内可有很多旺。所以勐的范围比旺更为广阔，旺是勐的中心，它的周围还有隶属于勐管辖的居民区，这些环绕在旺周围的居民区就是村寨。勐哈里奔猜（哈里奔猜王城）就有旺哈里奔猜作为它的中心，周围有近 7000 个村寨。

在占玛黛薇王朝初期，女王国是比较强大的。樊绰《蛮书》卷
10 中记载："蛮贼曾将二万人伐其国，被女王药箭射之，十不存一，
蛮贼乃回。"《蛮书》记载，9 世纪，南诏曾用很多的兵力去征讨女王
国，结果惨败而归，说明女王国是南诏的劲敌。南诏在当时已是一个
强国，还攻陷了当时属于中国领土的交趾，中国用了很大的力气才将
南诏击退，而女王国却可抗拒劲敌，获得胜利，且 9 世纪时从未有女
王国向中国中央王朝朝贡的记载，可见女王国军事力量强大，国家强
盛，不可小觑。

这一时期，女王国经济、文化都非常繁荣。统治者花费大量的
财力大力宣扬佛教、广建佛寺，占玛黛薇时期就建立了 500 座佛寺，
占玛黛薇的儿子继位后，也极为重视佛教的传播，大力修建佛教庙
宇。著名的古骨塔寺，就是在女王故后，其子玛罕塔约为了纪念她
而建立的，建塔之后女王的骨灰被埋在了宝塔当中。古骨塔寺中有
孟文碑铭为证："取我国中财宝三百斤黄金，建此庄严宝塔。因父母
恩重难报，建此佛塔一为还本报恩，二为佑我邦国长治久安，建塔
的功德一则回向给母王，二则回向给国家子民，望国家子民吉祥安
泰，国运昌隆如同此宝塔般长久。"[1]

由于统治者不断强调佛教的地位、深入传播佛教。南传上座
部佛教从此在清迈—南奔盆地奠定了深厚的根基。哈里奔猜成了
佛教传播的中心，并且是孟人文明的传承点。女王国孟人文化影
响深远，甚至还被后来征服女王国的兰那王国所认可并继承，成
了兰那文化中的核心文化。而孟人的上座部佛教是与南印度阿摩
罗婆提一带相关的南传佛教，并不是后来斯里兰卡的大寺派。[2] 其

1　〔泰〕萨兰萨瓦迪·王素恭：《旺功甘，古兰那居住区历史研究》，第 11 页。
2　宋立道：《从印度佛教到泰国佛教》，第 97 页。

有着非常鲜明的集大乘佛教、婆罗门教与原始宗教为一体的宗教特征。[1]

迄今为止，泰北社会尤其是南奔一带仍然非常尊崇女王国的孟人文化。南奔人奉女王国开国国王占玛黛薇的护卫德阔为勐神，在城中仍然保留了大量具有孟式特征的佛塔、佛寺、佛像。如南奔古骨塔寺佛塔就体现了堕罗钵底孟人的佛教文化艺术。这种建筑被称为悉卡罗型佛塔。主要外形特征是：由五层逐渐缩小的立方体叠加而成，每层的四个面上都有三个龛，每龛各有一尊佛像。这些佛像的造像特征是单体直立佛像，特点为眉毛相连，隆成脊状，身着通肩式袈裟，一只手臂伸出与身体成垂直状，双手施相同的手印。这类佛像接近 6 世纪末开始出现在暹罗湾的孟人国家的佛像，带有浓厚的孟人风格，属于猜雅第二风格。[2]

南奔附近有几个孟人村寨，村民是 200 多年前为了躲避缅甸战乱，从缅甸白古地区迁移而来的。移居南奔之后，他们努力保持自己原有的语言、文字及文化习俗，而且不与外界的其他民族通婚。虽是迁移来的民族，他们却以女王占玛黛薇的后裔自居。[3]

在田野调查中，笔者走访了泰北的一个孟人村寨浓都寨。浓都寨位于清迈—南奔盆地的宾河畔，隶属南奔府巴散县，是泰北一个较为古老的孟人村寨，"浓都"名称的由来与村中传说有关。"浓"在泰语中是湖、池塘的意思，而"都"则为巴都的简称，巴都是紫檀树的意思。相传村中曾有一个深不见底的大湖，而村寨的西南边遍布紫檀树，因此人们便为此村寨取名浓都寨（意为紫檀湖村）。

1 〔泰〕萨兰萨瓦迪·王素恭：《兰那国王》，瓦妮达出版社，2017，第 55 页。
2 〔泰〕彼利雅·盖勒《泰国佛教文化艺术》，傅云仙译，云南美术出版社，2007，第 77 页。
3 来自 2014 年 8 月笔者在泰北南奔孟人村寨的实地调查。

图 1-4　古骨塔寺佛塔孟人佛像（笔者摄于南奔）

　　村中居住着 284 户人家，男性村民 300 人，女性村民 353 人。村民生计以种植水稻、经济作物以及纺织业为主。还有一些人受雇为劳力。清迈的商贩经常雇用浓都寨的劳力划竹筏，他们用竹筏运输商品，经宾河贩卖到清迈。此外，部分人还从事小本生意。

　　人们信仰的宗教为佛教，村中共有两个佛寺，一个名为浓都寺，另一个名为中岛寺。浓都寺位于宾河畔，原是南传孟式佛寺，后来受到中部泰人宗教改革的影响而改为法宗派的佛寺。中岛寺则是非常古老的典型孟式佛寺，据说有上千年的历史，由占玛黛薇所建立。当地的地方志中记载，占玛黛薇从罗斛来时，曾经在中岛寺的所在地小住，后来才在南奔建国，建国之后，随即在该地建立了中岛寺；在中岛寺外还建立了一座佛塔，该塔一直保存至今。现在中岛寺内还设立了占玛黛薇博物馆，有占玛黛薇的画像及塑像供人膜拜。在中岛寺与浓都寺两座寺的殿门外都有一棵凤凰柱，凤凰是孟人的标志及吉祥物，柱底座还刻有古孟文。

村寨中的孟人迄今为止仍然保留着自己的传统习俗，他们在日常生活中都用孟文，夹杂着一些泰北方言语尾助词。他们有自己的文字孟文，一些长者甚至能够书写或看得懂古老碑铭上的孟文碑刻。有关这些孟人的历史，并没有确切的记载。无法证明他们究竟是从缅甸迁移过来的，还是从泰国中部迁移过来的，抑或是泰北早期孟高棉语民族孟人的后裔。

笔者向村中不少老人询问他们的历史时，得到了较为相似的答案，即他们大多认为，他们有着泰北女王国哈里奔猜孟人的血统，是女王占玛黛薇的后代。村中甚至还流传着占玛黛薇出生的传说。传说开国国王占玛黛薇于 633 年诞生于南奔巴散县的浓都寨。至今村中不但流传着她的传说，还为她和她的双生子立了塑

图1-5　中岛寺的古塔
（笔者摄于南奔）

图1-6　中岛寺内的凤凰柱
（笔者摄于南奔）

图 1-7 凤凰柱底座所刻写的古孟文（笔者摄于南奔）

图 1-8 采访浓都寺住持、浓都村村长及波章（笔者摄于南奔）

像。[1] 因此，每年 2 月这个孟人村寨都有祭祀女王占玛黛薇的习俗。在祭祀占玛黛薇的仪式中，全村寨的村民要共同贡献一头牛来牺祭，另外每户人家还要贡献一只公鸡来牺祭。在牺祭结束后一天，两个佛寺中的僧侣要举行念诵吉祥经的仪式。第三天，则是由每户人家的男丁将牺祭后的牛、鸡做成菜肴，并配上其他菜肴，摆成宴席，由村寨中所有人一同享用。因此，祭祀活动共持续 3 天方才结束。祭祀占玛黛薇，最主要的目的就是祈求成为神灵的祖先占玛黛薇能够庇佑孟人这个族群子嗣延绵，族运昌隆，寨中各户人家平安、幸福，以及人们的生产、生活顺利，人畜兴旺。

　　笔者认为有关占玛黛薇诞生于浓都寨的传说并不可信。虽然在南奔博物馆中的孟文碑铭记载了占玛黛薇是孟人公主的史实，而且村中所保留的古老佛寺、佛塔（中岛寺）也确实是孟式的佛教建筑，建造年代也很久远，寺中还有占玛黛薇博物馆，但是兰那史中曾有记录，占玛黛薇时代曾经广建佛教建筑，类似这样的孟式佛塔、佛寺遍布哈里奔猜（南奔）的每个角落。中岛寺有可能是幸存下来的其中之一而已。占玛黛薇 8 世纪末从堕罗钵底罗斛率众北上建邦的史实有可靠碑铭记载，她的出生地极有可能就在罗斛，即今泰国华富里一带。再者，传说中占玛黛薇的出生时代为 7 世纪，与她 8 世纪末建立女王国，在时间上并不相符。

　　关于这个村寨的历史缺乏较为翔实的记载，而泰北历史上与周边地区战争不断，人口迁移、人口掳掠造成的族群交错迁徙现象不断出现，女王后裔要从 7 世纪末延续至今而未受影响是不太可能的。浓都寨孟人的祖先很有可能是 200 多年前为躲避战乱，从缅甸白古迁到泰北境内的孟人，而非女王占玛黛薇的后裔。由于占玛黛薇在

1　来自 2018 年 2 月对浓都寺波章、波銮的采访。

图 1-9　女王及双生子塑像（笔者摄于南奔）

图 1-10　婆罗门祭司带领南奔政要在中岛寺祭祀女王（笔者摄于南奔）

图 1-11　中岛寺住持及婆罗门祭司带领孟人村民　图 1-12　女王相貌复原图
　　　　　祭祀女王（笔者摄于南奔）　　　　　　　　　　（笔者摄于南奔）

当地有很神圣的地位和声望，其护卫都被当地民众奉为勐神，她本
人更是被奉为尊神，塑像立于南奔众多佛寺之中。这些孟人来到当
地之后，选择了一处有孟式佛教建筑的区域作为居住地，这样更方
便其进行相关的宗教仪式与文化生活，而且这些外来的移民为了不
受当地主体民族泰庸人的排斥，在当地获得合法、合理的社会地
位，才主动"奉占玛黛薇为自己的祖先"，就是想在泰北社会当中
赢得合理、合法的居住权与生存权。

　　因此，老人们的口述，以及关于占玛黛薇出生地的传说，都有
可能是当地人的先民在移民泰北时创造并流传下来的，为的就是给
这支迁移来的族群争取生存空间。因为真正的占玛黛薇后裔，即泰
北早期的孟人，大部分早在公元 13 世纪被泰庸人征服之后就已经逃
散到了其他地区，如缅甸及泰国中部等地。剩余的一小部分人，则
在历史的潮流中逐渐融入主体民族泰庸人中，成了兰那泰人，难以

寻找其孟人的痕迹。所以，这部分自称为"女王后裔"的孟人，应该是200多年前为了躲避缅甸缅族入侵，从缅甸伊洛瓦底江流域直通一带先逃到泰国中部的佛统地区，后来又迁移到泰北境内的部分孟人。[1] 泰国佛统地区还发掘出了一些刻着孟文的银币，这些银币的年代是15~16世纪。在这部分孟人定居泰北之后，又有其他地方的孟人陆续来到这里，浓都寨孟人的数量逐渐增加。占玛黛薇在以泰庸人为主体的泰北社会中享有如此崇高的地位，女王国孟人的核心文化地位在泰北社会可见一斑。

《占玛黛薇的传说》记载哈里奔猜周边地区当地部落政权首领密拉库于957年攻占过哈里奔猜，成了女王国国王。[2] 这反映出女王国政治结构的不稳定性，其政权极有可能与其他当地政权并存，或被外族统治者取代。有的历史学家认为，在那段历史时期攻占过哈里奔猜的不止一个外族首领，可能有两到三个，其中一个有可能还是掸族的首领，执政于勐线或勐潘[3]（勐线和勐潘在今天的缅甸境内）。

10世纪，女王国一位名为特拉伯加的国王曾率领军队沿江而下攻打罗斛。罗斛国王乌枝达迎战女王国军队时，罗斛国以南一个小国国王吉瓦加乘虚而入，攻打罗斛。罗斛国王与女王国国王一同向哈里奔猜逃跑，最后被女王国国王击败。不久之后，罗斛国王又主动攻伐女王国，仍然被女王国击退。[4] 10世纪的这些史料，正好与泰国地方志中的史料相互印证。女王国本是罗斛的联盟，原是罗斛政权扩张的结果。但10世纪时，可能孟人统治不稳，政权落入外族

1　来自2017年3月对东南亚历史研究专家、德国汉堡大学东南亚研究所教授 Volker Growsby 的咨询。

2　〔泰〕萨兰萨瓦迪·王素恭：《兰那历史》（第四次修订），第72页。

3　〔泰〕汉·朋：《兰那泰的由来》，奔密·占他布拉塞译，清迈大学出版社，1983，第5页。

4　陈序经：《猛族诸国初考》，东南亚古史研究之二，第64页。

手中，加之国力较为强盛，因此转向攻打原为同盟的罗斛。这进一步说明古代女王国政权的不稳定性，强大时攻打或吞并其他小国，衰弱时转向依附于更强大的邦国。周边的城邦国家只要国力强盛到一定程度，就可对王权造成极大的威胁，甚至取而代之。孟人的统治权，可以经过各种各样的方式转到其他民族的手里，王室统治者不一定一直是孟人，若其他民族势力渐强，也有可能成为统治者。但纵使统治权落入外族之手，王室统治者更迭，但女王国社会的政治制度、主流文化依然保留孟人原有的政治、文化特征。孟人仍然是女王国的主体民族，而孟人文化也依然是哈里奔猜地区的主流文化。女王国政治结构的不稳定性，也成为后来其最终被兰那王国所灭的重要原因。

1047 年，哈里奔猜地区暴发烈性瘟疫——霍乱，许多人逃到直通去躲避瘟疫，然而直通当时已被蒲甘王阿奴律陀征服，逃入直通的哈里奔猜人不愿意接受蒲甘缅人的统治，因而又逃到白古，因为白古仍然是孟人统治的地方。两地同为孟人，语言上完全相同，哈里奔猜孟人来到白古时受到了同族的热烈欢迎。当哈里奔猜的疫病消除后，这部分孟人才回到了自己的故乡，在回来的时候，很多在缅甸的孟人因为不满缅人的统治，也跟随他们回到了哈里奔猜，[1] 这充实了哈里奔猜的人口。

11 世纪，真腊（柬埔寨）开始对湄南河流域进行征服，苏利耶跋摩一世夺取了罗斛，继而两次入侵哈里奔猜，但未能取胜。11 世纪后女王国一位名为阿底陀拉雅的国王，不甘罗斛的同族被真腊统治，曾想助罗斛复国。因此他率军南征，当抵达罗斛时，罗斛真腊统治者提议双方各建佛塔，谁先建好则获胜。结果罗斛军队首先完

1　陈序经：《猛族诸国初考》，东南亚古史研究之二，第 64 页。

成，女王国军队不得不退兵，在北归途中却被罗斛军队追击，狼狈逃回了哈里奔猜。[1]

女王国发展的第二阶段是从12世纪至13世纪末。这时的女王国已经达到了较为繁荣的阶段，开始向清迈—南奔盆地以北扩张，该区域从前是当地拉瓦人的地盘。宾河上游地区和光河平原地区都成了女王国的属地。[2] 在这段时间里，女王国国强民富，还曾经在帕召阿提亚腊国王在位期间再次南征罗斛，帮助孟人将入侵的高棉人驱逐出境。[3] 上座部佛教在此期间也得到了充分发展，统治者振兴佛教、大兴佛寺，并捐赠大量的土地与人力给佛寺。许多著名的佛寺就是在12世纪建造的，如具有标志性的佛教建筑哈里奔猜大佛塔、玛哈湾佛寺以及重新修缮的古骨塔寺等。城内城外佛寺多达2000座。因为拥有众多的重要佛教建筑，哈里奔猜成了泰北的宗教圣地。

从9~12世纪女王国发生的重大事件来分析，当时女王国击退南诏、攻打罗斛，与强大的真腊交兵，助罗斛复国，大力兴建佛寺建筑，如果没有强大的国力是无法做到的。另外，在中国史籍中，并没有女王国到中国朝贡的记录，说明当时的女王国确实较为强大。《清迈纪年》中记载，"哈里奔猜人力充足，且城中佛寺林立，有神圣的大佛塔，并有勐神和寨神守护，是个庄严的神圣之地，难以征服"。[4]

女王国的形成发展与佛教的传播发展密不可分。部分孟人从湄

1　陈序经：《猛族诸国初考》，东南亚古史研究之二，第65页。

2　〔泰〕萨兰萨瓦迪·王素恭：《兰那历史》（第四次修订），第73页。

3　虽然哈里奔猜曾帮助罗斛孟人将高棉人驱逐出境，但罗斛独立后不久，又被高棉人再次攻陷。

4　〔泰〕阿伦腊·维先考：《清迈纪年》，清迈建城700周年庆祝会纪念著书，清迈大学，1998，第27~29页。

图 1-13　哈里奔猜大佛塔　　　　　图 1-14　古骨塔寺
（笔者摄于南奔）　　　　　　　（笔者摄于南奔）

南河下游盆地由南向北进行迁移或扩张。而他们向北迁移或扩张是缘于堕罗钵底扩张领土的需求，弘扬上座部佛教是为其北上领土扩张所找的合法理由。8世纪，泰国中部受到了来自室利佛逝大乘佛教的影响，[1] 堕罗钵底以上座部佛教为主的佛教文化也在这个时期盛极一时，对其他地区影响较大。两大佛教教派势均力敌。这样的一个历史背景，加之此前佛教已经陆续进入了哈里奔猜地区，促使孟人要通过建邦立国才能更为顺利、全面地进行宗教传播。占玛黛薇的北上建邦，是孟人将佛教有组织地大规模传入哈里奔猜地区的典型，也是继早期孟人向泰北传播印度文化后的一个叠加式传播。这为佛教在泰北地区落地生根奠定了更为坚实的基础，泰国人也将占

1　Emmanuel Guillon, *The Mons: A Civilization of Southeast Asia*, James V.Di Crocco trans. and ed., The Siam Society, 1999, p.102.

玛黛薇称为泰北佛教的奠基人。[1]哈里奔猜具有与外界联系的天然窗口地位，它不仅从罗斛接收了孟人的文化、印度文化，从缅甸接收了缅甸文化因素，[2]还可以通过其"窗口"作用将这些文化因素向泰北其他地方进行传播。在清迈成为佛教文化中心之前，每次宗教文化传播应该都始于哈里奔猜，并依次向清莱、恩央、清迈等地区传播。

兰那王国与泰北佛教的发展

佛教传入泰北之后，随着兰那王国的兴起、发展与繁盛得到了前所未有的发展与繁荣，甚至形成了影响深远的兰那佛教文化圈，对周边地区产生了深远影响。兰那佛教文化圈的建构，依托于兰那王国的发展与繁荣，兰那王国是由傣－泰民族的一个分支——泰庸人所建立。他们的崛起，是兰那王国形成的重要基石。

（一）兰那王国的形成

历史上傣－泰民族的一个分支迁徙到今天泰国北部地区，并与当地的民族融合后共同建立部落联盟，形成了初期的泰庸人。他们在泰北重要的河流谷河流域一带兴起，于芒莱王朝时期开始征服扩

1　〔泰〕萨兰萨瓦迪·王素恭：《兰那历史》（第四次修订），第76页。

2　〔泰〕萨兰萨瓦迪·王素恭：《兰那历史》（第四次修订），第71页。

张，并建立了独立的国家——兰那王国。泰北地区可能是从中国迁移到泰国境内的傣－泰民族分支的第一个居住地，而且他们到达的时间应该较早。[1]

　　泰国古代史料和传说记载，"很久以前泰国北部地区（清盛清莱一带），曾经是黑高棉（吉蔑）人的领地，他们在这块土地上，沿湄公河岸建立了素汪空堪城（金灯国），后来又在谷河尽头的山脚建立了乌蒙卡塞拉城，距离素汪空堪城约有 14 公里。当地的居民有部分高棉人，部分迁移来的后来建立了佬氏王朝的泰人，还有部分拉瓦人和克伦人，他们相互杂居在一起"。[2] 后来，因为黑高棉首领失德受到了上天的惩罚，素汪空堪城沉入了湄公河，幸存者都搬迁到乌蒙卡塞拉城。在幸存者中那些迁徙来的泰人，有些回到了自己的故地农些（今中国云南大理），有些则继续与当地人混居在一起。[3] 后来另一些迁徙来的泰人在其首领辛霍纳瓦的率领下来到了素汪空堪城旧址，见那里河流水渠纵横交错，土地富饶丰美，适宜耕种，且当地还有野人和高棉人居住，遂决定在此地建立城邦。传说因为建城的时候得到了龙王的帮助，龙王在泰语中叫纳卡潘（Nakaphan），因此城名就由纳卡潘与辛霍纳瓦的名字合并而成，名为纳潘辛霍纳瓦城。[4] 建城三年后，辛霍纳瓦派人通知该地区所有居民进城朝拜归顺他。当地人中只有乌蒙卡塞拉城的高棉人不肯归顺，其他当地人全部臣服于辛霍纳瓦。辛霍纳瓦领兵攻打乌蒙卡塞拉城，高棉人战败，一部分向南逃窜，留下来的一部分则归顺了辛

1　〔泰〕卡仲·素帕尼：《泰国历史学与考古学中的问题》，曼谷社会科学学会，1982，第106 页。

2　〔泰〕玛尼·婉丽颇东：《辛霍纳瓦的传说》（修订版），曼谷历史文献出版委员会，1973，第52 页。

3　〔泰〕玛尼·婉丽颇东：《辛霍纳瓦的传说》（修订版），第 52~53 页。

4　〔泰〕玛尼·婉丽颇东：《辛霍纳瓦的传说》（修订版），第 52~53 页。

霍纳瓦。从此，他统一各部称王，名曰"披耶辛霍纳瓦"，建立了庸那迦王国。[1] 庸那迦国的疆域东到黑水河同当几（Danggi）接壤，西至萨尔温江西岸的象形山，北抵格拉舍銮湖湖口同农些相连，南达罗斛。[2] 这个庸那迦国，就是泰北兰那王国的前身。

庸那迦国究竟是什么时候建立的，虽然没有具体的记载，但泰国学者根据泰族各种重要传说和编年史推断，辛霍纳瓦建立庸那迦国的时间应该是 757 年前后。[3] 相传，辛霍纳瓦王朝共经历了 45 代国王。王位传到第 43 代拍翁潘王的时候，庸那迦国开始衰落，乌蒙卡塞拉城高棉人势力日益强大，开始反抗庸那迦国，开始虽未能取胜，但最终还是占领了庸那迦城。高棉人将拍翁潘王和王后流放到夜柿河（Maesai）西北边的西团城，并让拍翁潘王依照习俗给高棉王进贡四串金洋桃。[4] 在庸那迦城内的泰人也被高棉人赶出了城。泰人从此受到高棉人的压迫剥削，与高棉人结下了不解之仇。后来，拍翁潘王的二王子拍龙古曼开始操练兵士，打造兵器。西团城连续三年拒绝缴纳赋税，高棉王集结兵力前来攻打拍龙古曼。拍龙古曼和父王拍翁潘王大胜高棉军，并乘胜追击占领了庸那迦城，将高棉人从庸那迦城中彻底逐出，并将庸那迦城更名为"庸那迦猜布里城"。拍龙古曼则被泰国的历史学家誉为"泰族的第一个民族英雄"。

为了防范高棉人卷土重来，拍龙古曼在谷河地带高棉人北上必经之地建立了柴巴甘城，并成为该城的首领。那时庸那迦国有三个

1　〔泰〕玛尼·婉丽颇东：《辛霍纳瓦的传说》（修订版），第 54 页。

2　〔泰〕巴差吉功札：《庸那迦纪年》，王文达译，简佑嘉校，云南民族学院、云南省东南亚研究所，1990，第 84 页。

3　〔泰〕萨宛·镯素腊：《泰庸—勐人》，曼谷大众出版社，1969，第 87 页。

4　〔泰〕萨宛·镯素腊：《泰庸—勐人》，第 92 页。

区域，其中庸那迦猜布里城为都城，拍翁潘为国王；右面为猜那莱城，王亲披耶楞盖为首领；左面为柴巴甘城，拍龙古曼为首领。王位传至玛哈猜差纳王（第 45 代国王）时，已经是 1014 年。后来，庸那迦城因地震而陷落，变成了一个大湖。幸存者在陷落的旧城东面建立了新城，并选举村长坤浪为首领，由他定期召开会议，商议城邦事务。所以，建立的新城又叫"会议城"。这种统治管理方式应该是泰国民主管理的雏形。[1] 那时候的庸那迦地区，陷落下去的庸那迦城被叫作"农湖"，而"会议城"被称为"小清盛"（距离清盛城有 3 公里路程）。坤浪去世后，又经历了 11 位首领，均是通过选举的方式选出的。至此，庸那迦国时代宣告结束。而属于庸那迦国范畴内的猜那莱城，由索以拉王统治；柴巴甘城由拍龙古曼的后裔柴锡里王统治。1008 年，有一位名叫坤舍款乏的大泰族首领，威震四方，一举攻下了清莱、清盛，柴锡里王只有将城中所留物品焚烧殆尽，带领部队和百姓离开了柴巴甘城，来到甘烹碧城，后又往南迁移，在今天的猜纳府建立新城，名为"戴登城"，之后继续南移，在今天的佛统建城，取名为"那空柴锡里"。传说柴锡里王的后裔延续了四代，100 多年之后，他的后裔中有位乌通王，就是阿瑜陀耶王朝的第一位国王。柴锡里王的后裔一派，被称为西清莱派。而当时统治猜那莱城的索以拉王，为了躲避战争，也向南迁移到了今天的彭世洛府一带，他的王族后裔一派则被称为东清莱派，其后裔当中有位邦格朗套王（Panglangtao）后来成了素可泰王朝的第一位国王——因他拉提王（Yinthalatid）。[2] 从以上记载来看，庸那迦泰人还有可能是中部泰人的祖先，也正好与泰国一些学者北方泰人南

---

1 〔泰〕萨宛·镯素腊：《泰庸—勐人》，第 104 页。

2 〔泰〕萨宛·镯素腊：《泰庸—勐人》，第 104 页。

下建邦的研究结果吻合。泰国学者认为，从基因来看，泰国中部泰人更接近印度尼西亚、菲律宾人；从体质来看，现今泰国泰族自北往南个子越来越矮、肤色越来越深、头发越来越卷，这表明傣－泰民族是自北向南迁入泰国的，首先迁入泰北，其次才陆续进入中部和南部，并与当地皮肤较黑、身材较矮的孟高棉人融合，形成了后来中部与南部的泰人。[1]

至于滞留在庸那迦地区会议城的泰人，则通过选举的方式选出自己的首领，一直持续到拉瓦章嘎腊王（布昭老镯）的时代，他是后来建立了佬氏王朝的泰人首领，其在庸那迦地区称土，并在清莱府的夜柿河畔建立了新的王朝（佬氏王朝），叫作恩央王国。而建立这个恩央王国（银扬王国）的拉瓦章嘎腊王就是后来一统泰北并建立"八百媳妇国"（兰那王国）的芒莱王的祖先。

庸那迦泰人也认可了拉瓦章嘎腊王的王国，并加入其中成为国民。在当地传说和纪年的记载当中，没有发现庸那迦泰人与后来建立了佬氏王朝的泰人因为争权而发生冲突。这可能是因为不论是庸那迦泰人还是后来建立了佬氏王朝的泰人，都是傣－泰民族，有着共同的渊源和同样的文化。所以，拉瓦章嘎腊王才受到庸那迦泰人与后来建立了佬氏王朝的泰人的共同拥戴。至于原本居住在该地区并且人口占大多数的拉瓦人，据《兰那的传说》《素汪空堪的传说》《清盛纪年》等材料，他们与迁徙来的泰人之间一直保持着较为友好的关系，并且与泰人进行文化交流，共同治理国家，相互融合，后来的泰庸人中有很多人带有拉瓦人的血统。[2]

所以早期的清盛庸那迦地区，至少有两支傣－泰族群，一支是

1　参见刘稚《傣－泰民族历史发展特点与民族形成论略》，"《剑桥东南亚史》评述与中国东南亚史研究"学术研讨会会议论文，云南昆明，2009 年 7 月。

2　〔泰〕萨兰萨瓦迪·王素恭：《兰那历史》（第四次修订），第 47 页。

从辛霍纳瓦王时代延续下来的庸那迦泰人，另一支则是后来建立了佬氏王朝的泰人。而且后来的这支泰人不仅迁徙到了泰北地区，他们当中的一部分还迁移到了今天泰国的东北部和老挝境内。[1]至今，仍然有人称呼他们为"老族"。据泰国历史学家泰特帕他尼的研究，后来建立佬氏王朝的这支泰人迁徙到泰北地区的时间应该比庸那迦泰人更早，因为当辛霍纳瓦王举家迁移到泰北时，曾经遇到过这支泰人，那时他们已经与拉瓦人和克伦人（Kaliang）杂居，共同建立了居住区。[2]在《泰族——中国人的兄长》一书中，关于恩央的由来有这样的解释：在庸那迦地区恩央王国居住的当地人中有一部分人叫作克伦人，恩央（Ngoen Yang）的发音 /ang/ 源自 Kaliang 中的 /iang/。[3]另外，中国西双版纳的傣族和泰北的泰族迄今仍然称呼克伦人为"央"（Yang）。所以恩央王国的得名，可能来自居住在当地的克伦人。虽然，仅以一个相同的音节来证明恩央王国的得名来自当地克伦人的名称过于牵强，但是笔者认为，这至少从侧面反映出泰北早期的当地居民并非傣－泰民族，而是拉瓦人和克伦人等孟高棉语民族，所以孟高棉语民族的先民应该比傣－泰民族先民更早迁徙到泰北庸那迦地区，不断繁衍，最终形成了当地的土著群体。

而后来建立了佬氏王朝的这支泰人第一次迁移到泰北地区的人数并不多，所以不可能有足够的实力建立一个王国，那时候只是部落而已，但有自己的首领，由于这些泰人拥有先进的稻作文化，擅长农耕，所以很快就被当地的拉瓦人接受，并接受其统治。这些泰人的首领还将锄头赠送给当地人并教他们耕地、种地。人们把后来

---

1 〔泰〕萨宛·镯素腊:《泰庸－勐人》，第106页。

2 〔泰〕萨宛·镯素腊:《泰庸－勐人》，第106页。

3 William Clifton Dodd, *The Tai Race: The Elder Brother of the Chinese*, Bangkok：White Lotus Press，1996, p.7.

建立了佬氏王朝的泰人首领称为布昭老镯。镯（chuok），在泰国
北部方言中是锄头的意思，布（poo）在泰语中是祖父的意思，昭
（chao）表示王，而老（lao）等同于对他们民族的称呼佬，因此布
昭老镯的含义就是"会使用锄头的后来建立了佬氏王朝的泰人之
祖"。后来"布昭老镯"这个词延伸成了对首领的称谓。这也就是
恩央王国的第一任国王拉瓦章嘎腊被称作布昭老镯的原因。[1]而且对
拉瓦章嘎腊的称呼，是后来兰那王国时期佛教盛行时追加上去的。
兰那王国时期佛教的盛行使得巴利语颇为流行，所以拉瓦章嘎腊是
将布昭老镯变音而成的巴利文。[2]关于佬氏王朝的族属问题，泰国
学术界也有争议，主要分成两派，一派认为佬就是当地的拉瓦人，
布昭老镯是拉瓦人的首领，居住地在堆东山山脚，他们并非落后民
族。这些人对泰北清迈、清莱等地区城邦和国家的建立都起到过重
要的作用。另一派认为拉瓦章嘎腊一族是从别的地方迁移到拉瓦人
居住地的。[3]笔者认为第二种说法更可信。在泰北清盛发掘出的史前
石器工具可以证明，史前的谷河流域一带，已有人类居住，人们主
要的谋生方式是狩猎及寻找山货并从事一些较为简单的农耕，并不
擅长耕种。从谷河河口到录河河口方圆 10 公里的范围内所留存下来
的这些史前人类遗迹表明当地族群的延续性发展。他们的发展是受
到外部迁徙民族的影响所致。[4]另外，泰北的各种泰族传说和编年
史中，都将拉瓦章嘎腊一族称为建立佬氏王朝泰人之先祖，虽然从
字面上不能片面地推断他们就是傣－泰民族，但是从他们擅长农耕、
拥有先进的稻作文化，并且与庸那迦泰人属于同源民族、有着相同

1　〔泰〕萨宛·镯素腊：《泰庸—勐人》，第 117~119 页。

2　〔泰〕萨兰萨瓦迪·王素恭：《兰那历史》（第四次修订），第 50 页。

3　〔泰〕萨兰萨瓦迪·王素恭：《兰那历史》（第四次修订），第 50 页。

4　〔泰〕素那·习览布：《稻作与泰人》，曼谷稻作文化研究院，1999，第 7 页。

的干支纪年法，以及都是迁徙来的族群，大致可以推断，拉瓦章嘎腊的族群——建立了佬氏王朝的泰人，就是从中国南方地区迁徙到泰北庸那迦地区的傣－泰民族的一支，而非拉瓦人。

　　泰北和老挝的《锡浪那空景线的传说》《屏卡氏的传说》《胜者时鬘》《拍耀城的传说》《清莱的传说》《勐难的传说》《堆东佛塔的传说》《素贴佛塔的传说》《南邦佛塔的传说》《玉佛的传说》《拍信佛的传说》《檀木佛的传说》《锡兴佛的传说》《拍耀城銮通央王的传说》等史籍和传说，都以拉瓦章嘎腊（布昭老镯）在堆东山兴起为起始叙述，据说蒲甘王阿奴律陀请邻近诸邦君主聚会创制小历，而谷河流域的人们因为没有君主所以没有代表出席。天帝让仙子老镯下凡，老镯率领 1000 多人从堆东山沿银梯而下。清劳城（在堆东山和夜柿河附近）的人们就拥戴老镯为恩央王。这便是佬氏王朝的开端。[1] 从传说中可以推断，建立佬氏王朝的泰人非当地土著，他们是后来才迁到泰北庸那迦地区的，传说中提到了蒲甘王阿奴律陀，阿奴律陀在位时间是 11 世纪中后期，说明佬氏王朝建立的时间应该不会早于该时期。另外，这段传说还反映出蒲甘王国作为庸那迦地区的邻国，当时正值强盛之际，可能对庸那迦地区也有一定的政治影响，而且这种影响一直持续到了后来的芒莱王朝。芒莱王中的"芒"（Mang）是缅甸语，是对王位的称呼，意为国王、君主。而莱才是芒莱王真正的名字。[2] 芒莱王朝时期，蒲甘走向了衰落，13 世纪中期芒莱王曾两次挥军北上蒲甘，意在争夺曾被蒲甘王朝侵占的恩央王国的土地。[3]

　　佬氏王朝的中心一开始是在清佬，后来才移到了位于湄公河畔

1　何平：《从云南到阿萨姆》，云南大学出版社，2001，第 208~209 页。

2　〔泰〕萨兰萨瓦迪·王素恭：《兰那历史》（第四次修订），第 53 页。

3　〔泰〕丹隆萨·坦奔：《兰那王国的形成》，第 37 页。

的恩央。泰国历史学家们推断，恩央可能就在今天的清莱一带。恩央在巴利语中又叫锡拉那空（Hilanakhon）。建都恩央反映出佬氏王朝对河流交通要道的控制，因为恩央清盛所在的湄公河畔，是云南和东南亚内陆地区商贸往来的交通要道。[1] 佬氏王朝是在坤真时期开始扩张的。《清盛纪年》中记载：坤真是恩央王国的第 19 代国王，坤真时代大约是在 1057 年。坤真雄才大略，使恩央王国统一稳定、疆域广阔。他的势力范围一度到达中国西双版纳地区、老挝、越南北部，他最后在越南一带战死沙场。在吴哥窟一个庙宁的走廊上有一副雕刻画，反映的就是坤真帮助高棉王苏利耶跋摩二世驱逐占人的场景。[2] 他曾派自己的九个儿子分别去统治恩央王城、猜那莱城、南掌城、交趾（MuengGell，今越南）以及西双版纳的景洪城。[3] 坤真的事迹在傣－泰民族的传说中几乎均有记载，尤其是在老挝和越南北部。[4] 在西双版纳、兰那的人们都称坤真为自己的祖先。"主动追溯坤真为自己的祖先"也正好反映出居住在这一带的傣－泰民族有着共同的文化渊源。

今日泰国北部的历史，直到中国史籍提到的"八百媳妇国"时期即芒莱王以后才比较可靠。许多文献在提到传说中庸那迦国的历史的时候，既没有说它所在的准确地点在哪里，也没有记载其建立和灭亡的准确年代。所以，一些学者对庸那迦的存在持怀疑态度，认为泰国历史上并不存在一个叫作庸那迦的国家。

虽然上述纪年和传说中所描述的庸那迦国没有充足的历史考古证据证实，甚至许多充满了神话色彩，但是至少可以得出这样的推

1　〔泰〕萨兰萨瓦迪·王素恭：《兰那历史》（第四次修订），第 54 页。

2　〔泰〕素那·习览布：《稻作与泰人》，第 12 页。

3　〔泰〕素那·习览布：《稻作与泰人》，第 12 页。

4　〔泰〕素那·习览布：《稻作与泰人》，第 12 页。

论：芒莱王朝之前生活在泰北地区的傣－泰民族并非当地的土著居民，是从别的地方迁徙来的，而且他们是傣－泰民族中的不同的分支，在不同的时期先后来到泰北。这些傣－泰民族的分支来到当地后，可能与当地的居民发生对抗冲突、交流杂居、相互通婚，《素汪空堪的传说》中就有记载："辛霍纳瓦王的妻子，是当地的拉瓦人。"[1] 所以可以看出，傣－泰民族的先民在泰北地区和当地人融合后一起建立过一些较为松散的部落或城邦。最终与当地的各民族互相融合，形成了初期的泰庸人。这些传说从侧面反映出今天泰北庸那迦泰庸人故地的由来。从泰文所记载的各种传说、编年史分析来看，何平教授的迁徙论认为，今天分布在中国云南边境地区和东南亚的傣、泰、老、掸等现代泰语诸民族以及他们的支系都是在不同的历史时期从他们的发源地迁徙过去并在以后的历史发展和与当地其他民族融合的过程中逐渐形成的。泰庸人就是进入今天泰国北部地区的傣－泰语民族的先民在与当地民族通婚和融合的过程中逐渐形成的。该种理论应该说很有道理。[2]

　　泰庸人也被称为泰阮人，之所以被称为泰庸人或泰阮人，与他们迁入泰北后所在地区的地名有关。他们迁入泰北后，所居住的地区，据碑铭及史料，叫作庸那迦（Yonaka），Yonaka 是一个梵文词语。真正的庸那迦地区在古印度西北部，即今天的阿富汗境内。由于泰国深受印度文化的影响，所有地区、佛寺的命名皆是借用古印度地区、佛寺的名称以显示其神圣。泰北的庸那迦同样是借用了古印度原有的地名。那 Yonaka 的发音是如何变成庸或阮的呢？那是因为古代傣－泰民族的古泰语将所有发 /o/ 的音都发为 /ua/ 的音，所

1　《素汪空堪的传说》，第 72 次历史学术会议论文，第 4 册，曼谷艺术大学，1999，第 226 页。

2　何平：《"八百媳妇"——"兰那王国"及其主体民族的政治、社会与文化》，《思想战线》2013 年第 1 期，第 107~108 页。

以 Yonaka 中的 /yon/ 变音为 /yuan/。因此，其他民族就把生活在泰北庸那迦地区的傣 - 泰民族称为泰庸人或泰阮人。[1] 另一种说法是，庸或阮的意思是表示傣 - 泰民族有着悠久的历史。过去，中部泰人将北方泰人称为阮，而缅甸将他们称为庸。所以清迈泰人被称为庸清迈，南邦泰人被称为庸南邦。[2]

因此，泰庸人是从中国南方迁徙到中南半岛地区的傣 - 泰民族中的不同分支，在不同的时期先后迁到了泰北谷河流域清莱、清盛一带，清莱、清盛一带遂成为傣 - 泰民族进入今天泰国版图范围内的第一个据点。他们来到泰北清莱、清盛一带后基于生存实践，与当地的拉瓦人、克伦人等杂居、通婚。傣 - 泰民族因为具备先进的稻作文化，种植水稻使他们的人口较快地发展起来，成了当地的主要居民，并且很快就为当地人所接受，双方在文化方面相互交流、相互渗透。傣 - 泰民族的先进稻作文化对当地人的文化而言更占优势，属于主流文化，所以对当地人的影响也更为深远。当地人接受了泰人的文化后，也开始使用泰语，并且以泰人自居，他们和迁徙来的傣 - 泰民族不断融合、发展，并一起建邦立国，共同建立了一些松散的部落和城邦。最终，迁徙来的傣 - 泰民族融合了一些当地人以后，在泰北谷河流域清莱、清盛一带发展壮大，形成了初期的泰庸人。早期泰庸人不但继承了傣 - 泰民族先民的文化特征，还融合了克伦人、拉瓦人等的文化特征，开始具备多样性的特点。[3]

初期的泰庸人王国，是他们与当地其他民族一起，在泰北清莱、清盛谷河流域一带建立的佬氏王朝恩央小国，当时的"国"还不是真正意义上的"王国"，它完全区别于泰北后来的曾经盛极一

1　来自 2008 年 12 月对泰国朱拉隆功兰那文字学专家 Anant Laulertvorakul 的采访。

2　〔泰〕萨兰萨瓦迪·王素恭：《兰那历史》（第四次修订），第 50 页。

3　饶睿颖：《论早期泰北泰庸人的形成》，《云南民族大学学报》2011 年第 4 期，第 104 页。

时的兰那王国。恩央国只是一个统治管理极为松散的城邦国家，或者说只是较为强大的部落联盟而已。这个部落联盟与当地的拉瓦人以及其他傣－泰民族如中国西双版纳一带的傣泐人都有着紧密的联系。到了13世纪，来自庸那迦地区的泰庸人和谷河流域其他民族不断融合，逐渐发展壮大，具备了建邦立国、向外扩张的条件，这个族群随后建立了芒莱王朝，芒莱王朝的建立标志着兰那王国的形成。通过对外扩张，占有更多的土地和人力、物力，他们才能建立一个强有力的政权。

泰庸人自身发展的需求，以及13世纪东南亚局势的变化，成了芒莱王朝向周边地区进行扩张的主要原因。

13世纪，佬氏王朝的泰庸人在谷河流域一带迅速崛起，后来到了芒莱王时期，谷河流域一带有限的居住地和资源已不能满足泰庸人社会、经济的发展需求了。此外，谷河流域及周边地区各大小勐[1]的头领大多是佬氏王朝的王室后裔，他们为争夺土地、人口而争战不休，极大地破坏了社会生产力，阻碍了这个崛起民族的发展。芒莱王即位初期由于其父老孟王逝世，原本属于佬氏王朝的一些勐也先后独立。[2]国内政局不稳，国家处于濒临分裂的状态。芒莱王不得不重新建立一个强有力的政权才能保障泰庸人国家的继续发展。芒莱王开始征服、统一谷河流域各勐，并向宾河、汪河流域的清迈—南奔盆地及因河的帕尧扩张，以建立新的经济、政治中心。

1　谷河流域及周边地区各大小城邦，原本也是佬氏王朝恩央王国的领土（其中包括因河的帕尧城），在坤真的领土扩张中被纳入了恩央王国的范围。但坤真时代结束后，就分裂为大大小小的勐。

2　传说芒莱王是老孟王与景洪国公主所生之子，是佬氏王朝老镯的后人。在位时间为1261~1311年。泰庸人与景洪国通过联姻来建立政治联盟体现出泰庸人对其政权的巩固。景洪国将公主送与恩央王国和亲，同时也体现出泰庸人的恩央王国对景洪国的政治影响。

另外，13 世纪，整个东南亚也发生着巨大的变化，东南亚一些老牌王国的衰落[1]对泰北地区一些小的城邦国家造成较大的冲击，也为新政权的产生创造了一定的条件。在泰北清迈—南奔盆地，还有一个强大的城邦国家——哈里奔猜，中国史书称为"女王国"。在历史上，哈里奔猜击退过南诏与真腊的进攻，这足以说明哈里奔猜曾经非常强大。不过在 1287 年、1289 年哈里奔猜曾两次遣使到元朝朝贡，说明这个国家已感觉到元朝的威胁。蒙古人灭大理以后，女王国北部边境就与中国接壤，罗斛在哈里奔猜之南，而且这个时候泰族的素可泰王朝已经建立，素可泰位于罗斛与哈里奔猜之间，罗斛曾遣使到中国朝贡，在中国边境之南的素可泰国王兰堪亨也遣使到中国朝贡，而与中国接壤的哈里奔猜，就不得不遣使到元朝朝贡。[2]另外，13 世纪后期的哈里奔猜在芒莱王送去的内线岩珐的破坏下，国王压迫、剥削百姓。宫廷内部，国王与朝臣之间冲突不断。[3]内忧外患之下，国家安全在那时受到了前所未有的威胁。哈里奔猜既要顾及本国的国内矛盾，又要防范芒莱王的南下征服扩张，所以才有向元朝朝贡之举，希望通过朝贡得到元朝的庇护。

1253 年忽必烈南征平大理，1292 年元朝平定了西双版纳，并于 1296 年前后在西双版纳设立"彻里军民总管府"，以景陇[4]政权首领为总管，实行世袭的土司制度。景陇的辖区正式成为云南行省的组成部分。这样，恩央王国的领土就与中国的边境接壤，这无疑给佬氏王朝恩央王国巨大的外部压力。元朝在进兵交趾时，得知有

1　缅甸的蒲甘王朝，与柬埔寨的吴哥王朝本是东南亚的强国，13 世纪后期都开始衰落了。

2　陈序经：《猛族诸国初考》，东南亚古史研究之二，第 61 页。

3　〔泰〕拉塔娜蓬·塞塔绲：《清迈—南奔盆地的经济文化历史》，曼谷春蚕书局，2009，第 47 页。

4　景陇，即景洪。

八百媳妇国，这个"八百媳妇国"其实就是以清盛为中心的恩央王国，当时正值芒莱王在位时期。《明史》中记载："八百，世传部长有妻八百，各领一寨，因名八百媳妇。元初征之，道路不通而还，后遣使招附。"[1]《元史·成宗本纪》载：大德四年十二月癸巳，"遣刘深、合刺带、郑佑将兵二万人征八百媳妇，仍敕云南省每军十人给马五匹，不足则补之以牛"。[2]

"大德五年正月庚戌，给征军钞，总计九万二千余锭。"

"大德五年二月丁亥，立征八百媳妇万户府二，设万户四贞，发四川、云南囚徒从军。"

"大德五年四月壬午，调云南军征八百媳妇。"

"大德五年七月癸丑，命云南省，分蒙古射士征八百媳妇。"[3]

《蒙兀儿史·哈剌哈孙传》载："……大德七年，三月，始擒蛇节斩之，出（刘）深于险，士卒存者十才一、二，转饷者亦如之。王师始终未涉八百媳妇之境一步，汗始悔不用哈剌哈孙之言……"[4]

从以上记载可以得知，元朝确实多次派兵征讨八百媳妇，但因路途遥远，耗费了大量的财力兵力，并未取得效果。[5]霍尔在《东南亚史》中认为，"蒙古人确实采取了中国传统的'分割政策'，逐步击垮了东南亚历史上的一些强国，来支持泰族建立的一系列国家"。笔者认为，虽然蒙古人击垮了东南亚历史上的部分强国，但并不代表他们支持泰人建立的一系列国家，相反蒙古人为了扩大版图及自身的利益，通过军事威胁、外交手段让其他这些泰人建立的国家内

1　《明史》卷315《云南土司三·八百》，中华书局，1974，第8160页。

2　《元史》卷20《成宗本纪三》，中华书局，1976，第433页。

3　转引自江应樑《傣族史》，四川民族出版社，1983，第197~198页。

4　转引自尤中《中国西南边疆变迁史》，云南教育出版社，1987，第117页。

5　〔泰〕黎道纲：《八百媳妇请属元廷考》，《东南亚》1995年第1期。

附进贡。所以蒙古人的入侵在为各傣－泰民族建邦立国创造机会的同时也制造了危机。泰人的一系列国家在13世纪后期能够纷纷建邦立国，是泰民族（包括泰庸人在内）政治、经济、文化、宗教发展到一定阶段的必然结果。泰庸人的芒莱王朝就是在这样一个机遇与危机并存的时代当中发展壮大的。[1]

芒莱王的领土扩张包括如下重要举措。

第一，安抚与讨伐并举。从13世纪中叶，泰北泰庸人就开始扩张领十，兼并周围的小国，从一个城邦国家最终成为一个真正意义上的王国。由于谷河流域很多勐是兄弟之邦，有一定的血缘关系，兼并小国是通过血缘分封辅以佛教作为统治思想的方式进行的。芒莱王以佬氏王朝直系血统自居，将恩央国周边的城邑全部纳入自己的权力范围之内，并声称"周边小勐召勐之血统为佬氏王朝旁系血统，自当服从直系血统之领导"。芒莱王首先用安抚的方式兼并那些小的勐，如有反抗则用武力解决。

第二，搬迁首都，建立或征服一些重要城池。芒莱王即位之初的首要功绩就是于1261年将政治权力中心从清盛移到清莱，这样既可缓解北面蒙古人扩张带来的威胁，还可进一步向哈里奔猜王国扩张。另外，清莱地理位置重要，位于谷河与湄公河等重要河流的交汇处，交通方便。为了顺理成章地搬迁，芒莱王假借"清莱乃吉祥白象所隐没之处，定为吉祥之地"来为自己的搬迁从泰庸人的思想信仰上找到一个合乎情理的由头。他建立了勐景栋和勐范两地，将其作为首都清莱的"大后方"。景栋的建立有着重要的意义，它可以随时关注泰庸人的兄弟之邦——景洪的消息，以及蒙古人扩张的

1　饶睿颖：《13世纪泰国兰那王国形成初期的主体民族——泰庸人》，《大理学院学报》2011年第1期，第143页。

情况。[1] 芒莱王建立茄萨城堡、勐普劳、勐庚等地作为其政权的重要支援区域。他所征服的清堪、清腾因为有众多的农奴，可作为兵源的储备基地。

第三，与周边的重要国家联盟。芒莱王于 1287 年与帕尧的昂孟王和素可泰的兰甘亨王正式结盟，这次政治结盟的主要目的是共同抵御元朝的势力扩张。三位君主在结盟之前相互之间就有密切关系。帕尧的昂孟王之妻为恩央清盛的公主，恩央国与帕尧一直以来都通过联姻来维持相互之间的关系。所以昂孟王与芒莱王之间的亲密关系是通过数代人的政治联姻一直延续下来的。而昂孟王与兰甘亨王则是昔日在罗斛学习时的同窗。[2] 三王会盟不但增强了抵御元朝的力量，而且通过会盟稳固了国家内政，有效避免了三个国家之间有可能产生的矛盾。另外，与昂孟王和兰甘亨王联盟之后，芒莱王对哈里奔猜的征服将不会受到昂孟王和兰甘亨王的阻挠。

第四，加强民族团结。芒莱王在位时期非常注重与当地土著拉瓦人之间的关系，对拉瓦人口占大多数的地区实行由拉瓦人头领来统治的政策。[3] 芒莱王统治期间很注重与拉瓦人的和谐共处，因为他意识到，拉瓦为占人口大多数的土著民族，并且具有一定的繁荣程度。他们可以自己进行耕种，并铸铁制造工具。他们的社会也分等级，头领称为"洒蛮"，纪年当中称其为"坤"，其余的拉瓦人为平民，称为"派挪"。[4] 他们在经济上也具有重要的地位。虽然他们在泰庸人的国家当中只处于农奴（派）的地位，但是泰庸人国家与其他国家之间的商品交换与商贸往来，基本上是由拉瓦人完成的。

1　〔泰〕丹隆萨·坦奔：《兰那王国的形成》，第 28 页。
2　〔泰〕萨兰萨瓦迪·王素恭：《兰那历史》（第四次修订），第 71 页。
3　〔泰〕拉塔娜蓬·塞塔缇：《清迈—南奔盆地的经济文化历史》，第 43 页。
4　〔泰〕萨兰萨瓦迪·王素恭：《兰那历史》（第四次修订），第 68 页。

他们为国家创造了巨大的财富，同时也是泰庸人社会重要的消费群体。这说明，拉瓦人是泰庸人社会繁荣的重要因素之一。芒莱王在经济方面对拉瓦人的政策也较为宽松，从未向其征收过重税。

芒莱王认可他们的文化，对当地文化宽容、尊重，从未将自己民族的文化强加给其他民族，并主动吸纳当地文化，将泰庸人自己的文化与当地文化结合，使拉瓦人得以维持自己原有的风俗习惯，促进了文化的融合。对其他民族文化的宽容，也反映了泰庸人开放共融的心态，他们善于融合其他各民族的文化，从而实现政治上的统一。

芒莱王还善于利用当地的拉瓦人，在征服景栋和哈里奔猜的时候都是因为利用拉瓦人为内线，最终里应外合才取得胜利。他的一系列举措获得了拉瓦人的真心拥戴，促进了民族团结与民族融合，这种团结使泰庸人在进行扩张时拥有强大的力量。

第五，征服周边重要地区。1263 年，芒莱王征服了恩央附近的一些小城邦，如勐莱、勐清坎、清倡、勐帕灯和清空等 18 个外城。[1]1276 年，又征服了其他城邦，如勐萨、勐沆、勐披耶戈、勐楞、清腊、清艮、勐铺喀、清坎、勐腾、勐罗、勐攀等地。此时的芒莱王朝已经统一了湄公河上游和谷河流域的城邦国家，便开始向一些更重要的地区扩张。

勐帕尧是芒莱王征服的重要地区，位于因河平原，靠近汪河。该地区地形狭长，土地肥沃，适宜建立城邦，但勐帕尧所在的位置也有一些局限性，其只是一个规模较小的城邦国家，周围高山环绕，只有北面和东北面与清莱、清堪往来较为方便。勐帕尧地理位置上的局限性，注定它的繁荣只是昙花一现，随后即被并入泰庸人

1　〔泰〕阿伦腊·维先考：《清迈纪年》，第 9 页。

国家兰那的版图。

据说，勐帕尧的建立也是佬氏王朝扩张的结果，是恩央王国一位名叫坤中祖（坤真）的王子于 1157 年建立的。他建立了勐帕尧之后，勐帕尧成了一个独立的城邦国家，是与恩央王国有着血亲关系的联盟，当恩央有战事的时候，其有义务出兵助战以保卫恩央的安全。坤真曾经协助恩央打败过交趾，后成为恩央的国王。[1] 但有关勐帕尧的确切记载是从 13 世纪中期才开始出现的，也就是从勐帕尧的昂孟王开始。他是勐帕尧的第九位君主，也是三王会盟的成员之一。在三王会盟之前，芒莱王曾经有意将其势力范围扩张到勐帕尧，但最终没有攻打勐帕尧，而是与昂孟王达成协议——昂孟王将河口 500 户人家送与芒莱王。[2] 芒莱王未征服勐帕尧的主要原因有二：一是昂孟王时期是勐帕尧最强盛的时期；二是昂孟王即将成为芒莱王的结盟伙伴，且昂孟王与芒莱王的国家在历史上是政治联姻的关系。没有找到合适的借口，芒莱王无法公然吞并勐帕尧。一直到 1338 年，后来的泰庸人统治者才征服了勐帕尧。

芒莱王在湄公河—谷河流域建立了稳定的后方以后，开始向清迈—南奔盆地扩张势力来建立新的政治、经济中心，并尽力避免来自元朝南侵的威胁。芒莱王开始准备征服哈里奔猜。有几段史料描述了哈里奔猜的一些状况及芒莱王对哈里奔猜的憧憬。《清迈纪年》中描述：哈里奔猜商人到勐范（芒莱王领地之一）去做买卖，芒莱王命人将其带来询问"你所在的哈里奔猜是否富足？"商人向芒莱王回禀道："哈里奔猜丰饶富足，驯象、马、奴隶无所不有。且商贸

---

1 〔泰〕萨兰萨瓦迪·王素恭：《兰那历史》（第四次修订），第 63 页。
2 〔泰〕萨兰萨瓦迪·王素恭：《勐难纪年》（佛诞寺版本），曼谷阿美林出版社，1996，第 42～44 页。

发达，水、陆无所不通。"芒莱王听后遂欲将哈里奔猜据为己有。[1]

《宗教本源志》记载："在清莱的芒莱王听说勐哈里奔猜是一个农业发达的国家，就召集所有大臣商议，欲征服哈里奔猜……"[2]

《恩央清盛历史纪年》中载："自从芒莱听说了勐南奔（哈里奔猜所在地）的富庶之后，日思夜想，不知如何才能战胜哈里奔猜王披耶易岜，召集群臣及农奴们商议问道：谁能助我夺取哈里奔猜……"[3]

根据以上史料分析，芒莱王对哈里奔猜志在必得的根本原因在于哈里奔猜雄厚的经济实力以及发达的水陆贸易。虽然芒莱王已经获得了清莱和勐范等重要地区，但是这些地区的交通仍然不及哈里奔猜发达。如清莱位于谷河与湄公河交汇之处，这两条河道却因为水流过于湍急、礁石林立，不能成为主要的交通路线。另外，清莱和勐范所处的位置也并不是与其他地区进行商贸往来的必经之地。而哈里奔猜正好相反，水路可达罗斛，陆路则可达其他城邦。Victor Purcell 曾指出："历史证据表明，过去中国古代马帮要进入缅甸掸邦及暹罗，可通过勐南邦、勐难之后再到琅勃拉邦，这条线路就必须经过宾河流域的哈里奔猜……"[4] 因此，哈里奔猜在经济上的发达，是谷河流域其他城邦所无法比拟的。

哈里奔猜位于宾河流域，是一个典型的河谷盆地，也是泰北最富庶的地方。在哈里奔猜形成之前，已有当地土著拉瓦人居住在该地区了。拉瓦人以部落的形式散居在东南亚地区的河谷地带，从未建立过城邦或国家规模的政权。在泰北有好几个地方都有拉瓦人

1　〔泰〕阿伦腊·维先考:《清迈纪年》，第10页。

2　清迈大学社会学院编译《宗教本源志》（红林寺版本），第30页。

3　《恩央清盛历史纪年》，泰国清迈皇家师范大学会议论文，第2册，1969，第110页。

4　Victor Purcell, *The Chinese in Southeast Asia*, London: Oxford University Press, 1952, p.109.

分布，如清迈、夜丰颂、南奔、南邦、清莱、普叻等地，景栋、勐勇地区也有。拉瓦人的活动中心在素贴山脚，他们尊崇素贴山为圣山，因为他们所信仰的神——"布些""雅些"就在这座山上。时至今日，拉瓦人依旧保持着祭祀"布些""雅些"的传统。对"布些""雅些"的信仰其实是万物有灵论中的鬼神信仰形式。万物有灵论是整个东南亚文化的重要组成部分。[1] 但是后来拉瓦人也逐渐接受了女王国孟人所传播的佛教。

除了中国史籍，泰北的地方志当中也有对哈里奔猜的记载，"哈里奔猜末期国力人力都很充足，且城中佛寺林立，有圣神的大佛塔，并有护城神和寨神守护，是个庄严的神圣之地，难以征服"。[2] 因此，芒莱王对哈里奔猜的征服需要一个长期过程，并有周密的计划。

芒莱王对哈里奔猜的征服是在南征清迈—南奔盆地的过程中以建勐、建旺为起点的。勐范的成功建立，使其成为芒莱王重要的军事力量储备基地。其后与拉瓦人聚居区进行友好结盟，不仅促进了民族团结，使拉瓦人在芒莱王对哈里奔猜的征服中成了中坚力量，而且可利用拉瓦人的居住区，使其成为芒莱王朝重要的粮仓和后勤基地。芒莱王之前的政治举措都是为征服哈里奔猜而做的准备。他在征服哈里奔猜过程当中最突出的功绩之一，就是大胆任用拉瓦人，这成为取胜的关键。

要征服一个强大的国家，芒莱王必须要做的第一件事，是要先摧毁其政权，在王国内部制造分裂。《庸那迦纪年》中记载，芒莱王派拉瓦人岩珐混入哈里奔猜王披耶易芭的王宫做内线。岩珐原为

1　刘稚：《傣－泰民族历史发展特点与民族形成论略》，"《剑桥东南亚史》评述与中国东南亚史研究"学术研讨会会议论文，云南昆明，2009 年 7 月。

2　〔泰〕阿伦腊·维先考：《清迈纪年》，第 27~29 页。

芒莱王朝的官员，担任太子太傅和收税官。芒莱王将如此重要的任务委托给拉瓦人而非泰庸人也有其特殊的用意。回顾哈里奔猜的形成和发展可知，哈里奔猜的人口大部分是拉瓦人，他们曾为推进哈里奔猜王国的繁荣与发展起到重要的作用。岩珏拉瓦人的身份以及他本身的才能，较易得到哈里奔猜国王披耶易芭的赏识和信任，他被委以重任，成为最高仲裁官和收税官。在那个时代，委任一个外国人为本国重臣是很罕见的事情，除非国家内部存在矛盾。披耶易芭可能在当时与朝臣有矛盾，所以才重用岩珏。

　　岩珏用了 7 年的时间来破坏哈里奔猜人民对披耶易芭的忠诚。他以披耶易芭的名义对百姓征收苛捐杂税，剥削百姓，并且不让百姓如从前一样直接觐见国王，诉说疾苦。他怂恿披耶易芭变本加厉向人民征收重税，让农奴连续服劳役长达 4 个月之久，无视百姓疾苦，使民不聊生、怨声载道。这样披耶易芭就彻底失去了民心。在披耶易芭失去民心的同时，岩珏又大力歌颂芒莱王仁爱的美德，使哈里奔猜百姓很向往芒莱王的统治，以至于欲请芒莱王入主哈里奔猜。岩珏见时机成熟，立刻通知芒莱王率大军进攻哈里奔猜王城，披耶易芭无法征兵反抗，只能携家眷出逃到其王子统治下的勐凯浪那空（南邦）。[1]

　　芒莱王于 1292 年占领了哈里奔猜王城，在城内居住了两年后又重新建立了泰庸人在清迈—南奔盆地的第一个王城——旺功甘（WiangKumkam）王城，并委任岩珏为哈里奔猜召勐。芒莱王不选择哈里奔猜城为王城的原因，可能是哈里奔猜是一座已经发展了 500 多年的古城，且城池规模较小，城中遍布重要的佛教建筑，难以进行扩建。芒莱王只是将哈里奔猜城奉为佛教中心，而未将其作

1　〔泰〕拉塔娜蓬·塞塔绲：《清迈—南奔盆地的经济文化历史》，第 47 页。

为王城。[1]

芒莱王成功征服哈里奔猜的主要原因，一是哈里奔猜王国内部存在一定的矛盾；二是他周密的计划和一系列政治举措起了决定性的作用；三是芒莱王朝国家实力已较为强盛，并且得到了拉瓦人和境内其他傣－泰民族特别是傣泐人的拥护。[2]

开国国王占玛黛薇建立了哈里奔猜王国后，使得佛教文化更大规模地传入泰北，促成泰北文化发展的重要演变。上座部佛教从此在清迈—南奔盆地奠定了深厚的根基。哈里奔猜成了传播佛教的中心，并且是孟人文明的传承点。

南邦原名勐凯浪那空，与哈里奔猜有着唇齿相依的关系，是清迈—南奔盆地的另一重要区域。在8世纪之前，汪河平原勐凯浪那空一带早就存在拉瓦人的聚居区。与哈里奔猜的情况极为类似，在勐凯浪那空还未形成城邦国家之时，拉瓦人的聚居区已发展到了一定的程度。勐凯浪那空的形成、建立及兴衰与哈里奔猜国密不可分。占玛黛薇建立哈里奔猜国之后，就分封自己的王子到勐凯浪那空为王。从8世纪开始一直到13世纪末，哈里奔猜与勐凯浪那空之间一直保持着相互扶持的"兄弟之邦"的关系。

从考古发现来看，勐凯浪那空遗址在今泰国南邦府旺乐县。整个城池的形状与哈里奔猜相似，为椭圆形，类似田螺。城中的佛寺、佛像遗迹都可找寻到当年哈里奔猜建筑艺术风格的踪迹。另外，汪河流域的许多地方还流传着很多关于哈里奔猜女王占玛黛薇的传说。比如，著名的南邦大佛塔寺有一口井，传说就是占玛黛薇许愿之后才有的。在伴旺寺内有一颗波罗蜜树，传说也是占玛黛薇

1　〔泰〕萨兰萨瓦迪·王素恭:《旺功甘，古兰那居住区历史研究》，第21页。

2　由于芒莱是景洪国公主之子，芒莱的继位和对外扩张，得到了傣泐民族统治者的认同和支持。

亲手栽种的。[1] 诸多与占玛黛薇相关的传说反映出她北上建邦的重要性，及其为汪河流域带来的巨大的变化及影响。

芒莱王对清迈—南奔盆地的成功征服，对芒莱王朝在经济、文化、宗教方面的发展都有重要的意义。首先，在经济方面，芒莱王朝获得了泰北经济实力最为雄厚的地区，并可借用该地区发达的水陆交通，进一步扩大与其他地区的贸易，推动经济的迅速发展，为国家积累实力和财富，使人民生活日趋稳定。

其次，在宗教方面，征服了清迈—南奔盆地之后，兰那全面、系统地接受了佛教。兰那的佛教教派直接传承于哈里奔猜的佛教教派。统治者全面接受了佛教并加以推广、普及。兰那文字的出现也与接受佛教息息相关。兰那社会的佛教是通过哈里奔猜孟人而传播的，兰那文字就是由哈里奔猜孟人的字体演变而来。

再次，在宗教文化方面，兰那后来的很多佛教建筑都是以哈里奔猜佛教建筑为模板修建的，如在旺功甘城内发现的八角塔，就带有很明显的哈里奔猜建筑艺术的特征。哈里奔猜文化是在诸多外来文化影响下，融合当地土著文化形成的多元文化。所以，泰庸人在自身文化的基础上，又吸纳了哈里奔猜多元文化的因素，使得泰庸人本身丰富多彩的文化更加多样化。而哈里奔猜文化的主流文化为孟人文化，所以孟人文化也成为早期兰那文化的重要元素。

最后，在政治方面，芒莱王对清迈—南奔盆地的成功征服，对周边的民族、部落联盟起到了一定的威慑作用。比如，勃固得知芒莱王成功征服清迈—南奔盆地后，为了避免自己的国家被芒莱王侵略，就将自己的女儿嫁给了芒莱王为妃。阿瓦的掸族首领同样感到了威胁，将自己国家的一些金属工匠送给了芒莱王，以

---

1 〔泰〕萨兰萨瓦迪·王素恭：《兰那历史》（第四次修订），第 94 页。

示和平友好的诚意。[1] 武力上的威慑也为芒莱王稳固政权起到了一定的保障作用。芒莱王朝的建立，是兰那王国形成的重要标志。

（二）兰那王国的发展

中国史书中所记载的八百媳妇国就是泰庸人建立的国家兰那古国的前称，从芒莱王朝开始到兰那王国统一各部真正形成一个统一的国家用了 200 多年的时间。国家逐渐发展壮大，并在帕召迪洛嘎腊（三界王）时代达到了极盛。真正意义上的兰那王国，就是在帕召迪洛嘎腊时代形成的，兰那王国的形成是泰庸人最终成为泰北主体民族的重要阶段。

1. "八百媳妇"的由来

"八百媳妇"是元朝对泰庸人国家一开始的称呼。《元史·步鲁合答传》载："（至元）二十一年，命统蒙古探马赤军千人从征金齿蛮，平之……又从征八百媳妇国，至车厘。车厘者，其酋长所居也。诸王阔阔命步鲁合答将游骑三百往招之降，不听，进兵攻之，都镇抚侯正死焉。步鲁合答毁其北门木，遂入其寨，其地悉平。"[2] 之所以称其为八百媳妇，《元史新编·外国志·八百媳妇》做了解释："八百媳妇者，夷名景迈。世传其长有妻八百，各领一寨，故名。"[3]《明史》中的解释是："世传部长有妻八百，各领一寨，因名八百媳妇。元初征之，道路不通而还，后遣使招附。"[4] 段立生先生

1　Andrew C. Shahriari, *Khon Muang Music and Dance Traditions of North Thailand*, White Lotus Press, 2006, p.2.

2　《元史》卷 132《步鲁合答传》，第 3208 页。

3　《元史新编》卷 95《外国志·八百媳妇》，岳麓书社，2004，第 2563 页。

4　《明史》卷 315《云南土司三·八百》，第 8160 页。

认为，13 世纪的清迈王国，是由八百个大小不等的城镇和村寨组成的，每个城镇或村寨的首领都由妇女充任，反映了当时泰北地区仍保留许多母系社会的遗风，自古以来泰北妇女就以精明干练著称。[1] 中国史料中一开始对"八百媳妇"的称呼，其实指的还是早期泰庸人所建立的以清莱为中心的恩央王国，当时正处于芒莱王朝初期。

　　元朝之所以得知八百媳妇国是因为征交趾。1288 年，云南行省右丞爱鲁由昆明率军沿红河而入交趾，途径罗罗和白衣（白衣为红河、元江的壮族和傣族）地区。爱鲁通过招降来的白衣得知在其西南，有一个势力强大的八百媳妇国，元朝决定以武力征服，先在元江练兵，做远征八百媳妇国的准备。《元史》记载，至元二十九年八月戊午，"诏不敦、忙兀鲁迷失以军征八百媳妇国"。[2] 元朝于 1292 年攻打"八百媳妇"，但并未成功。分析当时元朝攻打八百媳妇的原因，会发现疑点很多。第一，1292 年，芒莱王征服了哈里奔猜王国。第二，1292 年元朝平定了西双版纳，并于 1296 年前后在西双版纳设立"彻里军民总管府"，以景陇政权首领为总管，实行世袭的土司制度。景陇的辖区，正式成为云南行省的组成部分。三起战事发生在同一年，它们之间是否有什么必然联系？1287 年、1289 年哈里奔猜曾两次遣使到元朝朝贡，说明这个国家已感觉到蒙古人的威胁。另外，芒莱王朝也在向清迈—南奔盆地扩张，哈里奔猜处于双重压力当中，所以才有向元朝朝贡之举，希望通过朝贡得到元朝的庇护。在哈里奔猜向元朝朝贡仅三年后，芒莱王就攻破了哈里奔猜王城。笔者推断，元朝

1　段立生：《泰国文化艺术史》，商务印书馆，2005，第 157 页。

2　《元史》卷 17《世祖本纪十四》，第 366 页。

通过交趾早已得知八百媳妇的存在，并有了攻打它的计划，再加上芒莱王又攻占了向它纳贡的哈里奔猜王国，从一定意义上来说，八百媳妇国破坏了元朝在表面上维护的朝贡体系。因此，元朝师出有名，可名正言顺地攻打八百媳妇，但因路途遥远、形势复杂，耗费了大量的财力、兵力却未取得成果。然而，在攻打的过程当中元朝发现了车里（西双版纳），因而一举征服了西双版纳，随后在该地设立"彻里军民总管府"。

　　八百媳妇是中国从元朝起一直到明朝初年即 1388 年前对泰庸人国家的称呼。泰庸人在不同的阶段究竟称呼自己的国家为什么，迄今为止并没有确切的历史证据。通过一些零散的历史证据，大致能够得知泰庸人曾经将谷河流域一带，即清莱、清盛一带称为庸地或庸国，而将后来所征服的清迈—南奔盆地称为宾地或勐宾。[1] 在泰庸人建都清迈之后，虽然中国从元朝起至明朝初年仍然称泰庸人的国家为"八百媳妇国"，泰庸人却称呼自己的国家为"勐宾清迈"，因为泰庸人的国家在宾河沿岸，并以清迈为首都。[2]

　　在建立统一国家的初期，征服周边地区也是泰庸人巩固国家政权的手段之一。在建国初期，芒莱王、披耶猜耶颂堪（浑乞滥）、披耶康弗几位国王都是以骁勇善战而闻名。诸王的努力使得泰庸人在建国初期迅速控制王国以北的重要区域，如清迈、南奔、南邦、清莱、恩央（清盛）等地，在披耶康弗的时代，又成功征服了勐帕尧，并向勐帕扩张。在该时期，泰庸人所掌控的地区中，王国以北的领土要比王国以南的领土更多。因为王国以南的地区与素可泰接壤，当时素可泰正处于强盛时期，且芒莱王又曾与兰甘亨王有

1　〔泰〕萨兰萨瓦迪·王素恭:《兰那历史》(第四次修订)，第 26 页。

2　Foon Ming Liew-Herres, Volker Grabowsky, Aroonrut Wichienkeeo, *LanNa in Chinese Historiography*, Institue of Asian Studies, Chulalongkorn University Press，2008，p.11.

过盟约。所以，泰庸人对南方地区的征服扩张至多抵达勐达、勐腾等地。

2. 兰那王国对元朝的抵抗

泰庸人在建国初期即扩张领土，与来自元朝的压力有很大关系。自从元朝在车里设立了"彻里军民总管府"之后，"八百媳妇"的领土就与中国边境接壤了。芒莱王不甘屈服于元朝，他先与昂孟王、兰甘亨王结盟，随后又发兵援助被元朝征服的周边地区。

在中国的西双版纳地区，他利用泰庸人统治者与车里统治者间的联姻关系，对车里内部进行分化，使车里的统治者分化成了降元与反元两派。不愿归附元朝统治的，便联合泰庸人一起抗元，这也有可能是车里分化为大小车里的原因之一。《元史·成宗本纪》载，元贞二年"十二月戊戌，立彻里军民总管府。云南行省臣言：大彻里地与八百媳妇犬牙相错，今大彻里胡念已降，小彻里复占扼地利，多相杀掠"。[1]

除此之外，泰庸人本身为了抵抗元朝，也主动攻打车里或联合车里的部分力量。《招捕总录·云南》载："元贞二年十二月，车里蛮浑弄兴兵占夺甸寨十又三所，结构八百媳妇蛮欲攻倒龙等。云南省遣兵招捕。"

《招捕总录·八百媳妇》载："大德元年，八百媳妇国与胡弄攻胡伦，又侵缅国，车里告急，命云南行省以二千或三千人往救。二年，八百媳妇为小车里胡弄所诱，以兵五万与胡龙甸土官及大车里胡念之子汉纲，争地相杀，又令其部曲混干以十万人侵蒙样等，云南省乞以二万人征之。"

《元史·成宗本纪》载，大德元年九月甲子，"八百媳妇叛，寇

1　《元史》卷19《成宗本纪二》，第407页。

彻里，遣也先不花将兵讨之"。[1]

《招捕总录·车里》载："大德二年三月，小车里结八百媳妇为乱，经时不下，数遣使奉诏招之，不听。"[2]

从上述所引史料可以看出，1296 年至 1298 年，泰庸人数次联合小车里进犯大车里，对抗元朝。而在缅甸，芒莱王发兵帮助掸族王室三兄弟对抗已经臣服于元朝的蒲甘国王。

3. 八百媳妇归属元朝

芒莱王对抗元朝的一系列军事举措最终导致元朝在大德年间对八百媳妇的大规模用兵。大德四年到大德五年（1300~1301），元朝派荆湖占城行省左丞刘深领兵攻打八百媳妇。由于元军长途行军，地形不熟，水土不服，行军劳累，军事行动相当被动。此外，大规模的军事行动还加重了云南地区人民的军役负担，激起当地人民的不满，最终这场军事行动以元军的失败告终。[3]1309 年，八百媳妇继续进犯云南边境。为了解决这个问题，元朝于 1310 年派遣云南行省右丞算只儿威到清迈进行招抚，由于前往招抚的官吏枉法受贿，招抚未能成功。1311 年，元朝又准备发动一次征讨八百媳妇的战争，但鉴于几次征讨失败的教训，朝臣多主张招抚。同年，一直主张抗元的芒莱王逝世，元帝采纳招抚建议，遣使往八百媳妇国招谕。

芒莱王死后，其子披耶猜耶颂堪继位。他有感于元朝的压力，深知继续对抗元朝对巩固国家政权并无好处，有可能还会适得其反，因此改变策略，于 1312 年向元朝献驯象及方物。1313 年，云南又遣使团到八百媳妇招谕。

1　《元史》卷 19《成宗本纪二》，第 413 页。

2　以上该书转引自江应樑《傣族史》。

3　余定邦：《中国和八百媳妇的关系——古代中泰关系史上的重要一章》，《世界历史》1981 年第 4 期。

《招捕总录·八百媳妇》载："……皇庆二年（1313），云南省命触难甸达鲁花赤法忽剌丁等领原诏出八百媳妇……延祐元年（1314）正月至其境木肯寨（孟艮，今缅甸掸邦景栋），其蛮酋浑乞滥（披耶猜耶颂堪）妻南贡弄使火头乃要弄来迎诏。至寨，立栅围使者，问来故，答之。又曰：赍来圣旨有何说？使者言：未开读，不敢言，俟见浑乞滥言之。乃要还报。既又来致南贡弄之言曰：使臣有何说，可告我，前此使者止至我寨即回。法忽剌丁等不可。"[1] 从浑乞滥之妻对待元使的大胆态度中可以看出，此时的泰庸人正处于上升发展期，对元朝的招抚并非心甘情愿。

披耶猜耶颂堪改变策略接受元朝招抚的原因，一方面是迫于元朝的军事压力，另一方面则是急于解决国内的政治动乱。芒莱王死后泰庸人的国家再次陷入王室成员对王位的争夺当中，并且分化出了两大权力中心。王国以北的地区以清莱、清盛为中心，而其余部分则以清迈为中心。当时披耶猜耶颂堪就执政于清莱，执掌勐乃（今缅境）的副王坤夸（芒莱王幼子，中国史书中记载为力乞伦或刀乞伦）联合勐帕尧王围攻勐范（勐范为披耶猜耶颂堪三子陶南通执掌之地）。为了结束王位纷争，泰庸人才不得不接受元朝招抚，希望通过朝贡体系，由元朝在中间起到平衡各个勐王权的作用，[2] 并借助元朝来打击侵犯王权的勐。中国有段史料记载恰好说明了当时的这一状况。

二月十三日，浑乞滥男南通来见。使者言：行省先遣胡知

---

[1] 转引自〔泰〕黎道纲《八百媳妇请属元廷考》，《东南亚》1995 年第 1 期。

[2] 中国将其边境附近的地区纳入朝贡体系之后，就会平衡这些地区之间的权力，避免某个地区因权力过大而侵扰附近地区，若出现此现象，中国则会对其进行征讨。见〔泰〕维奈·朋斯翮《八百媳妇—八百大甸》，泰国总理秘书办公室中泰史料研究委员会，1996，第161~163 页。

事招尔等，尔等遣乃爱等出降，故圣旨今遣我辈来招尔父子。南通曰：我等非降也。胡知事言，尔朝廷地阔军多，故使家中一二人从胡知事往观之耳。明日，南通遣乃要来言：胡知事来时，与我衣服鞍马，今尔等所有马，可尽前来。言讫，一时牵去，明日又来取衣服。即而浑乞滥遣火头南愆来曰：可令使臣来见我。三月十七日法忽剌丁等至合二寨，与浑乞滥相见，宣召。明日，浑乞滥令使者送其子南通往孟范甸把边，可就观我地境。使者不从。曰：若不观我地土，归朝何以复命？使者从之至孟范，别有生蛮比要（帕尧）与南通叔父刀乞伦来侵，南通言：使者不可不助我。使者从南通至木丙山拒敌。比要闻有诏使，遂退还。至孟范，使者欲返，南通曰：天热水涨，秋凉令尔回。八月终始得出。九月四日至浑乞滥寨，浑乞滥手书白夷字奏章，献二象，令其部曲……[1]

《招捕总录·八百媳妇》这段史料反映出当时泰庸人的王亲之间确实存在纷争，正在为争夺王位而战，此外也反映出浑乞滥与南通的精明。元使法忽剌丁等到清莱的这段时间，正好是刀乞伦（坤夸）占据清迈的时期，那时浑乞滥的属地为缅甸掸邦景栋地区南垒河以南至清莱府和勐范一带，而刀乞伦的属地为勐范以南的清迈等地。浑乞滥与南通借元使之威击退了刀乞伦的叛军。[2] 后来南通夺回了清迈城，披耶猜耶颂堪任命其为副王执掌清迈。随着南通的权力日益膨胀，且与元朝的关系日渐密切，披耶猜耶颂堪怀疑他反叛，遂将其废黜并调守景栋，并由其兄陶盛普辖清迈。1325 年，披耶猜耶颂堪死，陶盛

1　转引自〔泰〕黎道纲：《八百媳妇请属元廷考》，《东南亚》1995 年第 1 期。

2　〔泰〕黎道纲：《八百媳妇请属元廷考》，《东南亚》1995 年第 1 期。

普继位，名披耶盛普（PhayaSaenphu，1325~1334 年在位）。

　　1313 年和 1314 年的两次招降都没有达到目的，八百媳妇仍然不断与大小车里结成联盟侵扰内地。直到泰定二年（1325）五月，驻守八百媳妇边城景栋的南通鉴于同盟者车里已经归顺元朝，才向元朝投诚。《元史·泰定帝本纪》记载："（泰定三年五月）甲寅，八百媳妇蛮招南通遣其子招三听奉方物来朝。……（泰定四年闰九月）甲午，八百媳妇蛮请官守，置蒙庆宣慰司都元帅府及木安、孟杰二府于其地，以同知乌撒宣慰司事你出公，土官招南通并为宣慰司都元帅，招谕人米德为同知宣慰司事副元帅，南通之子招三斤知木安府，侄混盆知孟杰府，仍赐钞、币各有差。"[1] 蒙庆宣慰司就是当时八百媳妇境内的木肯寨，即今天缅甸掸邦的景栋。景栋古称孟肯或勐艮，即"蒙庆"的对音。木安府和孟杰府都应该在今天缅甸的景栋一带。

　　八百媳妇国的国王披耶盛普听到其弟南通投降元朝以后，也着急了，赶快派出长子招哀向元廷进贡方物。元朝于至顺二年（1331）五月"置八百等处宣慰司都元帅府，以土官昭练为宣慰使都元帅……者线、蒙庆甸、银沙罗等甸并为军民府，秩从四品"。[2]

　　南通连续两次向元朝奉方物是有原因的，其军功卓著最后却被贬于景栋。而 1325 年后元朝已经巩固了在西双版纳的统治，景栋直接与西双版纳接壤。这可能给了南通一定的压力，再加上南通对其兄披耶盛普继承王位早有不服，向元朝投诚，既可缓解压力，又可借助元朝之力来巩固自己的政权。可是后来披耶盛普也开始向元廷进贡方物，从 1327 年开始，南通的名字再也没有出

1　《元史》卷 30《泰定帝本纪二》，第 669~682 页。

2　《元史》卷 35《文宗本纪四》，第 785 页。

现在中国史书的记载中。笔者推测，元廷最终还是认可了披耶盛普的"正统性"，披耶盛普最终在与南通的王权争夺当中取得了最后的胜利，稳固了王权，而元廷也在八百媳妇设置了八百等处宣慰司。从从属关系上来说，从1331年开始一直到缅甸占领兰那，泰庸人的国家是归属到元朝版图中的，其虽然有独立的政权，但在形式上已经成为元朝的藩属国。兰那通过朝贡的方式一则可以获得元朝庇护，二则可以通过朝贡贸易获得元朝更多的馈赠。

（三）兰那王国初期泰北佛教的发展

谷河流域的早期泰庸人社会一开始与迁移到中南半岛地区的傣－泰民族信仰相似，还是以鬼神信仰为主，鬼神信仰是泰庸人信仰体系的基础。这一信仰直到后来泰庸人接受佛教之后，都还有一定的保留，并反映到他们的生活习俗、祭祀庆典等方面。泰庸人的鬼神信仰是从万物有灵信仰中衍生而来的，人们相信人类的世界与鬼神的世界是相互交错、密不可分的。鬼神无处不在，小到家庭、村寨，大到勐，以及所有的田地、河流、森林、山川都有鬼神存在。由于鬼神无处不在，因此世间万物都充斥着灵魂。泰庸人有敬鬼和招魂的风俗，这体现在他们对鬼神的信仰当中，而鬼神信仰的核心则是祖先崇拜。

谷河流域恩央、清盛一带当时已经是泰庸人的主要居住地区，佛教早在通过哈里奔猜传入前，就从其他渠道不断传入，但当时人们信仰佛教是与信仰原始宗教并存的，[1]佛教还并未在泰庸人社会中占主导地位。在这种外来宗教叠加式传入很长时间之后，都要经过

1　〔泰〕萨兰萨瓦迪·王素恭:《兰那历史》(第四次修订)，第60页。

选择、过滤和审核，与本地原有的风俗习惯和信仰相结合，[1] 取长补短，方能形成适应泰庸人发展的宗教。统治者意识到这种宗教的重要性后，才开始推崇和发扬。泰庸人社会的主要人口是土著拉瓦人，外来宗教文化与本地宗教信仰相结合主要是与占泰庸人社会人口大多数的拉瓦人原有的宗教信仰，外加傣－泰民族本来的社神信仰相结合。佛教之所以在 13 世纪得到统治阶层的认可与采纳，与佛教本身的先进性是分不开的。佛教中的天文学、医学、哲学等思想比那些产生于部落时代的原始宗教文化更具有吸引力。[2]

芒莱王从接受佛教文化开始，就开始构建其法王地位，利用南传佛教确立起了在政治统治方面的合理性，并不断地向其他地区扩张势力，目的是使佛教的中心从哈里奔猜转移到清迈，更为了谷河流域的泰庸人能与原来居住在宾河流域一带的人相互融合，使泰庸人全面地接受佛教。征服清迈—南奔盆地之后，芒莱王一生都居住在清迈，并在清迈与哈里奔猜的交界处建立了旺功甘城，城内佛寺、佛塔林立。

芒莱王时期的佛教信仰掺杂了大量的原始宗教信仰以及古老时代传承下来的巫术、咒术。佛教的推广是自上而下的，是由统治阶层主动推动佛教与原始宗教信仰相互融合。清迈重要的原始宗教信仰的核心——勐柱（SaoYinthakhin）信仰就是其中的代表。在泰北原始宗教信仰中，勐柱被视为一个城市的灵魂，也是一个地方风调雨顺、百姓安居乐业的重要象征。

勐柱在农业社会是人们精神寄托之圣物。因为在祭祀勐柱之时，要将雨神请入勐柱当中，芒莱王朝接受佛教信仰后，则将对雨

1　〔泰〕黎道纲：《泰境古国的演变与室利佛逝之兴起》，中华书局，2007，第 15 页。

2　华思文：《泰傣民族发展史中的勐文化》，博士学位论文，云南大学，2000，第 94 页。

神的信仰与对佛陀的信仰合二为一。不但勐柱被安置于重要的佛寺当中，雨神形象也被具体化为求雨佛像，在祭祀之时佛像被抬出来供奉，祭祀念咒也由僧人来完成。1296年，芒莱王在建清迈的同时，将勐柱埋于大佛塔寺地下，并于表面修建了勐柱庙堂。《勐柱传记》与《金灯传记》曾载：兰那王国中心位置，也就是勐柱所在之处，从前是土著拉瓦人的领地。相传该地恶鬼横行，导致民不聊生、饿殍遍野。天神帕英见此惨状，遂生悲悯之心，在此地变幻出了黄金井、白银井及宝石井，并委派拉瓦人中的三个名门望族来看守，看守的家族必须清净守戒、德高望重，井中财宝才不会枯竭。三个家族也信守诺言，恪尽职守守护珍宝井。这片曾经的荒地也因此成了富庶宝地。后来，宝地的富庶被外族觊觎。

拉瓦人乞求婆罗门沙门向天神帕英寻求帮助，天神派遣两位夜叉为拉瓦人掘得勐柱，安置于勐中心，镇守三口珍宝井，并由两位夜叉看守勐柱。勐柱的神力把外敌都变成了商人，归顺了拉瓦人。拉瓦人首领要商人们发誓：止恶扬善、持戒清净、忠诚。但一部分人违背誓言，两位夜叉因此携勐柱返回天界。勐柱被带走后，三口珍宝井就此枯竭。一位拉瓦长者从前经常去祭祀勐柱，得知勐柱被夜叉带回天界，万分悲痛，因此着白衣在橡胶树下修行三年。有位上座部长老预言拉瓦人的家园即将覆灭，拉瓦人闻讯后很慌张，急忙问长老解决之道。长老告知拉瓦人让他们铸造一口巨型铁锅，在其中放入110对男女塑像，埋入深坑，再于地面重造一根勐柱，并举行仪式祭祀，如此方能躲过亡国厄运。对勐柱的祭祀从此延续下来，泰庸人建立兰那王国之后，勐柱信仰也被继承，直至今日。清迈的勐柱为金属打造，芒莱王建清迈之后将勐柱从勐心亭移至城中心，芒莱王的后人在大佛塔寺建成之后，又将勐柱移至大佛塔寺内。祭祀仪式也沿袭至今，祭祀勐柱等同于祭祀勐神，祭祀需由国王主持，需要先祭拜社神、勐柱守护神（夜叉）、八方神灵、五大城门，并通过灵媒施展巫术询问国运，若国运不济，则需要再进行续命仪式，使国运维持在一个较好的状态。芒莱王建国后，在仪式中加了最后一个环节，即迎请求雨佛像，并由僧人诵经祈福。后来兰那亡国后，勐柱的祭祀则全部由僧侣来完成，成了清迈一种重要的佛教仪式。[1]

从勐柱信仰的由来可以看出，神灵信仰在兰那王国的重要性，泰庸人统治者不但延续本民族的原始宗教信仰，还承袭了土著居民的原始宗教信仰，为了顺利地推广佛教，在勐柱祭祀的环节当中增加了迎请佛像与僧人祭祀的环节，让僧人参与到事关国运的重要祭祀当中，努力抬升佛教的地位。

再如泰庸人信仰树神，他们认为桑树中驻有树神。芒莱王在建佛寺的时候，在佛寺周围的桑树旁种下了很多菩提树，认为这样就可以使树神常驻于佛寺，守护佛寺。芒莱王对佛教的信仰，将佛陀等同于"神灵"，他认为佛陀拥有超自然的神通力量，若虔诚信教，佛陀就能够满足自己的愿望。他建立旺功甘城时，曾经铸造了五尊佛像。彼时他对这五尊佛像发愿："若佛陀庇佑我攻打直通王国旗开得胜，归来之际还愿，必为五尊佛像建造华丽佛殿安置。"[2] 芒莱王朝初期的佛教信仰由于被等同于原始宗教信仰，仍然停留在"追求现世"的阶段，并未上升至佛教功德积累的层面。时至披耶三纺更时期，佛教信仰仍然与原始宗教信仰混杂，披耶三纺更本人除了信奉上座部佛教之外，对巫术也极力推崇。[3] 因此，兰那王国初期宗教

1　〔泰〕达摩迪洛尊者：《勐柱传说》（大佛塔寺版本），清迈奔希利出版社，1995，第49页。

2　〔泰〕萨兰萨瓦迪·王素恭：《旺功甘城：兰那古代社区历史研究》，清迈里设出版社，2005，第64页。

3　〔泰〕萨兰萨瓦迪·王素恭：《旺功甘城：兰那古代社区历史研究》，第64页。

信仰的特点，就是佛教信仰与原始宗教信仰相互混合，并行共存。尽管如此，统治者还是认可了佛教的重要地位，他们积极建立佛寺、佛塔，为僧人提供佛教活动的场所。国王及贵族们经常与平民共同参与各种佛教活动，佛教成了统治阶层树立统治合法性、稳固王权、增强认同感、凝聚人心的重要手段。《宗教本源志》载，"芒莱王于旺功甘城中建立了骨罕塔寺（又名四面塔或金冢塔）用于安放其宠妃骨灰。骨罕塔寺共有四面，每面分为五层，每层都塑有三尊精美的立佛像，共计六十尊立佛"，[1] 是兰那王国时期佛教造像艺术与佛塔的杰出代表。将王室骨灰安置于重要寺院并起塔纪念，是从女王国传承至兰那王国王室的传统丧葬礼仪，旨在突出王室身份的贵重及其地位是受佛教认可、受到佛法合理加持的。

　　值得一提的是，芒莱王在建立旺功甘城之际，安置了数量众多的百姓入城。这些百姓中，有兰那主体民族泰庸人、哈里奔猜孟人、土著拉瓦人、缅甸直通孟人以及缅甸阿瓦城的掸族。这些族群大多是虔诚信仰南传佛教的，但由于来自不同的地域，其佛教信仰也有一定的差别。被安置于旺功甘之后，人们求同存异，一起建寺起塔，参与佛教仪轨、护持佛教，使初期兰那佛教在佛教艺术上出现了以哈里奔猜佛教艺术为主、多元民族佛教艺术并存的风格。

　　旺功甘城作为兰那王都没多久，王都就被芒莱王北迁至清迈。而旺功甘则作为清迈的副城，担负起了守卫王都的责任。迁都主要是因为清迈地理位置优越，背靠素贴山，且临近宾河。在素贴山与宾河之间可将王都建于四方形城墙之内，在此选址建都，也符合泰庸人的建城传统——以西边靠山（素贴山）而建，面朝河流（宾河）。素贴山上的丰富水源，直接通过引水工程被引入山下清迈城

1　清迈大学社会学院编译《宗教本源志》（红林寺版本），第188页。

图1-15　骨罕塔寺（笔者摄于旺功甘）

中，最终汇入宾河，整个清迈城遍布水渠及护城河，水资源丰富，素贴山与宾河也因此成为清迈人精神世界中的圣山与圣河。[1]

　　为了赋予清迈城佛教宇宙观的中心地位，在建造清迈城时，芒莱王请来素可泰的兰甘亨王与勐帕尧的昂孟王，[2] 三王亲自为清迈城墙奠基。他还请星相学家测算了清迈城的生辰及城运。清迈城的实际建造也非常讲究，在建造理念上，将清迈比作宇宙之中心，其中大佛塔（兰那最高建筑物）为宇宙正中心，围绕着大佛塔的周边

地区有清音寺、差思亚普寺、布帕兰寺、吉祥寺、南塔兰寺、郎奔寺、花园寺及七塔寺。这八座佛寺分别被比作环绕宇宙中心的八大重要行星。另外，还把清迈四周的城墙比作宇宙的边界，城墙之内的区域都是神圣之地。[1] 城墙的东、西、南、北四个方位具有不同的信仰内涵，北方为吉祥方位。在芒莱王尚未建国之时，清迈城北端已有原住民建立的社区，这个方位适宜建立聚居区，因为有水流经过。清迈本地传统的城市机体信仰，将城比作类似人的生物机体，认为其是有生命的，包含了身体与心脏。而北方恰好相当于头部的位置，是吉祥方位，因此北方城墙修建了白象门。在古代，白象门所在方位为吉祥方位，不祥之物禁止从白象门进入。在兰那王国，诸如丧礼仪仗，被视为不祥，因此不得进入白象门。唯有喜庆仪式，诸如国王登基盛典，其仪仗方可进入白象门。国王王宫朝向也都是面向北方。

南方，由于地势比北方要低，因此与北方相对，为凶位。关押犯人都是在此方位，运送尸首也是通过位于南方的圣本城门进出。

西方，主要在素贴山脚一带，为丛林覆盖之地，森林茂密，人烟稀少，此处大多为僧人精舍，也相当于王室的后花园，因此被定位为王都清迈的护卫方位。

东方，为清迈物资集散地，在地理位置上靠近宾河，因此从古至今都是居民聚居区，人口最为稠密，著名的塔佩门就在此方位。[2]

清迈的总体城市布局特点近似于素可泰的城市布局，城市的总体形状为四方形。从这点上来看，在城市规划建设上清迈受素可泰影响颇深。因为兰那其他地区的城市规划建设基本上是依据当地的

1　〔泰〕萨兰萨瓦迪·王素恭：《兰那历史》（第五次修订），曼谷阿美林出版社，2018，第132页。

2　〔泰〕萨兰萨瓦迪·王素恭：《兰那历史》（第五次修订），第90~93页。

地形、地貌特征，很少以四方形建设，因为四方形建设需要较高的技术。清迈有两层城墙，内层为四方形，外层为月牙形。在建城之时，还请了专门的星相学家将清迈的生辰定于巨蟹宫第七宿（金帆星宿），因为金帆星宿是宇宙中最伟大的星宿。[1] 这些足以说明芒莱王对清迈的重视程度以及清迈的重要性。

清迈王都被视为宇宙中心，也是权力与财富的中心，国王、王室、贵族及主体民族泰庸人居住于王都的核心区域内，这个区域也被称为神阙位。在泰北城市机休信仰中，神阙是生物机体的重要部位，其重要性等同于心脏与头部。因此。重要的佛寺清曼寺、大佛塔寺，以及原始宗教信仰的核心——勐柱等圣物也在核心区域内。而王城的边缘区域则为次要区域，该区域内的佛寺与房屋规模都较小，大多是工匠及侍卫的居住区。

王城外围与王城相比，重要性下降不少。街道规划较为混乱，所分布的佛寺也是一些普通佛寺，居住在外围的族群多为泰艮、孟人、缅甸人、掸族、迁移至清迈的中国云南回族等。

从规划安排来看，清迈城的空间概念被宗教观念和象征神圣化了。这种规划和理念在那个时代可以称得上是相当先进的。芒莱王个人从此之后再未迁都，一直在清迈居住，直到逝世。芒莱王作为开国国王，对清迈的重视与扶持最终将清迈作为一国之都合理化了。人们也认可了清迈作为一国之都的地位。从此，泰北的政治、经济、文化、佛教中心逐步转移至清迈，直至今日清迈仍然是泰北政治、经济、文化、宗教的中心。清迈城的建立，是泰庸人从部落联盟的城邦国家向真正意义上的王国过渡的重要阶段，开启了泰庸人全面发展的新纪元。在建都之后，虽然中国元朝至明朝初年仍

1　〔泰〕萨兰萨瓦迪·王素恭：《兰那历史》（第四次修订），第126页。

然称泰庸人的国家为"八百媳妇国"，但泰庸人称呼自己的国家为"勐宾清迈"，因为泰庸人的国家在宾河沿岸，并以清迈为首都。[1]

芒莱王朝中期，统治者将大量人力、物力赐给佛寺，保障佛教的物质生存基础，并通过提升佛教地位、努力促进佛教与原始宗教融合，将清迈打造为佛教中心，使佛教逐步在兰那社会占据主导地位。除此之外，芒莱王即位之后，就开始牵头编撰《芒莱法典》[2]。这部法典囊括了世俗社会各阶层之间的权利义务以及各项宗教庆典仪轨规范，还涵盖了南传巴利经典中律藏中僧人的戒律，几乎涵盖了世俗社会与佛教界的所有行为规范和权利义务以及各阶层之间与僧俗两界之间的相互义务。法典中尤其强调了统治阶级需以佛教伦理道德准则来规范自身，以佛法来治世，每一种案件的审理和判决都需以佛律为基准。法典包括治国、军队指挥、战争等方面的规章制度和惩罚条款；此外，还包括家庭财产与遗产的处理、借贷、固定资产等内容，以及农业生产、水利建造中的权利与义务。芒莱法典是泰北社会最为全面的一部法典，也是兰那社会规范的主要来源。这部法典肯定了佛教至高无上的神圣地位，它的制定与推行实施，使泰北彻底走向佛化社会。再后来，随着清迈佛教中心地位的强化与佛教的繁荣发展，《芒莱法典》还通过佛教的传播传到了兰那以北的周边区域，成为周边区域重要的法律依据。

13 世纪中后期，上座部佛教已在泰北谷河流域、汪河流域、宾河流域及湄公河中游地区传播开来。各个地区以佛寺为中心，以僧人为弘法者，佛教成为维系不同族群情感的精神纽带以及它们良性

1　Foon Ming Liew-Herres, Volker Grabowsky, Aroonrut Wichienkeeo, *LanNa in Chinese Historiography*, Institue of Asian Studies, Chulalongkorn University Press, 2008, p.1.

2　《芒莱法典》，从芒莱王即位开始编撰，历数代君王方才完成。该法典被刻写在贝叶经中，很多寺院都有收藏，各寺院收藏的版本完整程度不一，完整度最高的为泰北稍海寺版。

互动的重要稳定剂。《清迈纪年》载，公元 1291 年，锡兰 4 位上座部长老，携 2 块佛骨舍利、4 颗菩提树苗敬献给芒莱王。[1] 虽然没有足够的证据证明佛骨舍利与菩提树苗来自锡兰，但从这段记载可以推测，13 世纪末期兰那王国应该已与锡兰有交往。另外，13 世纪的泰北佛教虽然承袭了哈里奔猜孟人的上座部佛教，但由于统治者芒莱王与泰境中部素可泰王朝兰甘亨王关系密切，承袭于斯里兰卡大寺派的素可泰佛教也曾传入泰北，因此，兰那佛教在早期已直接或间接地受到锡兰佛教影响。兰那与素可泰王国的关系甚至因为佛教的交往而进一步加深。

　　披耶盛普时期，佛教的发展与芒莱王时期大体相同，统治者为佛寺提供了大量的土地、物力、财力、人口，并且修建了大量的佛寺、佛塔。[2] 披耶盛普在清盛为藩王期间，在清盛建造了大量的佛寺、佛塔，并供养了很多土地给佛寺。他于清盛城门边修筑了著名的柚木寺，大殿外种植了 300 棵柚木，柚木寺成为供养给兰那僧王的寺院。[3] 披耶盛普继承兰那国王王位之后，又为南奔大佛塔铸造了两尊佛像，佛像风格严格按照哈里奔猜孟人佛像风格进行铸造。除此之外，他还为清迈、清盛及清莱三地铸造了太阳鼓。[4] 披耶盛普对清盛的重视，使清盛的佛教地位逐步提升，仅次于清迈。

　　披耶康弗（1334~1336）为披耶盛普之子，他继承父亲王位之后却一直常住清盛，将清迈交给王子帕裕治理。披耶康弗在位期间，积极扩张领土，将北部的勐普叻、勐达、勐帕尧并入了兰那王

1　〔泰〕阿伦腊·维先考：《清迈纪年》，第 24 页。

2　披耶盛普原封王于清盛，后来才到清迈继位为兰那国王。众多的佛教寺院、佛塔都是在其封王清盛期间建造的。参见清迈大学社会学院编译《宗教本源志》（红林寺版本），第 19 页。

3　〔泰〕萨婉·卓迪苏腊：《星洪那瓦纪年：庸那迦清盛》，清迈萨婉出版社，1969，第 197 页。

4　〔泰〕阿伦腊·维先考：《清迈纪年》，第 38 页。

图 1-16　帕信寺壁画　　　　　　图 1-17　帕信寺天人浮雕
（笔者摄）　　　　　　　　　　　（笔者摄）

国的版图。他大力发展清盛一带的商贸，将清盛发展为湄公河上游一带的重要港口城市，促进了泰北与中国云南、老挝以南地区的交往。领土的扩张、商业上的顺畅往来，也进一步为佛教向湄公河上游地区及泰北谷河、宾河流域一带的传播创造了必不可少的条件。

　　披耶帕裕（1336~1355）也是一位虔诚的佛教徒，在他的护持下，佛教在兰那得到了进一步发展。清迈泰北佛教中心的地位进一步稳固。帕裕王回到王都统治国家，封其子格那为副王，常驻清盛。帕裕王在清迈王都西面建造了黎清帕寺（即后来著名的帕信寺）安置其父康弗王的骨灰，并从哈里奔猜延请上座部长老摩诃阿派朱拉和他的十位弟子常驻寺中，并委任摩诃阿派朱拉长老为僧王。自从僧王常驻帕信寺后，帕信寺的地位与日俱增，后继的兰那王也都纷纷供养、修缮该寺。帕信寺中留有不少精美的佛教壁画、雕塑，堪称兰那佛教艺术的经典之作。

　　帕裕王对兰那佛教的贡献，主要体现在扩大佛教弘法范围方面，他将佛教从中心区域弘扬至藩属勐。在他统治时期，勐景栋为兰那藩属勐，帕裕王委任其子召杰潘督去统治，与此同时还大力在景栋弘法，派遣了上座部的四位高僧至景栋弘法，并将整个景栋都供养给了兰那僧王。这样整个景栋的佛寺都隶属于帕信寺，直属僧王管辖，[1] 使得佛教扎根景栋，清迈与景栋之间建立起深厚的教源关系。自此之后，景栋佛教与泰北佛教交往密切，数百年来景栋僧人源源不断地到清迈学习三藏经典，这成为景栋佛教界的传统与习俗，并沿袭至今日，甚至一部分僧人学成之后，留在清迈继续修行，成了清迈僧团的重要组成部分。景栋与清迈深厚的教源关系，也为佛教通过景栋北传至中国西双版纳奠定了重要的基础。

1　〔泰〕萨兰萨瓦迪·王素恭：《兰那国王》，第53页。

第二章　兰那佛教文化圈的形成

随着兰那王国的不断发展壮大，兰那佛教也繁荣兴盛。兰那王都不但是政治、经济的中心，还成了新的北部佛教中心，从此佛教重镇从南奔移至清迈。兰那通过武力征服、血缘分封等方式扩大了对周边地区的影响力，兰那佛教也得到弘扬传播，进一步扩散到了清迈以北傣－泰民族统治的周边区域，最终形成了以清迈为中心的兰那佛教文化圈。

兰那王国的繁荣与兰那佛教核心区的形成

（一）兰那王国的繁荣

兰那王国通过战争、朝贡等方式巩固了国家政权。从 14 世纪中后期至 16 世纪初期，兰那社会进入了繁荣发展的时期，尤其是三界王帕召迪洛嘎腊时期（1441~1487），兰那王国已经发展到了极盛。国家蓬勃发展的时期主要由以下几个重要阶段构成。

1. 披耶格那时期（1355~1385）

该时期，人民生活富裕，国家强盛。披耶格那治国有方，是位贤能君主。许多召勐慑于披耶格那的权威纷纷前来进贡。《清迈纪年》载："披耶格那之子诞生之日，各邦番王前来进贡恭贺，披耶格那即为王子取名为陶盛孟玛（中国史籍称刀板冕），意思为十方王子，有十方来贡之意。"[1] 另外，《难府地方志》也有记载，1365 年，云南召王贺[2]（云南统治者）向披耶格那催收贡赋，"粮食 9000 车，象牙 20 担，白布 400 匹，柚木雕花碗 1000 个，夷锦 400 匹……"[3] 但披耶格那接到征收令之后拒绝向元廷纳贡。各番邦向八百媳妇来贡以及格那的拒绝纳贡，反映出披耶格那时代兰那国的强大，对周

1　〔泰〕阿伦腊·维先考：《清迈纪年》，第 41 页。

2　召王贺，是西双版纳、兰那、琅勃拉邦等傣－泰民族地区文献中对云南政治中心统治民族首领的误称，他们一直以为云南是由所谓的"河王"（贺王）所统治，所以将其称为召王贺。后来，他们把所有的云南人都笼统地称为"贺人"。元朝之后云南政权多次更迭，原有的统治中心变为云南行省，后来明朝的布政使司取代了行省，然后又换成清朝统治。但无论云南处于哪一个朝代，这些傣－泰民族都称其为"贺"。参见谢远章《泰傣学研究六十年》，云南民族出版社，2008，第 109 页。

3　〔泰〕萨兰萨瓦迪·王素恭：《难府地方志·进贡方物篇》（佛诞寺版本），曼谷阿美林出版社，1996，第 49 页。

边地区起到一定的威慑作用。同时，由于当时元朝已经处于衰亡时期，无力顾及边疆各宣慰司，所以兰那也暂时摆脱了与元廷之间的朝贡关系。从地缘政治上来看，兰那在这个时期赢得了一个相对稳定发展的环境。

2. 披耶盛孟玛时期（1385~1401）

披耶盛孟玛时期，国家仍然持续繁荣发展，兰那开始向南、北扩张势力。中部的阿瑜陀耶王朝于 1386 年首次向兰那发动了战争，坤鸾珀努率军劫掠南邦，但未成功。披耶盛孟玛随即率军南下，同时素可泰人也请求兰那出兵相助共同攻打阿瑜陀耶。1388 年，坤鸾珀努突然逝世，战争形势发生了转变。素可泰人背信弃义转而攻打兰那，兰那战败，损失惨重。[1] 此时正值中国的明朝时期，在元朝末期被忽略的朝贡制度，此时又重新走向正轨。兰那同样恢复了对中国的朝贡，"洪武二十一年（1388），八百媳妇国遣人入贡。遂设宣慰司"。[2] 从1388年开始，"八百媳妇"的名称变更为"八百大甸"（简称"八百"）。虽然中国史料并未解释变更其称呼的原因，但是从当时兰那王国的发展状况来分析，其国家处于上升时期，明朝也得知"八百媳妇国"的强大，希望扩大自己在该地区的影响，所以继续用一个貌似形容"一夫多妻"制的名称来称呼一个政治、经济方面都独立的王国似乎不妥。另外，泰庸人的朝贡使者也有意更正这个荒谬的称呼，不希望再继续用于自己国家身上。[3] 新更改的名称为"八百大甸"，更能清晰地反映出兰那王国这种既相对统一又高度分散的政治特征。

---

1 〔泰〕萨兰萨瓦迪·王素恭：《兰那历史》（第四次修订），第 153 页。

2 《明史》卷 315《云南土司三·八百》，第 8160 页。

3 Foon Ming Liew-Herres, Volker Grabowsky, Aroonrut Wichienkeeo, *LanNa in Chinese Historiography*, Institue of Asian Studies, Chulalongkorn University Press, 2008, p.2.

兰那王国恢复对中国的朝贡，分析其原因有二：一是迫于明朝恢复原有的朝贡制度，二是可能想借助中国明朝的力量寻求一定庇护，避免受到周边较强邦国的侵扰。对明廷的朝贡是泰庸人的一种政治手段，因为威胁兰那王国的不止阿瑜陀耶，还有勐卯小国（麓川政权）。

当时兰那王国的领土北边涵盖了萨尔温江的部分地区，而且与勐卯（麓川）接壤。《百夷传》中记载了麓川的领地："百夷即麓川平缅也，地在云南之西南，东接景东府，东南接车里，南至八百媳妇，西南至缅国，西至戛里，西北连西天古剌，北接西番，东北接永昌。"[1] 那时，勐卯扩张势力，不时侵扰周边的国家和地区，攻打过缅甸、景洪及八百媳妇等地区。八百媳妇不得不通过向中国纳贡并与缅甸结盟来抵御勐卯的入侵。[2] 明朝也将勐卯势力的扩大看作朝廷的心腹大患，采取了多种应对措施，并三征麓川。经过多年的战争以及后来内部发生变乱，勐卯最终走向分裂，许多原来被征服的地区纷纷脱离勐卯而独立，明朝抓住机会，分别建立了许多土司政权。[3]

虽然该时期兰那王国面临外敌侵扰的问题，但并未影响其社会发展。泰庸人社会生产力发达，经济发展迅速。泰庸人大规模修建佛寺，据说在整修哈里奔猜大佛塔的时候，全塔贴金，共用黄金252公斤。[4] 大规模修建佛寺，不仅反映了当时泰庸人社会经济的繁荣，也反映了统治者对佛教的大力推崇，佛寺佛塔修建的独特风格也标志着具有兰那佛教文化特色的佛教艺术特征的形成。

1　转引自江应樑《傣族史》，第237页。

2　〔泰〕颂彭·维塔亚萨：《掸族历史》，曼谷创新出版社，2001，第144、168页。

3　江应樑：《傣族史》，第232~244页。

4　〔泰〕佚名：《哈里奔差佛塔的传说》，曼谷艺术书局，1988，第311页。

3. 披耶三纺更（三慧王）时期（1402~1441）

披耶三纺更，中国史籍称刀招散，13 岁时在其王叔的扶持下继位。在披耶三纺更继位之前，泰庸人国家内部发生了王室宗亲之间的权力之争。这种权力争夺主要发生在北边的清莱—清盛盆地（谷河流域，以清莱为中心）及南边的清迈—南奔盆地（宾河流域，以清迈为中心）地区。由于在格那王时期，清莱作为旧王城又重新恢复了其原有的重要地位，这样就在两大区域之间形成了两极权力抗衡。披耶盛孟玛赐封长子召义功甘（中国史籍称刀招你）为清莱王召勐，最后却是由三纺更来继承国王之位。召义功甘不满，从清莱发兵欲夺取清迈，从兄弟手中夺回王位，但战败，后逃入素可泰，向素可泰王披耶赛勒求助。召义功甘与素可泰的援兵一同攻打清迈，但最终仍以失败告终。[1]

在兄弟二人初起争端之时，明廷就有意利用自己的影响力来劝谕和调和双方矛盾，平衡双方的权力，给出政治解决方案。永乐二年（1404），明廷分八百大甸与八百者乃两宣慰使司，以土官刀招你为八百者乃宣慰使，以其弟刀招散为八百大甸宣慰使。八百者乃即清莱，是召义功甘的势力范围。明廷是希望通过在两大势力范围内同时设置宣慰使司，从而达到调和矛盾、均衡双方权力的目的。但是最终召义功甘战败。所以清莱的八百者乃也随之被废，只剩下八百大甸宣慰司，其作用等同于过去的八百媳妇宣慰司。召义功甘战败的时间，在泰国史料中记载不详，但是从中国史料的记载来看，1406 年之后，就再也没有提到刀招你，八百者乃有可能就是在1406 年后被废除的。

1　*The Chiang Mai Chronicle*, trans.（from Thai into English）by David K. Wyatt and Aroonrut Wichienkeeo, Chiang Mai: Silkworm Books Press, 1995, pp.69-71.

中国史料中又载：

　　是岁，遣内官杨瑄赍敕谕孟定、孟养等部，道经八百大甸，为土官刀招散所阻，弗克进。三年遣使谕刀招散曰："朕特颁金字红牌，敕谕与诸边为信，以禁戢边吏生事扰害，用福尔众。诸宣慰皆敬恭听命，无所违礼。惟尔年幼无知，惑于小人孟乃朋、孟允公等，启衅生祸，使臣至境，拒却不纳。廷臣咸请兴师问罪，朕念八百之人岂皆为恶，兵戈所至，必及无辜，有所不忍。兹特遣司宾田茂、推官林桢赍敕往谕，尔能悔过自新，即将奸邪之人擒送至京，庶境土可保。其或昏迷不悛，发兵讨罪，孥戮不贷！"并敕西平侯沐晟严兵以待。以马军六百、步军一千四百护内官杨安、郁斌前往。又虑老挝乘车里空虚，或发兵掩袭，或与八百为援，可遣其部长率兵一万五千往备。

　　三年，刀招你等遣使奉金缕表文，贡金结丝帽及方物。帝命受之，仍加赐予。西平侯沐晟奏："奉命率师及车里诸宣慰兵至八百境内，破其猛利石厓及者答二寨，又至整线寨。（清盛）木邦兵破其江下等十余寨。八百恐，遣人诣军门伏罪。"乃以所陈词奏闻。因遣使敕谕车里、木邦等曰："曩者八百不恭朝命，尔等请举兵诛讨。嘉尔忠诚，已从所请。今得西平侯奏，言八百已伏罪纳款。夫有罪能悔，宜赦宥之。敕至，其悉止兵勿进。遂敕晟班师。"四年降敕诚谕刀招散，刀招散遣人贡方物谢罪。帝以不诚，却之。五年贡使复来谢罪，命礼部受之。[1]

从以上史料可以分析出，明朝虽然实施了政治解决方案，但

1　《明史》卷315《云南土司三·八百》，第8161~8162页。

仅限于协调，并没有干涉其内政，兰那在政治上是享有高度自主权的。虽然明朝想均衡清莱、清迈两大势力的权力，但最终还是不得不根据时局的变化来调整对土官的任免。八百者乃被废除表明以清迈为中心的势力集团战胜了以清莱为中心的势力集团，兰那王国再度恢复了一统的局面。披耶三纺更的王权也更为稳固。但是当时明朝作为天朝上国，也会因为自身的政治或是经济方面的国家利益来努力维持朝贡秩序，绝对不允许其藩属国中有任何国家对其他国家挑起战端，或是有意阻挠朝贡秩序的正常运行。所以，兰那国王披耶三纺更有意阻挠明朝使臣，无疑是与明朝起了正面冲突。明朝先是予以警告，后则发兵征讨。目的还是维护其朝贡秩序，让其藩属国能不间断地正常前来纳贡。披耶三纺更最终只能"贡方物谢罪"，并持续向明朝纳贡。

泰国史料记载，1402 年，云南召王贺[1] 向披耶三纺更征贡赋，遭到拒绝后率军攻打八百大甸但遭到失败；1405 年，贺人卷土重来，泰庸人请到通晓法术的法师，以法术击退了贺人军队。[2] 令人生疑的是，中国史料对该事件并无记载，只是简单提到"八百与百夷构兵，仇杀无宁日"。[3] 这部分泰国史料充满了传奇色彩，事件的真实性还有待考证。笔者认为，所谓泰庸人打败贺人军队，可能是泰庸人与云南边境一些少数民族之间常见的边境冲突或争端而已，有可能是中国史料中"八百与百夷构兵，仇杀无宁日"的反映。因为泰庸人把中国云南地区的人都笼统地称为贺人，泰庸人可能取得了

1　云南召王贺，谢远章先生认为可能是明朝的"云南布政使司"。来自 2010 年 9 月对傣－泰学专家谢远章先生的采访。

2　*The Chiang Mai Chronicle*, trans. by David K. Wyatt and Aroonrut Wichienkeeo, Chiang Mai: Silkworm Books Press, 1995, pp.72-74.

3　参见《明史》卷 315《云南土司三·八百》，第 8161 页。

胜利，于是将其功绩夸大化，灌以神秘色彩并载入纪年，来凸显其祖先的伟大。

披耶三纺更时期，兰那还成功地征服了八百边境的勐勇。勐勇向八百称臣，并且定期到清迈向泰庸人国王进献舞者。[1] 勐勇与景洪、景栋、勐连接壤，是八百以北的一个重要屏障。

4. 迪洛嘎腊王（三界王）时期（1441~1487）

芒莱王朝王位传至三界王时，是兰那发展的极盛时期。三界王原名陶罗，是披耶三纺更的六王子，被封王食邑于勐普劳（MuengPrao），后因犯错被贬到勐元贷（MuengYuamTai）。1431 年，其得到在清迈的重臣散德诺的帮助，夺取了王位登基为王。陶罗继位遭到了王弟陶索易（勐范王）的反抗，陶索易传密信与阿瑜陀耶二世，请求其出兵攻打清迈。1442 年，阿瑜陀耶举兵攻打清迈，结果被陶罗率军击溃。打败阿瑜陀耶人之后，陶罗用了十年的时间励精图治，使兰那达到了极盛。[2]

因为统治英明，陶罗被人们尊称为帕召迪洛嘎腊（三界王，中国史籍称为刀招孟录）。帕召的称呼在泰北极少被用于国王名字前，往往只用于神或佛。将迪洛嘎腊称为帕召，是将他视作"如天神一般伟大的君主"，表明他的英明远在其他国王之上，纵观所有泰庸人国王的称呼，迪洛嘎腊是唯一一位被称呼为帕召的君主。也正是在帕召迪洛嘎腊统治时期，中国首次称呼泰庸人的国王为"刀揽那"。

　　　　成化十七年（1481），安南黎灏已破老挝，颁伪敕于车里，

---

[1]　〔泰〕萨兰萨瓦迪·王素恭:《兰那历史》（第四次修订），第 159 页。

[2]　*The Chiang Mai Chronicle*, trans. by David K. Wyatt and Aroonrut Wichienkeeo, Chiang Mai: Silkworm Books Press, 1995, pp.75–78.

期会兵攻八百。其兵暴死者数千，传言为雷所震。八百因遣兵
扼其归路，袭杀万余，交人败还。土官刀揽那以报。[1]

揽那即兰那，[2] 意为"百万稻田"。三界王时期，是泰庸人发展
的鼎盛时期。真正意义上的兰那王国就是在这个时期形成的。也是
在三界王时期，泰庸人才真正形成了对兰那王国的国家认同。国内
外的很多学者笼统地将泰庸人的国家称为兰那王国。其实从"八百
媳妇"到"兰那"泰庸人的国家经历了一段很长的发展过程，他们
国家称谓的每一次变化都具有时代意义和特征。将其笼统地称为兰
那王国是忽略了泰庸人国家的历史发展过程。

帕召迪洛嘎腊时期之所以是兰那王国的鼎盛时期，是由于迪洛
嘎腊在位时在军事、政治、经济、佛教方面都有杰出的功绩。迪洛
嘎腊在位时期，战争持续不断。阿瑜陀耶为了扩张势力不断对周边
邦国发动战争，先是对素可泰进行武力征服并干涉其内政，后又将
兰那纳入其征服的范围。为了防止阿瑜陀耶的进攻，迪洛嘎腊王首
先征服了勐难与勐帕。勐难与勐帕从前在素可泰的势力范围之内，
勐难王还与素可泰王有一定的血缘关系，经常与素可泰联手对抗阿
瑜陀耶，是素可泰强有力的依靠。因此，阿瑜陀耶经常侵扰勐难，
想要破坏素可泰的这个依靠，并且意在占领勐难。所以三界王对勐
难和勐帕的成功征服，相当于堵住了阿瑜陀耶扩张势力的一个通
道。此外，迪洛嘎腊也不用再担心若与阿瑜陀耶发生战争，勐难和
勐帕会对兰那倒戈相向。

1　《明史》卷 315《云南土司三·八百》，第 8162 页。
2　兰那一词最早在泰国古史中出现，是在 1553 年的一块石碑上。由于泰国古史大多以追记的
　　形式出现，1553 年之前的泰庸人应早已称呼自己的国家为兰那了。参见 Hans Penth, *A Brief
　　History of Lanna: Civilizations of North Thailand*, Chiang Mai: Silkworm Books Press, 2000,
　　p.15.

　　1438 年，阿瑜陀耶攻占素可泰，一举占领了素可泰原有的领土。1451 年，阿瑜陀耶国王戴莱洛迦纳背信弃义，并未按照原有的约定将原素可泰所属勐彭世洛之召勐披耶育他提萨田封为阿瑜陀耶的副王，仅继续封其为勐彭世洛的召勐。1460 年，披耶查利扬归顺了三界王，接着勐查利扬的召勐也归顺了三界王。三界王借此机会大举进攻原素可泰的重要城市勐甘烹碧、勐彭世洛、勐素可泰、勐查利扬等，给阿瑜陀耶造成了极大的混乱。兰那的进攻使得阿瑜陀耶国王帕勃隆洛伽那不得不御驾亲征。兰那和阿瑜陀耶的战争持续了很多年，一直到 1475 年才停止。[1] 最后阿瑜陀耶战胜了兰那，兰那历史上与阿瑜陀耶的战争，只有在三界王时代，才转被动为主动，而且持续时间很长。从这场持久战当中可以看出，三界王时期兰那是极为强大的。

　　1480 年，当交趾发兵入侵老挝之时，兰那积极帮助老挝抵抗交趾。《明史》载，"成化十七年，安南黎灏已破老挝，颂伪敕于车里，期会兵攻八百。其兵暴死者数千，传言为雷所震。八百因遣兵扼其归路，袭杀万余，交人败还。土官刀揽那以报。黔国公沐琮奏：'揽那能保障生民，击败交贼，救护老挝。交人尝以伪敕胁诱八百，八百毁敕，以象蹴之，请颁赏以旌忠义。'帝命云南布政司给银百两、彩币四表里以奖之。二十年，刀揽那遣人入贡。云南守臣言：'交兵虽退，宜令八百诸部饬兵为备。'弘治二年，刀揽那孙刀整赖贡方物，求袭祖职。兵部言：'八百远离云南，瘴毒之地，宜免勘予袭。'从之，仍给冠带。"[2] 通过与交趾一战，迪洛嘎腊不仅与老挝的新国王缔结了友好同盟，[3] 还获得了明廷的奖励，在明朝面前展

1　〔泰〕阿伦腊·维先考:《清迈纪年》，第 73~77 页。

2　《明史》卷 315《云南土司三·八百》，第 8162~8163 页。

3　〔泰〕维奈·朋斯翻:《八百媳妇－八百大甸》，第 226 页。

现了一个援助邻国、促进明朝边疆和谐的景象。

在兰那的北面，三界王将势力扩张到掸邦，攻占了掸邦的很多地方，如勐来卡、勐乃、清通、勐泗泊、勐勇汇、勐版等地，并掳掠了 12328 名掸族人到兰那境内。他还出兵攻打景洪、勐勇，将勐勇境内曼本村寨的傣泐人掳掠到了南奔。[1] 三界王通过征服扩张扩大了自己的影响，并获得了数量众多的人口及财富，促进了兰那的经济发展。

三界王的王位并非直接继承而是夺取的，缺乏一定的正统性，他即位之初王权并不稳固。加之从披耶康弗之后，贵族、臣僚、僧伽掌握的人口、土地日益增多，权力也日渐膨胀。臣僚可以干涉政务，辅佐某位王子即位，甚至讨伐不得民心的君主。而僧伽则可以参与国王的政务，甚至可以借助佛教思想的影响力，动摇某位国王的统治根基。所以三界王即位初期也是处于内忧外患的危机时代，对外要应付阿瑜陀耶的侵略扩张，对内则要应对权力日益膨胀的臣僚和僧伽。

三界王根据当时的情况采取了以下举措来稳固王权。

一是通过大力推广、支持佛教尤其是红林寺派（新锡兰教派）来稳固王权。迪洛嘎腊王从南奔请来了新锡兰教派的高僧做皇家佛寺的住持，他自己也到红林寺短期剃度出家。对新锡兰教派僧团的支持，使得新锡兰教派发展迅速。三界王自身也受到了众人的敬仰，他运用佛教当中功德与仁德的思想，诠释了自己继承王位的合理性。新锡兰教派注重严格遵守佛教戒律，并且重视巴利文的学习以及对佛经的研习。因此，支持新锡兰教派，使得僧侣们对佛经研习的广度和深度都达到了前所未有的水平，最终在 1477 年的时候完

1　〔泰〕阿伦腊·维先考：《清迈纪年》，第 79~82 页。

成了第八次三藏经结集。该时期修订的三藏经也成为兰那各派僧团研习佛经的规范版本。[1] 由于三界王在推广佛教、修订佛经方面的功绩，在随后的佛教文学作品当中，他继承王位一事也被称颂为合理的、功德深厚的因缘。如《胜者时鬘》中记载"三界王，英明神勇，勤奋而坚定，仁厚载德，推广宣扬佛法，继位为君乃其功德深厚之因缘……"[2] 另外，由于三界王获得了僧伽的支持，在其继位大典当中，数位重要僧侣列席，代表了僧伽对三界王王权的认可。由于僧伽是人们敬仰、崇敬的对象，得到僧伽的支持，使得三界王在众臣与百姓心目中的地位比原来有了很大的提升。继位大典完成后仅 5 个月的时间里，三界王就鼓励 500 位王室子弟出家为僧，并重新修缮城中的大佛塔寺，后来还修建了大菩提寺，并铸造了很多佛像。他的这些举措得到了兰那社会的普遍认可，加强了其王权的稳固性。

二是统治初期依据传统思想遏制权臣。兰那从芒莱王时代就深受身份地位尊卑贵贱思想的影响，以至于发展成了主体民族泰庸人的传统思想。泰庸人始终恪守着"血统决定一切"的信条。芒莱训诫中提到"非王族血统者，勿欲为王。非将相血统者，勿欲为将相"。[3] 这种训诫一直为兰那严格遵守，并逐渐成了人们的传统思想和道德底线。这种传统思想对兰那统治者是极为有利的，它有利于麻痹人们的思想，让人们对统治者言听计从，在当时有利于王权的稳固。三界王利用这种传统思想，在一定程度上遏制了那些权力日益膨胀的权臣。另外，三界王还让派驻至被征服地的大臣或王亲"饮水盟誓"，宣誓永远要向国王效忠。在兰那社会，"饮水盟誓"的

1　〔泰〕萨兰萨瓦迪·王素恭：《兰那历史》（第四次修订），第 71 页。

2　〔泰〕智宝尊者：《胜者时鬘》，曼谷艺术大学出版社，2009，第 119 页。

3　〔泰〕宋迈·布楞级：《芒莱王训诫》，清迈大学社会学院，1976，第 21 页。

仪式是在三界王统治时期才开始出现的，它的提出表明三界王对巩固王权竭尽全力。

三是削弱权臣权力。在兰那社会重臣的爵位是可以世袭的，比如三界王时期有名的权臣万户侯洛那空在清迈为官，就让其长子去管辖南邦。这种世袭的特征会使某一宗氏的权臣权力日益膨胀而独霸一方。除此之外，兰那王国的政治统治本身就具有高度分散、相对统一的特征。各召勐在自己所统辖的勐内具有高度自治的权力，在某个勐的统治时间久了，召勐就容易积聚力量，权力膨胀，从而威胁到中央王权。所以，迪洛嘎腊王在位时期就采取经常更换各勐召勐的方法来杜绝召勐长期统治一个勐而有可能造成的权力扩大化问题。《清迈纪年》载：勐难的陶帕盛死后，三界王委任原清堪的万户侯索夷继续统辖勐难四年之后，又调任索夷去统辖勐范，由万户侯堪接任继续统辖勐难，三年后调万户侯堪去统辖勐范，勐难则由原勐范的陶卡敢继续统辖。陶卡敢统辖勐难四年，交趾带兵攻打勐难，陶卡敢退敌取胜，后将陶卡敢调去统辖清莱，由陶岩阮继续统辖勐难……[1] 频繁更换召勐在一定程度上遏制了权臣权力的膨胀。

四是拉拢贤能的权臣为身边近臣。这一举措不但可以使三界王对权臣们就近监督控制，更可以依仗权臣的力量为自己的王权寻求一个平稳、实力雄厚的靠山。

五是让群臣相互监督。1486 年，三界王曾委派六位重臣共同管辖南邦。[2] 该举措不但削弱了各权臣的权力，还可以让他们相互牵制、相互监督。

六是在群臣当中采用任人唯贤的用人原则。三界王任用臣子管

1　〔泰〕阿伦腊·维先考：《清迈纪年》，第 50 页。

2　〔泰〕阿伦腊·维先考：《清迈纪年》，第 53 页。

辖一方之时，并非以对方是不是王室直系血亲为用人准绳，而是以
对方是否具备才能为用人标准。因此，在三界王时期出现了这样的
现象，召勐并非世袭固有。国王委任各召勐统治各勐，是根据他们
自身的功绩，有计划地调整他们所适合管辖的勐。这在整个兰那发展
进程中是前所未有的，破除旧的传统思想，使兰那自身得到了迅速的
发展。这也成为三界王时期兰那在各方面发展到巅峰的重要原因。

　　三界王通过各种举措发展国家，统一、稳固王权，使泰庸人社
会在政治、经济、文化方面都繁荣发展，这种繁荣发展的状态一直
延续到披耶盖尔时期。

5. 披耶佑清莱时期（1488~1495）

　　披耶佑清莱（中国史籍称刀整赖）为三界王之孙，从小得到
其父陶奔楞及祖父的赏识，曾参与很多次重要战役。陶奔楞因为受
人诬陷而被三界王下令处死，三界王逝世后就由披耶佑清莱继承王
位。但披耶佑清莱与中国云南方面交往过于密切，曾认云南贺人[1]为
义子，并且对其宠爱有加，封贺人之子为王，食邑于勐普劳。他宠
爱贺人之子，却忽略了其原配娘斯丽雅萨娃迪所生嫡亲王子召盖尔。
娘斯丽雅萨娃迪的父亲是位位高权重的大臣，统辖南邦，具有十分
雄厚的政治基础。披耶佑清莱与贺人关系甚密，宠爱异国族人，群
臣屡劝不听，威胁到了泰庸人社会中群臣的利益，尤其是以娘斯丽
雅萨娃迪之父为首的权臣的利益。众臣认为披耶佑清莱违背传统道
德习俗，藐视地方利益，最终将其废黜。披耶佑清莱被废黜后，众
臣支持披耶盖尔继位，由于披耶盖尔继位时仅有 14 岁，所以由娘斯

1　泰国人之所以称云南人为"贺"，是由于古代泰北兰那人、西双版纳傣泐人、琅勃拉邦老挝
　　人称云南统治者和汉人为"贺"。而"贺"这一名称，出自唐代以及唐代以前云南西洱河的
　　河蛮。古代的西洱河即今之洱海，河蛮是当时汉族对西洱河地区居民的称呼。参见谢远章
　　《谢远章学术文选》，云南大学出版社、云南人民出版社，2016，第 86 页。

丽雅萨娃迪辅佐。王权实际上是由王太后娘斯丽雅萨娃迪把持。她与披耶盖尔被人们称为"母子二圣"，意为母子二人共同为王。[1]

6. 披耶盖尔时期（1495~1525）

披耶盖尔时代非常重视南邦，因为南邦是兰那的重要城市，被视为泰庸人向南部扩展势力的战略要地。在南邦地区及其周边，泰庸人与阿瑜陀耶泰人发生了若干次战争，双方不同程度地侵扰对方的边陲城市。战胜方掳掠对方的人口到自己的国家，两方的战争未曾间断，先是兰那于1507年挑起战端，举兵攻打勐素可泰。随后阿瑜陀耶举兵攻打勐帕。泰庸人想举兵深入南部攻下勐素可泰、勐差良、勐甘烹碧来获得一些人口，但阿瑜陀耶王帕拉玛提勃迪二世给予坚决的反击，甚至借战争优势于1515年攻破了南邦，掳掠了南邦大量的人口回国。泰庸人与阿瑜陀耶泰人之间的战争，使兰那损失了大量的人力、物力。阿瑜陀耶泰人拥有先进的武器装备，因此具备较为强大的国力，在战斗力上已经远超泰庸人。1515年，阿瑜陀耶泰人使用大炮攻克南邦，迫使披耶盖尔不得不在南奔用砖和砂岩堆砌城墙防御，损失重臣十人，农奴也死伤不少。南邦一战之后，披耶盖尔及随后的兰那国王再也没有主动攻打过阿瑜陀耶，反而受到阿瑜陀耶的侵略，兰那被动应战，并在战争当中受到了较大的损失。[2]

虽然在战争当中兰那逐渐趋于弱势，但是在佛教的发展方面却不断进步。披耶盖尔大力发展佛教，《胜者时鬘》表彰了其在佛教方面的功绩与三界王同样伟大。泰北的许多碑铭都记载了披耶盖尔大力兴修寺院，并捐献大量的土地、人口给寺院。他支持新锡兰

1　*The Chiang Mai Chronicle*, trans. by David K. Wyatt and Aroonrut Wichienkeeo, Chiang Mai: Silkworm Books Press, 1995, pp.102-103.

2　〔泰〕萨兰萨瓦迪·王素恭：《兰那历史》（第四次修订），第168~170页。

教派，并鼓励僧侣们努力研习巴利文及三藏经。众多的僧侣用巴利文来撰写佛经故事，这些作品流传到了周边的国家和地区，比如老挝、缅甸。[1] 兰那文化通过宗教传播的渠道，更加深入渗透到周边的地区。

在披耶盖尔统治后期，兰那与周边地区的战争导致其转向衰落。1519 年，原本归顺兰那的掸邦地区掸族召勐，见兰那战斗力大不如前，率其部下返回掸邦。披耶盖尔派兵追击，却在这次战役当中损失了几员人将，连清盛召勐都战死了。随后的 1523 年，披耶盖尔为了让陶清孔在景栋为王，动用大量兵力攻打景栋，最后战败，损失惨重，南邦的召勐、勐腾等地万户候斯、清莱万户候堪、清莱万户候夸及勐乃万户侯坎佑法皆在战争中阵亡，参战的农奴也死伤无数。因为这次的失利，披耶盖尔盛怒之下斩杀了主将盛一屏。[2]此外，在 1524 年，清迈发生了水患，大量人口死亡。人口的大量损失对国家的稳定影响极大。而披耶盖尔还未来得及解决问题就于1525 年逝世，享年 44 岁。连年的战争、自然灾害，使得原本繁荣富强的泰庸人，大量丧失了当时社会生产力中最重要的因素——人口，人口的大量丧失，成了兰那由盛转衰的主要原因之一。

7. 兰那在繁盛时期的版图[3]

兰那繁盛时期，国家领土广阔，超过了任何一个时代。在泰北以东，泰庸人成功征服了勐帕、勐难。在南边，兰那在与阿瑜陀耶王朝的争斗当中暂时夺得部分土地。在北方，兰那将势力扩张至掸

1　〔泰〕阿纳多·本迪耶:《兰那与老挝在佛教文学方面的关系》，清迈提那出版社，1984，第149~156 页。

2　〔泰〕阿伦腊·维先考:《清迈纪年》，第 86 页。

3　兰那历史地图参见 Foon Ming Liew-Herres, Volker Grabowsky, Aroonrut Wichienkeeo, *LanNa in Chinese Historiography*, Institue of Asian Studies, Chulalongkorn University, 2008。附图见后。

邦，如景栋、勐乃、勐勇和西双版纳。中国史书记载："其地东至车里，南至波勒，西至大古喇，与缅邻，北至孟艮，自姚关东南行五十程始至。平川数千里，有南格剌山，下有河，南属八百，北属车里。好佛恶杀，寺塔以万计。有见侵，乃举兵，得仇即已，俗名慈悲国。"[1]

（二）泰北佛教的兴盛与佛教核心区的形成

披耶格那时期，佛教得到了进一步的发展。披耶格那是一位博学且热心于佛教的君主。他全力扶持佛教，礼遇高僧。1368 年，兰那一位精通巴利文佛典的高僧月光长老，受比丘戒满 17 年之后，在素贴山脚下乌孟寺修行，但乌孟寺白天访客众多，寺院人声鼎沸、香火不断，影响了长老的清修，格那王下旨在乌孟寺内靠山一面凿通一条通向长老僧寮的暗道，使长老在白天人多之际也能在暗道中潜心修行。格那王故后，月光长老终成就圣道圣果，成为兰那精通巴利文佛典的一代宗师，影响深远。后来乌孟寺内的暗道也成了著名的禅修之地，历代僧人在此精进禅修，以期效仿月光长老，成为一代高僧。[2]

在格那王之前，兰那佛教虽与斯里兰卡佛教有交往，但受其影响并不深。兰那佛教主要承袭的是哈里奔猜孟人佛教，哈里奔猜孟人佛教僧人多为园居派僧人，即居住于村镇修行，他们最主要的功绩就是留下了众多刻写于贝叶经之上的经典、碑铭及各种佛教建筑。随着佛教的发展与社会的进步，佛教僧侣对佛教的修行也有更多的要求。旧有的修行方式已经不再适应当时佛教社会的变迁了，

1　《明史》卷 315《云南土司三·八百》。

2　〔泰〕宋卓·王素恭：《圣地乌孟寺》，清迈大学社会研究院资助出版，维尼达出版社，2018，第 94 页。

图 2-1　乌孟寺禅修暗道（笔者摄取乌孟寺）

而锡兰林居派的修行方式逐渐成了教界的新宠。

　　有一部分泰境中部孟人僧侣，在毛淡棉乌通鹏长老的带领下，到锡兰学习佛法，重新受戒，回来后将林居派引入毛淡棉，林居派由此在孟人分布地区开始兴盛。[1] 各地的僧人慕名而来学习教法，素可泰王朝精通巴利三藏经典的上座部高僧苏摩那长老也曾到乌通鹏长老精舍去学习。由于林居派的兴盛，且其对佛法教义的解读更加深刻，格那王也想将新的佛教教派、修行方式及更加如法的佛教仪轨引入兰那以纯净当地佛教。

　　由于当时兰那与素可泰王朝的关系进一步加深，为了促进佛教的进一步发展，纯净兰那佛教，格那王通过素可泰接受了锡兰教

1　泰境中部湄南河流域一带，14 世纪时大多为孟人聚居区，泰北以哈里奔猜为主的区域也为孟人聚居区。

派。他派遣使节携大量礼品觐见素可泰王，从素可泰延请苏摩那长老到清迈弘法。苏摩那携带佛骨来到了泰北开始弘法。[1] 1369 年，苏摩那长老先于旧的佛教中心哈里奔猜立佛寺传法。同年，他依据锡兰古老的佛教仪轨在宾河举行布萨羯磨仪式，为来自勐潘的兰那贵族子弟授沙弥戒与比丘戒。[2] 这标志着斯里兰卡的南传上座部正统法系[3] 锡兰教派，正式在兰那扎根。苏摩那长老在哈里奔猜传法之际，还将素可泰的文字一同引入泰北。立佛寺出土过两块用素可泰文刻写的碑铭，清楚记载了苏摩那长老携弟子到兰那传法的事迹。[4] 泰北发现的兰那文碑铭要晚于素可泰文碑铭，最早的兰那文碑铭时间为 1393 年。[5]

苏摩那长老后来应格那王请求于 1371 年到清迈传法，格那王依照阿兰若派佛寺的规制，在城外的王家花园为苏摩那长老修建了花园寺，供养给苏摩那长老作为佛教研究中心，创建了花园寺派，并在花园寺中建起了锡兰风格的佛塔，用于安置长老所带来的部分佛骨舍利，花园寺后来还是历代兰那王安置骨灰之地，成了皇家寺院，受到历代兰那王的护持与供养。另外一部分佛骨舍利则被安放于素贴佛塔中。[6]

1　〔泰〕萨兰萨瓦迪·王素恭:《兰那历史》(第五次修订)，第 107 页。

2　古老的锡兰布萨羯磨仪式是在河水中进行，意味以纯净的河水涤荡不洁净，一切从头开始。而其他佛教仪轨则是在固定在岸边的船上或竹筏上进行，船或竹筏不可随波漂流于河中。参见〔泰〕玉萍·珂木《缅甸统治下的兰那》，清迈皇家大学内部资料，1992，第 58 页。

3　正统法系被称作阿兰若派，比较讲究戒行和学问，也就是佛教中的戒定慧三学。戒学重视的是苦行，因此他们主张在丛林中修行；慧学则重视阿毗达摩（论藏）。他们属于南传佛教中的丛林僧一流。转引自宋立道《从印度佛教到泰国佛教》，第 114 页。

4　〔泰〕玉萍·珂木:《缅甸统治下的兰那》，清迈皇家大学内部资料，1992，第 60 页。

5　随着苏摩那长老的弘法，素可泰文字还流传到了清盛、景栋等地区。

6　Thepprawin Chanraeng, "History of Buddhism in Lanna: An Analysis Data from Manuscript and Archeological Sources", *The Journal of Buddhist Studies*, Vol.10, No. 1（January-June, 2019）, p.46.

格那王委任苏摩那长老为花园寺住持，并册封其僧阶为沙密长老，命其担任兰那佛教界僧王。苏摩那长老成了泰北历史上首位佛教界拥有僧阶的僧王，他所创立的宗派，被称为花园寺派。他一直在花园寺传法，直至圆寂。自苏摩那长老在兰那弘法后，花园寺派僧人成了周边乃至全国僧伽效仿的典范，僧伽持戒、修行较之从前也更为严苛。佛教在兰那及其周边区域得到了迅速传播。

格那王源源不断地派遣僧人到斯里兰卡进行参学，然后回国传教。自从兰那接受了锡兰教派之后，有 8000 位僧侣重新皈依新教派。[1] 披耶格那还出资支持清盛、景栋两地的僧人到清迈花园寺修习锡兰学派。花园寺成了研习三藏经典的佛学研究中心，统治者格那王也有意推动花园寺派为全国统一的教派，清盛、清莱、南邦多地，都有了花园寺的分支，奉清迈花园寺为祖庭，所有的佛教仪轨、修行方式都与清迈花园寺一致。

自披耶格那之后，泰北的佛教中心逐渐从哈里奔猜移到了清迈。格那王时期，南传上座部佛教成为兰那真正意义上的国教，佛教得到了迅速发展。统治者努力推动佛教的发展，国内大量的王公贵族、平民子弟出家为僧，僧团数量不断壮大，社会接受佛教教育人数也大大增加。兰那社会供养风气盛行，僧侣与信徒建寺起塔，佛教艺术也得到了很大的发展。各个村社遍布佛寺，佛寺成了村社的中心，宗教仪式、各类村社活动、娱乐活动以及教育事业都在佛寺中进行，各种仪式及活动增强了村民的互动性，增进了人们的宗教情感。佛寺为社会培养了众多的有识之士及贤才。僧人不但是村社中最有学识的人，也是人们精神信仰所系。[2] 格那王时期，锡兰佛教开始真正

1　〔泰〕萨兰萨瓦迪·王素恭：《兰那历史》（第四次修订），第 150 页。
2　〔泰〕玉萍·珂木：《兰那社会的僧团与政治（1411~1558 年）》，硕士学位论文，曼谷艺术大学，2003，第 30~31 页。

影响到泰北南传上座部佛教，但同时泰北佛教也保留了原有的哈里奔猜孟人佛教特色，开始呈现多元化特点。

格那王之子披耶盛孟玛继位后，延续了其父的治国理念与宗教管理政策。他也非常热衷于佛法，热爱研习佛法，对佛教偈颂非常熟悉，擅长给身边的人讲法开示。由于当时兰那生产力快速发展，经济繁荣，国库充盈，披耶盛孟玛有足够的人力财力大力修建、修缮各地庙宇。格那王在世时就曾下旨在清迈城中心修建规模巨大的大佛塔寺，规划的大佛塔为全兰那最宏伟、规模最大的佛塔建筑。塔顶高耸入云，在千里之外就可看见塔顶，全塔以 252 公斤黄金覆盖。[1] 统治者修造大佛塔，根据佛教宇宙观，旨在将清迈打造为宇宙中心、世间之最，无法超越。[2]

但大佛塔寺的修造未及完工，格那王就驾崩了，披耶盛孟玛秉承其父遗旨，继续修造。他在位时继续支持南传佛教花园寺派，在苏摩那长老圆寂之后，他先后任命了两位花园寺住持与一位僧王，僧王也是花园寺派的僧侣。统治者对佛教高级僧伽的任免，有着较大的决定权，说明自格那王之后，兰那与佛教已经完成"联姻"，形成统一的政教合一制度。

在披耶盛孟玛时代，泰境中部已由素可泰王朝更迭为阿瑜陀耶王朝，中部泰人改朝换代之后，领土范围扩大了，直接与兰那王国领土接壤，双方极易发生领土争端。阿瑜陀耶在披耶盛孟玛治下侵略过兰那，虽然后来争端平息，但为了使两国人民免受战争之苦，泰境中部甘烹碧府的玛哈苏特纳长老将一尊古老神圣的佛像帕信佛[3]（PraPhutthaSihing）供奉到了泰北清莱，后又用各种稀有金属模仿

1　〔泰〕智宝尊者:《胜者时鬘》，第 115 页。
2　〔泰〕萨兰萨瓦迪·王素恭:《兰那国王》，第 60 页。
3　有的书中也译作"狮子佛"。

图 2-2　清迈大佛塔寺遗址（笔者摄于大佛塔寺）

古佛重新铸造了一尊。重新铸造的佛像，被披耶盛孟玛迎请到了皇家寺院黎清帕寺，因为佛像的原因，黎清帕寺更名为帕信寺，帕信佛像成为和平的象征。帕信佛像的流转，成了兰那历史上著名的佛教政治外交事件。

在披耶三纺更时期，兰那开始面临内忧外患、政局不稳的状况，兰那统治集团内部分化为清迈、清莱两大统治集团。虽然最终以三慧王为首的清迈统治集团通过向明朝朝贡，正统性受到了认可，但政局不稳也影响到了佛教的发展。

三慧王的母妃是西双版纳人，也是一位非常虔诚的佛教徒，三慧王 13 岁继位，册封母妃为三界圣母王太后，让其摄政。三界圣母王太后摄政期间，继续完成披耶盛孟玛时期尚未完成的大佛塔寺塔顶修造工程。不少泰北地方志与碑铭中皆对这对虔诚的佛教徒母子有过记载。《胜者时鬘》中载:"三慧王供养大量土地、人力给皇家寺院花园寺,众人皆竞相供养皇家寺院,一时间村社佛寺竟无人顾及。"[1]

兰那僧团人数不断增多,僧团内部对佛法教义的解读也各有不同,虽然苏摩那长老建立花园寺派之后,国中僧人纷纷效仿,统治者对高级僧伽的任免有决定权,也试图统一国中教派,却无法左右僧团内部各个寺院的修行、佛教仪轨、戒律及其对佛法、教义的解读。僧团内部的矛盾,主要体现在新建立的花园寺派以及旧有的哈里奔猜孟人佛教教派之间。守旧派认为花园寺派的鼻祖,并非来自纯净的锡兰教派,而是来自素可泰,因此将花园寺派称为"暹罗派"(讽刺花园寺派实际源于暹罗)。后来三慧王委任的花园寺住持佛光尊者,是从缅甸蒲甘受戒学习归来的。由于他成为皇家寺院的住持,因此清迈王室贵族又开始尊奉蒲甘学派。景栋的两位长老因塔努长老与法光长老直接到斯里兰卡阿育王寺学习三藏经典,后回到景栋传教,并为景栋王召杰潘督之子授戒,让其在景栋传播纯净的锡兰教派。三慧王时期,各地僧伽纷纷踊跃到佛教圣地学习更精深的巴利三藏经典与更正统的佛教仪轨,尤其热衷于到锡兰学习。因此,三慧王时期出现了教派林立的情况。但百花齐放的同时,也出现各教派僧团之间相互指摘、争夺供养的现象。[2]加之三慧王及王室贵族对皇家寺院的倚重及丰厚供养,忽略了村社佛寺与其他教派寺院,造成了基层佛寺——村社佛寺僧伽、其他教派僧伽对皇家寺院僧伽的不满。各派僧伽开始以各种理由抨击皇家寺院僧伽"戒堂外围戒碑建造不符合法统;花园寺僧伽袈裟穿着不合戒

1　〔泰〕智宝尊者:《胜者时鬘》,第211页。
2　〔泰〕布旺·朵乔:《清迈建城记》,清迈大学社会研究院内部资料,1979,第39页。

律；诵经时，未以正确的巴利文进行念诵，而是以梵文进行念诵；花园寺僧人蓄纳金银，已经失去了林居派僧人之法统"。[1]

各派僧伽之间的争端愈演愈烈，为了平息争端，三慧王不得不以纯净佛教之名，选派、资助各寺僧伽 25 名由法深长老等高僧率领于 1424 年再次到斯里兰卡求法，他们在那里的凯拉尼耶河上重新受戒，据说戒坛是当初佛祖到楞伽岛时建立的，因此具有无上的权威。他们回到兰那后创建了红林寺派，从此锡兰大寺派的戒系正式传到了泰北地区，这就是兰那的僧伽罗派，史称新锡兰教派。红林寺僧人声称，"红林寺派传承于正统的锡兰大寺派，佛法更为纯净，其戒律要比花园寺派的戒律更为严格，[2] 新锡兰教派所传承的巴利三藏经典才是正统的佛陀经典。红林寺派僧人比花园寺派僧人更精通巴利文，唯有巴利文才是正统佛教用语"。[3] 红林寺派在兰那的建立，是兰那古代佛教历史上僧团最为严重的分裂，三慧王的求法举措并未让各派争端止息，反而使各派矛盾更加深化，尤其是花园寺派与红林寺派僧伽，双方各执一词，都认为自己传承的教派为正统教派，争夺供养。在格那王时期，各派僧伽之间虽有争议但至少还能共同主持佛事活动、共同集会。而在三慧王派遣僧人至锡兰求法，建立红林寺派之后，花园寺派僧伽与红林寺派僧伽已无法共处，无奈之下，为了公平起见，三慧王只得在宾河畔为两派僧人举行辩经，因为花园寺派僧人不精通巴利文与三藏经典，最终红林寺派僧人胜出。但两派的争端并未平息，反而升级至动用武力，相互攻击。三慧王震怒，将首先挑事的红林寺派

---

1   清迈大学社会学院编译《宗教本源志》（红林寺版本），第 28 页。

2   红林寺派（新锡兰教派），也被称为巴亮寺派，与花园寺派相对，红林寺派认为花园寺派戒律不严，未完全按锡兰教派传教，因为花园寺派多在城区，而红林寺派多在郊区、林区，他们才是真正的林居派。

3   清迈大学社会学院编译《宗教本源志》（红林寺版本），第 30 页。

僧团驱逐出清迈，禁止他们在清迈传播新锡兰教派。红林寺派僧团刚在清迈立足两年，就不得不离开，到王都周边的南奔、南邦、清盛等地去弘法。[1]

三慧王惩戒红林寺派却并未惩戒花园寺派最根本的原因在于花园寺派扎根兰那社会时间已久，高级僧伽与王室贵族的关系盘根错节，甚至与泰境中部的阿瑜陀耶王朝也有千丝万缕的关系。三慧王时期，社会虽然繁荣，但政局并不稳定，如果因两派僧伽的争端惩戒在泰北佛教界根深蒂固的花园寺派，牵一发则动全身，有可能会导致时局更加动荡。而红林寺派僧伽虽然被逐出清迈，到周边弘法，却因僧伽严守戒律、严格修行、精通巴利三藏经典而受到广大民众的认可，他们的宗教社会地位在清迈周边地区逐步提高。

1442~1526 年，兰那佛教迎来了最鼎盛的时期。不但僧伽数量众多，精通巴利三藏经典的僧人也纷纷涌现，创作了丰富的巴利文文学作品，受到了周边国家的极大推崇，当时在整个东南亚范围内，泰北佛教可谓首屈一指，最为繁盛。清迈也成了东南亚一带的佛教中心，兰那佛教中心区域就是在该时期正式形成的。

泰北佛教的盛况由帕召迪洛嘎腊正式开启，他登基后虽然也面临王位争夺、邻国侵略等内忧外患，但由于在军事、政治、经济、佛教方面采取的有力举措——平息了国内的政治纷争，扩展了疆域，繁荣了经济——还是将王国的发展推向鼎盛。由于支持传统的花园寺派的是旧势力，导致该派戒律日趋松散，不得人心；而新兴的红林寺派逐渐在清迈周边各勐及民间站稳脚跟，因此三界王在继位之后开始扶持并推广红林寺派。他自己在红林寺短期出家 7 天，还俗后册封红林寺梅唐功长老为沙密大长老，御赐红林寺土地数十亩，

1　〔泰〕佚名:《清迈王朝史》(贝叶经改写本)，清迈大学社会与人文学院，1975，第 19 页。

用于扩修大殿与戒堂。他还通过拉拢红林寺派僧团来获得绝大多数民众的支持，成功地稳固了王权。

1443年，清迈大佛塔寺竣工，善男信女们纷纷在塔中装藏，三界王将法深长老从锡兰请回的一枚佛骨也装入佛塔中，并亲自埋下戒碑，还派人在佛塔周围修建了一座大殿与两座藏经楼。在佛塔北面则特地修建了一座佛堂，作为红林寺派法深长老晋升沙密长老升座滴水仪式专用。在佛塔贴金完毕之后，法深长老的升座仪式与大佛塔寺的竣工庆典仪式同时进行，[1]这些都足以证明三界王对红林寺派僧团的支持与重视。

三界王在佛学上重视巴利文与三藏经典的研究，鼓励僧人们进行佛学研究，尤其推崇对巴利三藏经典进行研学。因此，三界王时

图2-3 清迈七塔寺（笔者摄于七塔寺）

1 〔泰〕智宝尊者：《胜者时鬘》，第319页。

期，僧侣们有着极高的佛学造诣，不但精通巴利文，对三藏经典教理教义的研学也相当深刻。

1477 年，由三界王主导，在清迈进行了一次历时一年的佛教结集活动，重新整理了巴利三藏经典。这说明兰那的佛教已经在佛教经典方面有了长足的发展，越发成熟。为了完成此次结集，三界王提前很久重修了七塔寺作为结集的场所，此次结集被泰北人称为南传上座部佛教历史上的第八次结集。这次结集规模宏大、参与人数众多，时间长达一年之久。来自世界各地数百位南传上座部佛教僧侣参加了这次结集，在此次结集中重新修订的三藏经典版本成了范本，兰那众多教派都以此次结集修订的版本为范本。在这次结集中首次使用兰那文 [1] 来刻写记录重新修订的三藏经典。在此之前，流通于佛教界的文字都是花园派苏摩那长老普及的素可泰文字酸角体"法堪（Fakham）文"。从三界王时代开始，兰那文取代了法堪文，成了真正记录佛经的文字，而法堪文逐渐"退居二线"，成了一般记事用的世俗体文字，后来逐步被人们淡忘，退出了历史舞台。[2]

三界王结集的根本目的是以红林寺派僧团为主导，彻底平息之前花园寺派与红林寺派僧团的争端，扶持红林寺派为皇家宗派，巩固自己的势力。他将红林寺派树立为佛教界的标杆，整肃以往旧势力僧团戒律松弛、修行散漫、不专心研学三藏经典的现象。在结集中，他命令各寺院将旧戒碑拆除，统一重塑新戒碑，禁止使用素可泰法堪文记录佛经，推广使用兰那文作为记录佛经的文字。与此同时，对花园寺派僧伽也给予应有的供养与尊重，为他们修缮花园寺，并为花园寺中的佛塔重新贴金。[3] 这些举措，都代表着三界王统

1　兰那文也称经典文字，专门用于刻写佛经，与西双版纳老傣文有极大的相似性。

2　〔泰〕玉萍·珂木：《缅甸统治下的兰那》，第 86 页。

3　〔泰〕玉萍·珂木：《缅甸统治下的兰那》，第 89 页。

一佛教界的决心。三界王还钦点弘法使僧团到清迈周边及湄公河流域其他国家去弘法，并推广兰那文。三界王通过软硬兼施的举措，最终使兰那佛教界不同宗派僧人之间的矛盾与冲突逐渐消解。

在结集后的一百多年间，博学的僧侣们用巴利文撰写了大量的佛教文学作品，兰那储藏了大量的巴利文佛学经典，众多的佛教论著涌现出来。清迈在三界王时代，成了东南亚南传上座部佛教的中心。出现了为数众多的精通巴利三藏经典的僧侣和巴利文佛学经典。兰那文字的正式使用以及兰那对周边地区的弘法，标志着清迈作为兰那佛教文化圈核心区域的正式形成，通过清迈，佛教被进一步传播到了兰那周边地区，影响直至今日。

在结集后，三界王修建了众多的寺院，如孟天寺（WatMonthian）、巴丹寺（WatPadan）等，并再次扩修大佛塔寺，将南邦玉佛供奉到了大佛塔寺中。[1] 三界王时代，兰那佛教达到了极盛，兰那佛教造像艺术至此也趋于成熟。1483 年，三界王下令铸造数尊铜佛像，每尊重 3000 多公斤，供奉于他下令修造的佛寺中。而三界王之孙披耶盖尔王所造佛像诰德世尊像堪称兰那佛教造像艺术之瑰宝，承袭了哈里奔猜孟人佛教造像艺术与蒲甘造像艺术的特点，兼具素可泰造像艺术的多元特征。[2]

到了三界王子孙披耶佑清莱与披耶盖尔时代，虽然王国的发展逐渐由盛转衰，但两位君主大力扶持佛教，兰那佛教发展依然欣欣

1　〔泰〕萨兰萨瓦迪·王素恭：《兰那国王》，第 69 页。

2　兰那佛教造像艺术早期受孟人佛教造像艺术即堕罗钵底艺术影响，佛像面庞具有圆脸、连眉的特征，头顶螺发较为低圆，身披通肩袈裟，双手多呈无畏印。到了 12~13 世纪，兰那佛教接受蒲甘佛教造像艺术影响，佛像面庞开始丰满，连眉逐渐消失，但与鼻梁相连，且头顶螺发上有锥形头光，双耳特长，身型较为丰满。在兰那接受苏摩那长老传法之后，素可泰佛教造像艺术也开始影响兰那，佛像面庞呈现为鹅蛋脸，双目微阖，嘴角微微上扬，身型变得略微瘦削，身披偏袒右肩袈裟，结跏趺坐，双手呈降魔触地印。而诰德世尊像则融合了以上几种佛教造像艺术的特征。

图 2-4　花园寺戒堂内　　　图 2-5　哈里奔猜孟人佛像（笔者摄于南奔）
诰德世尊像（花园寺学
僧提供）

图 2-6　蒲甘佛像（仿制）　　　　　图 2-7　素可泰佛像
（笔者摄于蒲甘）　　　　　　　　（笔者摄于素可泰）

图 2-8　重新修缮过的清迈花园寺　　　图 2-9　清迈红林寺
（笔者摄于花园寺）　　　　　　　　（笔者摄于红林寺）

向荣。披耶佑清莱时代，在清迈城的西南方位建造了郎奔寺（郎奔寺后来成为一座著名的禅修寺院）。时至披耶盖尔时代，国王不但命人修缮、修建了众多寺院，还将大量的土地布施给各寺院。清迈著名的布帕兰寺（WatPupharam）与西苏潘寺（WatSisuphan）都是在该时期修造的。另外，这一时期还铸造了著名的诰德世尊大佛。披耶盖尔虽然支持红林寺派为皇家宗派，但并未怠慢其他宗派，努力平衡各派势力、供养，这使得他获得了各派僧伽的支持，在宗教界享有很高的地位。

1516 年，僧王沙密大长老无畏尊者（Aphaiyasan）圆寂，披耶盖尔延请清迈、清莱、南邦、南奔、清堪、景栋、琅勃拉邦、西双版纳等地德高望重的高僧到清迈红林寺为已故僧王举行葬礼。80 位高僧齐聚红林寺，为已故僧王积功德，共同念诵《大吉祥经》《转法轮经》《大善见经》三天三夜。在葬礼结束之后，披耶盖尔又举办继任僧王的滴水仪式，并邀请王室、婆罗门、社会名流参加，另外还供养了大量财物给远道而来的 80 位高僧。[1] 各地僧伽共同参与重大宗教仪式，不仅加强了兰那与其他地区宗教文化的交流，也带来了社会财富的流动。

1523 年，南掌王帕召萨达那坤祜（PhraChaoSadanakhunhu）遣使到清迈求法，披耶盖尔为清迈红林寺派一位上座部长老吉祥天尊者准备了丰厚的供养品，派遣他及另外四位僧人携 60 卷巴利三藏经典到南掌传法。披耶盖尔的遣使弘法，乃模仿历代法王弘法之举措，通过遣使弘法，既弘扬了佛法、推广了兰那文，又使自己的仁德之名得以传扬。这是披耶盖尔在时局动荡之际外结盟友、巩固内政的重要手段。

---

1 〔泰〕智宝尊者:《胜者时鬘》，第 151~152 页。

披耶盖尔承袭三界王鼓励研学巴利文的传统，在他的治下，僧侣们撰写了众多的巴利文佛教文学作品，一些著名的作品如菩提光尊者的《占玛黛薇传》《帕信佛的传说》，智宝尊者的《胜者时鬘》（巴利文版佛教史），吉祥尊者的《善施王子》（又名《维先达腊》）、《宇宙论》、《吉祥经注疏》，佛慧尊者与蒲甘尊者撰写的《宗教本源志》（佛教在兰那的流传），帕扬维腊长老所著的《时令论》等，在邻国缅甸及南掌广为流传。[1]

另外，还有作者名不详的 50 部佛本生经故事，由佛教僧侣们在兰那流传的佛本生经故事基础上重新用巴利文撰写。这 50 部佛本生经故事，在泰国佛教文学史上有非常重要的价值，其中一些还成了泰国文学作品的起源。这些佛本生经故事，不但在兰那广为流传，还流传到了其他南传上座部佛教国家和地区，邻近的老挝、景栋、西双版纳这些地区将其中不少作品翻译为本地文字，在当地流传。兰那僧侣所创造的巴利文佛教文学为周边地区佛教文学作品的创作提供了重要的素材，也进一步巩固了清迈作为兰那佛教文化圈核心区的重要地位。

兰那佛教文化圈内核心区与覆盖区的关系

兰那王国为兰那佛教文化核心区，兰那王国周边傣 – 泰民族

---

1 〔泰〕萨兰萨瓦迪·王素恭：《兰那国王》，第 85 页。

统治区域则为兰那佛教文化覆盖区，二者之间在历史上有深厚的亲缘、族源关系。在兰那发展、繁荣的过程中，统治者通过联姻、征战、血缘分封、传播佛教等手段，进一步扩大了兰那对周边地区政治、经济、文化方面的影响，为兰那文化圈的构建创造了重要的条件。

（一）兰那与车里的关系

兰那主体民族泰庸人先民——傣－泰民族的一支，是从中国境内迁移到越南北部、老挝北部等地，后来又从老挝北部和中国的西双版纳地区先后迁入泰北境内。迁入泰北的傣－泰民族与老挝北部、中国西双版纳地区的傣－泰民族由于分化时间较晚，保留了更多共同的特征，具有较大的相似性。这可能就是泰庸人与老挝北部的泰老人及中国西双版纳地区的傣泐人在语言、文化习俗等方面具有较大相似性的重要原因。

早在 13 世纪之前，泰庸人还未建立统一的国家兰那，他们就与中国西双版纳地区、老挝南掌等地有了密切往来。尊崇传说中的英雄"叭真"，体现出这些地区有共同的文化渊源。恩央、帕尧、南掌等地皆把叭真尊为自己的国王及祖先。

叭真与坤真在傣文史料和泰文史料中的记载内容相似。"坤"的含义与"叭"的含义相同，都是对头领、头目的称呼。泰北、老挝、越南北部傣－泰民族传说中坤真的坤，谢远章先生认为源于汉语"君"的头衔。叭真与坤真一样都是表示君长，因为傣－泰民族曾经在很长的一段时间内深受古代华夏文明的影响。[1] 此外，关于"真"的称呼，在整个东南亚傣－泰民族以及孟高棉语民族的传说

---

[1] 谢远章：《泰族：其历史与文化》，《泰傣学研究六十年》，第 174 页。

中都出现过关于"真"或是"真憨"的传说，它的意思为"令人崇拜的英雄祖先"。[1]何平教授认为，坤真（或坤壮）即叭真当时的统治中心主要在今天的泰国北部地区，其征战的范围也主要是在今天的泰国北部、老挝北部，最多还包括越南西北部一带，与今中国西双版纳地区的关系并不是很密切，甚至可能根本就没有关系。[2]

　　笔者认为，傣文文献中的叭真与泰文文献中的坤真或真憨为同一人。他应该是傣 – 泰民族中中国西双版纳、缅甸景栋地区、泰北和老挝北部等小泰地区历史发展的某个阶段中出现的一个通过征战、兼并众多部落从而建立统一政权的英雄人物，而中国西双版纳的傣泐人和泰北的泰庸人都认为叭真（坤真）是自己的祖先，"主动追溯坤真为自己的祖先"也正好反映出居住在这一带的傣 – 泰民族有着共同的文化渊源，有着天然血肉相连的密切关系。至于孟高棉语民族也推崇坤真，则说明坤真的影响较为深远，且那些与傣 – 泰民族居住在一起的孟高棉语民族对傣 – 泰民族的文化是认可的，他们之间在文化上相互影响、吸收。

　　傣泐人所在的西双版纳勐景洪与初期泰庸人的聚居地恩央清盛都属于湄公河沿岸地区，湄公河将两岸的人们联系在一起，成了两地人民交往的重要交通线路。泰国史学家推测，湄公河沿岸景洪、恩央清盛建立的时间要早于勐勇及景栋，早在 8 世纪的时候可能就已经建立了，而勐勇及景栋一直到 13 世纪时才建立。[3]另据推测，泰北泰庸人与西双版纳傣泐人在 13 世纪前甚至更早的时候，或许早在 10 世纪就已经有交往了。勐景洪与泰北的恩央清盛同在湄公河之

1　〔泰〕布拉空·尼曼贺敏：《真憨：泰族诗歌中的英雄》，庆祝布拉塞教授诞辰 90 周年学术会议会议论文，曼谷艺术大学，2009 年 3 月。

2　何平：《关于叭真及其与坤真、坤壮和陶真关系的重新解读》，《世界民族》2010 年第 2 期。

3　〔泰〕萨兰萨瓦迪·王素恭：《兰那历史》（第四次修订），第 227 页。

畔，使得两地的人们可以将湄公河作为交通要道进行往来，再加上两地的傣－泰民族分化迁移时间较晚，有一种天然的血肉联系。在民间，两地人们的往来几乎没有中断过，人们可以通过湄公河或是山路相互往来，彼此间往来以简单的山货贸易为主，贸易的物品有漆、蜂蜜、香料等或布帛、盐等当地产品。[1]

13 世纪，两个地区的人们就已经存在曼比勐侬（兄弟之邦）的友好关系。虽无同一年代的文字记载，但有部分泰北的地方志还是零星地记载了有关泰北与西双版纳的交往情况。泰北的地方志曾经提到泰北恩央国的泰庸人与西双版纳的傣泐人关系密切，如兄弟般亲密，甚至到了"相互无仇杀，过错无惩罚"[2]的程度。泰庸人及傣泐人的统治者还以政治联姻的方式来稳固统治。13 世纪中期，恩央国的老孟娶了景陇金殿国公主娘蒂康喀嫣为妻子。娘蒂康喀嫣后来生下芒莱王，芒莱王就是后来辉煌一时的兰那王国的开国国王，这说明兰那当时与勐泐的联姻是有其政治目的的。后来，披耶盛孟玛又迎娶景陇金殿国一个召勐的公主为妃。这位王妃生下了兰那王披耶三纺更。

政治联姻成了兰那国王扩大势力的一种政治手段，这种方法甚至被记载到《芒莱王训诫》中。训诫中提到"为王者，应与其他召勐广结盟友，并迎娶盟友之女，至少应纳妃七人为最佳"。[3]

初期的兰那，是与其他当地民族一起，在泰北清莱、清盛谷河流域一带建立的佬氏王朝恩央小国，但当时的"国"还不是真正意义上的"王国"，完全区别于泰北后来盛极一时的兰那王国。当时

1　来自 2009 年 1 月对清迈大学社会研究院兰那研究中心傣－泰古文字学研究专家班扎那老师的采访。

2　参见《兰那的政治》，兰那学研究会议论文，清迈大学，1985，第 121 页。

3　〔泰〕宋迈·布楞级：《芒莱王训诫》，第 3 页。

的恩央国，只是一个统治管理极为松散的城邦国家，或者说只是较为强大的部落联盟而已。13 世纪，佬氏王朝的泰庸人在谷河流域一带迅速崛起，谷河流域一带土地、人口、资源有限，无法满足泰庸人的社会经济发展需求。而且谷河流域及周边地区的各大小城邦，[1]其头领大多是佬氏王朝的王室后裔，他们为争夺土地、人口而争战不休，极大地破坏了社会生产力，阻碍了这个崛起中的民族的发展，稳固内政成了泰庸人发展的必要条件。

泰庸人的国家本来就与西双版纳存在着兄弟之邦的友好关系，因此景洪和清盛两地的泰族首领通过婚姻关系缔结了同盟，使得双方的关系亲上加亲。这种政治联姻说明早期泰庸人的国家恩央王国当时急于稳固政治，才会用联姻的方式来进行政治结盟。恩央王国取得景陇金殿国的支持，一来可以稳定其内政，二来可以获得军事方面的支持。也是由于这种姻亲关系，芒莱王在后面的扩张征战中得到了景洪傣泐人首领的支持。[2]

从地理位置上来看，西双版纳景陇金殿国受中原王朝的影响可能更大。尤其是 1253 年忽必烈南征平大理，1292 年元朝平定了西双版纳，并于 1296 年前后在西双版纳设立"彻里军民总管府"后，景陇金殿国就被划入元朝的势力范围。作为勐景洪的兄弟之邦，兰那国王芒莱王曾经出兵相助勐景洪的召勐，并利用兰那统治者与车里统治者间的姻亲关系，对车里内部进行分化，使车里的统治者分化成了降元与反元两派。从 1296 年到 1298 年，兰那数次联合小车里进犯大车里，对抗元朝。芒莱王对抗元朝的一系列军事举措最终

1　谷河流域及周边地区各大小城邦，原本也是佬氏王朝恩央王国的领土，其中包括因河的帕尧城，其在坤真的领土扩张中被纳入恩央王国的范围。但坤真时代结束后，这些地区就分裂为大大小小的城邦。

2　Andrew C. Shahriari, *Khon Muang Music and Dance Traditions of North Thailand*, White Lotus Press, 2006, p.2.

导致元朝在大德年间对八百媳妇的大规模用兵。

　　西双版纳的傣泐人中，不愿归附元朝统治的，便联合兰那来抗元，由于元朝对车里的征服，车里与泰北之间的关系变得较为复杂。双方的关系由原来的姻亲之盟变为既有姻亲关系，[1] 又掺杂了元朝对车里的政治影响因素，这造成车里内部的分化。车里的统治者中，出现了降元派与反元派。反元派就是从中分化出来的小车里，它与芒莱王多次联合抵抗元朝，而元朝也因此出兵征讨或招降。虽然西双版纳已被纳入中原王朝的版图，但元朝对西双版纳的掌控一直不稳定，纷乱的状况一直延续到了 14 世纪中期。

　　后来兰那由于内部王位纷争不得不归顺元朝。1331 年，元廷在八百媳妇设置了八百等处宣慰司，从从属关系上来说，从 1331 年开始一直到缅甸占领兰那，兰那是归属中国中原王朝统治的，虽然其有独立的主权，但在形式上已经成为中原王朝的藩属国。同时，元朝已经巩固了在西双版纳的统治。自此，西双版纳与兰那作为土司政权，共同为中原王朝效力。两地都被纳入中国中央王朝的朝贡体系当中。由于封建经济的发展，两地在此期间都发生过兼并土地或掳掠人口财物这类的事，中央王朝也会进行干预。有时，一方为了表示对中央王朝的效忠，就会对有损中央王朝利益的一方出兵征讨。[2] 因此，在这个时期内，二者是一种共同效忠中央王朝又因各自

1　披耶盛孟玛的王后就是西双版纳景洪召勐的后人，两地一直以来都保持着政治联姻。

2　《明史》卷 315《云南土司三·车里》载："永乐元年，刀暹答令其下剽掠威远知州刀算党及民人以归。西平侯沐晟请发兵讨，帝命晟移文谕之，如不悛，即以兵继。又以车里已纳威远印，是悔过之心已萌，不必加兵。晟使至，暹答果惧，还刀算党及威远之地，遣人贡马谢罪。帝以其能改过，有之。自是频入贡。朝廷遣内官往车里者，道经八百大甸，为宣慰刀招散所阻。三年，刀暹答遣使请举兵攻八百，帝嘉其忠。八百伏罪，敕车里班师，复加奖劳。……成化十六年，交阯黎灏叛，颁伪敕于车里，期会兵共攻八百，车里持两端。云南守臣以闻，遣使敕车里诸土官互相保障，勿怀二心。"

利益而相互监督的关系。

16世纪后，兰那和西双版纳先后被缅甸占领，缅甸的剥削压榨、掳掠人口使两个地区的生产生活都遭到了严重的破坏。18世纪，兰那泰庸人为了驱逐缅甸侵略者投靠了中部泰人，希望借助中部泰人的力量来驱逐缅甸人。1782年，南邦召勐帕召叟维拉入主清迈，急于恢复清迈的生产力，但清迈缺少人口，只能执行"拾菜入篮，掠奴入城"的政策。通过战争将战败方的人口掳掠到战胜方，来增加战胜方的人口，以此种方式来促进当地的生产力发展。他攻打掸族地区及西双版纳，掳掠了当地不少人口，尤其是傣泐人，大量迁入清迈。傣泐人与主体民族相互融合，为复兴兰那而努力，与此同时这部分迁移至泰北的傣泐人，两百多年来还与故土西双版纳保持着密切的联系，使双方在"兄弟之邦"的关系上亲上加亲。

18世纪末，泰北脱离了缅甸的统治被并入了暹罗，成了今天泰国的一部分，而西双版纳也重新成了中国的一部分。两地之间的关系演变成了两个国家不同地区的关系。两地人民也归属于不同的国家，有着不同的政治认同，但是他们仍然保持着共同的文化认同，即认同傣 – 泰民族的传统文化及佛教文化。[1]

（二）兰那与景栋的关系

兰那与景栋的关系是十分密切的。芒莱王1262年建立清莱之后，接着就建立了景栋。[2]泰国史书记载，景栋的土著居民主要是拉瓦人，他们在这块土地上居住已久，并且在政治、经济、文化方面都取得了一定程度的发展。泰艮人是后面迁来的民族，与拉瓦人

1　饶睿颖：《泰北泰庸人与中国西双版纳傣泐人历史关系研究》，《广西民族大学学报》2012年第1期，第11~12页。

2　〔泰〕萨宛·镯素腊：《披耶芒莱建立勐景栋的历史》，曼谷吞武里出版社，1972，第58页。

杂居在一起，还吸收了拉瓦人的文化，逐渐成了景栋的主体民族。[1]
芒莱王举兵战胜了景栋的拉瓦人，并从恩央派遣拉瓦人的臣僚来统
治景栋，后来又由芒莱王朝的王亲召南通来统治景栋。自召南通之
后，景栋就一直由芒莱王朝的王室血亲统治，一直到缅甸占领兰那
后，才废除了景栋的最高统治者。[2] 兰那统治者建立景栋的主要原因
是想将景栋作为兰那的一个军事要塞。景栋位于景陇金殿国与兰那
王国之间，而景陇金殿国已经被纳入元朝的势力范围，因此建立景
栋这样的军事防御要塞可以随时关注兰那的兄弟之邦——车里的消
息，以及蒙古人扩张的情况，提前做好防御的准备。

　　景栋作为兰那的藩属国，兰那统治者给了其很大的自治权，景
栋统治者可以根据当地的特色和传统习俗对景栋实行统治。虽然拥
有较大的自治权，但景栋仍然要对兰那国王表示效忠，景栋王要定
期到清迈去饮咒水盟誓。[3]

　　兰那与景栋的关系，从时间上划分可以分为两个阶段。第一个
阶段的主要特征是，兰那建国初期，通过血缘关系对景栋在政治上
进行拉拢。景栋与兰那的关系是非常密切的，因为景栋王往往是兰
那国王的子嗣或者近臣，如芒莱王将其王孙召南通委任为景栋王；
披耶盛普和披耶康弗时期派国王近臣去统治景栋；而披耶帕裕时期
则委任王子召杰潘督去景栋为王。[4] 景栋与兰那的关系主要以景栋王
及兰那国王的私人关系为纽带，这也是泰庸人对景栋一直以来的统
治政策。披耶帕裕时期，不但委任王子为景栋王，还在人力、物力
方面对景栋予以巨大的援助，赠送给了景栋许多财物、农奴，并派

1　〔泰〕萨兰萨瓦迪·王素恭：《清盛纪年》，清迈大学出版社，第58页。

2　〔泰〕萨兰萨瓦迪·王素恭：《兰那历史》（第四次修订），第228页。

3　〔泰〕智宝尊者：《胜者时鬘》，第160页。

4　清迈大学社会学院编译《宗教本源志》（红林寺版本），第6~7页。

遣了众多臣僚、佛教僧侣常驻景栋。

第二个阶段的主要特征为，在披耶格那到披耶盖尔这个兰那发展的繁盛时期，佛教也在兰那发展到了极盛。兰那通过宗教文化的传播渗透，加强对景栋的政治统治。与此同时，通过血缘关系对景栋进行统治的政策依然延续了下来。泰国史料记载，披耶格那时期，披耶岩翁被送去景栋为王。两人之间关系密切，在阿瑜陀耶攻打素可泰时，披耶格那曾经向披耶岩翁请求出兵援助素可泰，但援助未果，披耶岩翁反被俘，并被迫沦为阿瑜陀耶宫廷中的象奴。[1]

在时代的变迁与局势的动荡中，景栋与兰那始终保持着兄弟之邦的友好关系，一直到 19 世纪后期，景栋归属缅甸而兰那则归属中部泰人所建立的暹罗。缅甸与暹罗之间的矛盾冲突最终对景栋和泰北的关系产生了一定的影响。

在经济方面，由于地处西双版纳通往兰那的必经之路，且是商贸往来的途经之所，景栋在商贸方面具有较为重要的地位。其与兰那之间也经常有商贸往来，人们会将各自所需物品进行物物交换。[2]

在宗教文化方面，景栋一直是传承兰那佛教文化的重要中转站。无论是斯里兰卡锡兰教派还是新锡兰教派的传播，每一次都是由兰那先传入景栋，然后以景栋为中转站，传到兰那以北的车里。因此，景栋的佛教文化基本是直接传承自清迈的。早在帕裕王时代，勐景栋成为兰那藩属勐后，兰那王派遣高僧至景栋弘法，兰那佛教就已扎根景栋。后来花园寺派与红林寺派先后在清迈建立门庭，这两大宗派又完整地传入了景栋。

在景栋有景栋红林寺，传承于三界王时期的清迈红林寺派。而

1　清迈大学社会学院编译《宗教本源志》（红林寺版本），第 8 页。

2　James George Scott, *Gazetteer of Upper Burma and the Shan States*, Part 2.-Vol.2, Rang-goon, Burma: Printed by the Superintendent, Government Printing, 1901, p.500.

景栋的另外一座重要佛寺仰光佛寺则传承于格那王时期的花园寺派。兰那各个时期的佛教发展潮流都会推动景栋佛教文化的繁荣，而清迈花园寺派与红林寺派的冲突和矛盾也会给景栋造成巨大的影响。除此之外，兰那的兰那文及法堪文，同样随着佛教的传播而流传到了景栋。景栋泰昆人的泰昆文与兰那文极为相似，兰那的佛教文学著作也在同一时期大量传入景栋。[1] 景栋成了兰那佛教文化圈当中重要的一个覆盖点和衔接点。

（三）兰那与勐勇的关系

勐勇位于今缅甸掸邦东部，与泰北边境夜赛东北边相距 157 公里，与景栋距离较近。从泰北到景栋和勐勇可通过夜赛，途经勐果、勐楞、勐帕亚，其中从勐帕亚分为两条线路，一条通向景栋、勐腊、打洛、景洪；另一条通向勐勇、勐于、勐累、勐栾、景洪。两条线路相比较，景栋一线要比勐勇一线的经济地位更重要一些。勐勇周边皆是群山环绕，但其境内勇河平原的面积较为宽阔。勐勇居民的生活大多是自给自足，以农业为主。

勐勇的土著居民为拉瓦人，《勐勇纪年》中记载拉瓦人在勐勇地区建立过分散的村寨，在勇河流域的平原地区共建立 7 个村寨，逐渐形成了具有一定规模的社区，其首领为拉瓦人陶维鲁。[2] 勐勇的形成是景陇金殿国傣泐人扩张的结果，景陇金殿国国王委派王子召苏南塔来建立了勐勇。《勐勇纪年》还记载王子召苏南塔打败了拉瓦人后，成为勐勇王。勐勇建立的年代不详，可能和景栋为同一时期，因为纪年中还提到勐勇拉瓦人首领陶维鲁曾与景栋王作战，说

1　〔泰〕萨兰萨瓦迪·王素恭：《兰那历史》（第四次修订），第 230 页。
2　〔泰〕他维·萨汪般亚棍编译《勐勇纪年》，清迈图书中心，1984，第 25 页。

明勐勇在景栋建立前可能已经存在了。召苏南塔举行登基大典时请了景栋、景洪、清盛的首领来参加。另外，勐勇与景栋同处于内陆地区，并且周围均被群山环绕，两地之间的距离仅为 80 公里，其发展演变应该是在同一时期。[1] 因此，召苏南塔建立勐勇的时间大约是在 13 世纪中期。

召苏南塔战胜当地拉瓦人成为勐勇王之后，在勐勇建立了景陇金殿国傣泐人的政权。从此之后，勐勇接受了傣泐人的文化。西双版纳傣泐人成了勐勇的主要居民，而战败的拉瓦人则逃到了山上去居住。从那以后，勐勇与景陇金殿国就一直保持着兄弟之邦的亲密关系。勐勇在民族文化、佛教文化方面都传承于西双版纳，尤其是在佛教文化方面，佛教就是通过西双版纳传入勐勇的。

后来拉瓦人和一些山区民族逐渐和居住在勐勇城内的居民有了往来，他们不但以物物交换的形式进行贸易，还在文化方面相互影响、相互借鉴。在采访泰国兰那学研究专家萨兰萨瓦迪时，她告诉笔者，她到勐勇去做田野调查的时候发现居住在勐勇的拉瓦人受傣泐人影响很深，他们的服饰文化几乎和傣泐人相同，着装和傣泐人是一样的。可见很长时间以来，傣泐人的文化对居住在勐勇的其他民族影响深远。

《勐勇纪年》记载召苏南塔及其子孙在勐勇统治了四代就结束了，勐勇再无国君，因为召苏南塔的后裔潜心向佛，剃度出家。勐勇的臣僚只能代为摄政，时间长达 65 年或 67 年。[2] 勐勇的傣泐人政权迅速衰落的原因有二。首先是经济方面，勐勇的周围都是山区，平原面积相对很小，是一个地域非常有限的小勐（小城邦）。人们

---

1 〔泰〕萨兰萨瓦迪·王素恭：《兰那历史》（第四次修订），第 234 页。
2 〔泰〕他维·萨汪般亚棍编译《勐勇纪年》，第 27 页。

主要从事农业生产活动，仅能满足本地居民自给自足，在商贸方面也不繁荣。其次是政治方面，元朝攻打八百媳妇时曾经经过勐勇，勐勇因此遭受过战乱。[1]

　　然而在《勐勇纪年》中，并未提到13世纪其与兰那的关系，与兰那有关系的记载始于三慧王时代。笔者认为，可能是13世纪中期兰那正面临来自元朝的压力，同时忙于向宾河流域一带扩张，使得兰那在当时无暇顾及与勐勇的政治往来。到了三慧王时代，兰那开始向北扩张势力，由于勐勇战略地位重要（勐勇与景洪、景栋、关垒接壤），兰那对勐勇志在必得。三慧王派王侄召坤贤率兵攻打勐勇，最终勐勇王向兰那称臣。召坤贤因此役大获全胜被封为"兰那披耶苏旺罕"，意为"黄金战甲王"，并封邑于清盛，势力范围远至萨尔温江、湄公河、勐信、勐普卡。[2]

　　勐勇在三慧王时期被纳入兰那统治之下，成了兰那的藩属国。三慧王委任臣僚到勐勇为王，每年要举行一次敬拜国王的仪式，勐勇会派遣舞者到清迈，献舞以示对国王的敬意和效忠，另外勐勇还必须负责清迈中通佛塔寺的修缮与供养。[3] 勐勇成为兰那的藩属国是在兰那的强盛时期，这个时期勐勇经历了四个召勐的统治。之后，当兰那沦为缅甸藩属国的时候，其原有的藩属国包括勐勇在内，也成了缅甸的藩属。

　　三界王征服勐勇后，将繁荣的佛教文化推广到了勐勇，并且重新建立了中永佛塔寺。该佛寺成了勐勇居民凝聚精神力量的标志性宗教场所。三界王把整个勐勇地区及许多农奴捐给了中永佛塔寺，

1　〔泰〕萨兰萨瓦迪·王素恭:《兰那历史》（第四次修订），第235页。
2　〔泰〕萨兰萨瓦迪·王素恭:《兰那国王》，第60页。
3　这种献舞敬拜国王以示效忠的仪式只限于离王都较远的藩属勐。

这些被捐给佛塔寺的农奴专门为佛寺服务，并且不用上缴赋税。[1] 在这个时期兰那文也传入了勐勇，勐勇的僧人刻写在贝叶经上的文字，与兰那文相似度很高。虽然勐勇一直以来深受傣泐人的影响，但是在兰那佛教发展的鼎盛时期，它也受到了具有兰那特色的佛教文化的影响，因此在兰那佛教文化圈形成的过程中，勐勇也是其中的一部分。

（四）兰那与勐乃的关系

勐乃位于萨尔温江东岸，这个地区的主要居民为掸族，泰庸人称其为"遥"（ynao）。在勐乃建立之前，这一带分布着十多个小勐，如勐版（MuengPan）、勐清通（MuengChiangThong）、勐勇汇（MuengYonghua）等。勐乃是芒莱王派王子坤克勒昂（Khunkhleang）建立的。据说当地的掸族都非常拥戴坤克勒昂，并将这个新建立的勐称为勐乃。[2] 芒莱王建立勐乃的主要目的是监督、掌握藩属勐地区的局势，并帮助掸族抵御外敌。由于勐乃所处位置在兰那的边界之外，距离清迈距离很远，兰那统治阶层对这种距离王都过远的藩属勐往往采取让该勐高度自治的统治方式。这类藩属勐远离王国政治中心，很容易导致地方权力膨胀，对王都构成威胁，甚至挑战王权。在芒莱王故后，其长子披耶柴亚宋堪继位，令其子食邑于清迈。坤克勒昂举兵攻打清迈未果，最后被终身监禁至老死。虽然坤克勒昂被监禁，但来自勐乃的威胁仍未解除。坤克勒昂的世子坤登育康盛（KhunDengyugkhamsaeng）伙同景栋王召南难（ChaoNamnan）攻打清迈，坤登育康盛攻占了勐范、清莱，而召南

1　〔泰〕阿伦腊·维先考：《清迈纪年》，第72页。

2　〔泰〕阿伦腊·维先考：《清迈纪年》，第43页。

难攻占了清盛，但最后还是没能攻占清迈。[1] 在芒莱王朝末期，兰那王权衰落之际，勐乃、勐勇这些距离较远的藩属勐，曾倒戈举兵围攻清迈。藩属勐倒戈的现象充分说明兰那这种依赖血缘关系而建立起来的血缘分封制勐制的分散性和不稳定性。

当兰那发展到鼎盛时期的时候，对勐乃地区的影响是很大的。三界王时期，泰庸人曾举兵攻打勐乃及掸族的一些畿外勐，征服了大大小小 11 个勐，俘获了掸族男女共 12328 人。勐乃王恩波法（EngBonfa）向三界王进贡。披耶盖尔时期，清统土披耶盖和勐乃王结盟，将掸族的农奴、驯象、马匹进献给披耶盖尔，共计男女23220 人、驯象 38 头、马 250 匹。[2]

兰那对勐乃等地区的政治影响必然会伴随着其佛教文化的传播，虽然该地区距离兰那中心较远，但还是会或多或少地受到兰那文化的影响，勐乃地区应该属于兰那佛教文化圈的外沿。另外，在对勐乃地区进行战争的时期，勐乃地区向兰那贡献人口，使兰那获得了大量掸族的农奴来补充人口。掸族流入兰那，必定会造成兰那民族成分的更新，民族间的相互交流丰富了兰那文化，使兰那佛教文化的成分更加多元。

（五）兰那与琅勃拉邦的关系

琅勃拉邦是老挝历史上南掌王国的中心，曾经有许多名称，如那空清东、清统（Nakhon ChiangTong、ChiangThong）、勐查瓦（MuengChawa）、色萨达纳空呼南掌（SisadanakhudLangChang）。《勐难纪年》中简单记载"因为琅勃拉邦与勐难距离较近，两地是

1　〔泰〕萨兰萨瓦迪·王素恭：《有关兰那的地方志》，清迈大学内部资料，1993，第 26 页。

2　〔泰〕阿伦腊·维先考：《清迈纪年》，第 88~89 页。

兄弟之邦"[1]，泰北大部分史料对琅勃拉邦的记载是在勐难[2]归属兰那之后才较为清晰的。三界王扩张兰那领土，势力范围到达了琅勃拉邦一带，他还曾经帮助南掌驱逐入侵的安南泰人，[3]并协助南掌册立国王。自此，兰那与南掌缔结了兄弟之邦的友好关系，一直延续到南掌王帕差亚切塔（PhraChaiyachedtha）时期。

　　1520~1547 年，兰那与南掌琅勃拉邦的关系更近了一步。1533 年，南掌王帕召菩提散腊（PhrachaoPhothisanrat）与兰那国王披耶格色他腊（PhrayaGesacharat）和王后玛哈黛维集拉博帕（MahathewiChilaprapha）的公主娘堪提（NangKhamthip）成婚。兰那王室下嫁公主给南掌王是因为当时兰那国势已经趋于衰落，国内政局不稳，而南掌琅勃拉邦刚刚进入繁荣发展的时期，国内社会稳定，但两个王国同时面临着阿瑜陀耶扩张势力的威胁，因此才有了联姻结盟。后来帕召菩提散腊与兰那公主娘堪提之子帕差亚切塔，在兰那衰弱无国君的时期，曾在兰那为王，代为执政（1546~1547），后因南掌王帕召菩提散腊逝世，才返回南掌继位为王。[4]

　　早在披耶盖尔时期，由于他支持新锡兰教派，鼓励僧侣们努力研习巴利文及三藏经，众多的僧侣用巴利文来撰写佛经故事，这些佛教文学作品被广为传播到周边的国家和地区，比如老挝、缅

1　转引自〔泰〕萨兰萨瓦迪·王素恭《兰那历史》（第四次修订），第 238 页。

2　勐难，泰庸人国家兰那的一个勐。在帕召迪洛嘎腊时期归属兰那。

3　中国史料对这段史实也有记载，"成化十七年，安南黎灏已破老挝，颁伪敕于车里，期会兵攻八百。其兵暴死者数千，传言为雷所震。八百因遣兵扼其归路，袭杀万余，交人败还。土官刀揽那以报。"见《明史》卷 315《云南土司三·八百》，第 8162 页。

4　饶睿颖：《泰北主体民族泰庸人与老挝泰佬人历史关系研究》，《广西民族研究》2010 年第 1 期。

甸。[1] 兰那佛教文化通过宗教传播的渠道，已经深入渗透到周边的地区。后来兰那与南掌政治联姻的同时也促成了兰那佛教文化在南掌地区的再次传播。帕召菩提散腊是位非常虔诚的佛教信徒。1523 年，他曾遣使到清迈去求取三藏经，为了弘扬佛法，披耶盖尔欣然答应，将三藏经 60 卷以及众多僧侣一起送到了琅勃拉邦。

琅勃拉邦的考古发现证明，南掌王帕召菩提散腊时期的佛像艺术受到了兰那佛像艺术风格的影响，这表明当时琅勃拉邦与兰那在佛教方面的密切联系。[2] 帕召菩提散腊于 1525 年到维楚隆（Wichulum）大佛寺出家，法号帕玛哈萨穆括萨召（PhramahaSamudkuosachao），并到清迈学习佛法。1527 年，他制定政策废止泰老人原有的对披法（PhiFa）、披腾（PhiThen）等鬼神的信仰，甚至拆除曾经供奉的神龛。[3] 帕召菩提散腊的行为表达了琅勃拉邦泰老人统治阶级努力推行佛教的决心。同时，两地统治阶级之间的亲密接触必然使两地的文化习俗、宫廷礼仪相互结合，对两地的文化交流也起到了促进作用。因此，兰那佛教文化圈在覆盖到琅勃拉邦的同时，也吸收了琅勃拉邦泰老人的一些文化元素。[4]

1　〔泰〕阿纳多·本迪耶：《兰那与老挝在佛教文学方面的关系》，第 149~156 页。

2　〔泰〕育色裕几·玛素哈拉：《文化艺术的传承与政治联姻》，因他腊提出版社，1997，第 82 页。

3　〔泰〕育色裕几·玛素哈拉：《文化艺术的传承与政治联姻》，第 80~81 页。

4　饶睿颖：《泰北主体民族泰庸人与老挝泰佬人历史关系研究》，《广西民族研究》2010 年第 1 期。

兰那佛教文化圈的建构

在文化学领域，文化圈属于区域文化学的研究范畴。季羡林先生等认为，在某一个比较广阔的地区内，某一个国家或民族的文化或者文明，由于内部或外部的原因，影响了周围的一些国家和民族，发挥了比较大的作用，积之既久，就形成了文化圈。"文化圈"的形成，是以地理区间或区域的邻近性为地缘基础的，是在自然地理相邻的前提条件下形成的，且强调文化形成过程中的自然地理区域大致能连接成片（区域文化）或以文化共性为轴心形成一个相对集中的文化集群（文化圈）。[1]

13 世纪，随着兰那社会发展的需要，泰庸人不断崛起、扩张，最终将发展的重心从谷河流域转移到了宾河流域。在征服宾河流域地区的同时，泰庸人通过孟人接受了以佛教文化为主的哈里奔猜文化，并与原有的文化体系进行了融合。其具体表现就是泰庸人自身的原始宗教与南传上座部佛教的结合，并经历了冲突、调和、吸收、融合的过程，因此 13~16 世纪是泰庸人文化整合及社会文化变迁的重要时期。首先，佛教在兰那扎根，并发展成为兰那社会的主流文化。其次，泰庸人的征服、扩张，建邦立国，促进了民族之间的相互迁徙，从而促进了各民族文化之间的相互交流、融合，加之中国文化及土著文化的一定影响，使兰那原有的多样性文化变得更加丰富多彩，最终融合形成了具有兰那特色的文化——兰那佛教文

---

[1] 周娅：《地缘文化及其社会建构——东南亚宗教、民族的政治社会学视野》，中国社会科学出版社，2016，第 75 页。

化，并向其他地方传播，形成了以清迈为中心，以中国西双版纳地区、缅甸掸邦地区及老挝部分地区为覆盖点的兰那佛教文化圈，也称泰庸文化圈。兰那佛教文化圈是一个文化地理概念，属于南传上座部佛教文化圈的范畴，同时也具有其他民族文化的特征，尤其是傣－泰民族的文化特征。

兰那佛教文化圈的形成，实质是南传上座部佛教文化在传播普及过程当中的一个缩影。南传上座部佛教文化涵盖范围广阔，覆盖了东南亚及南亚的很多地区，是一种国际文化现象。兰那佛教文化圈的形成，就是佛教文化在推广普及过程当中具有地方特色的文化现象。兰那佛教文化圈形成之后，在这个文化圈内居住的各民族，他们的文化在相互影响涵化、互动的同时又增加了兰那佛教文化圈的多样性，泰庸人也形成了多元民族文化。另外，兰那文字是兰那佛教文化圈内的傣－泰民族区别于湄南河流域的中部泰人和其他傣－泰民族的重要文化标志。至此，兰那佛教文化真正成了兰那及兰那以北地区的主流文化。

贺圣达先生认为"东南亚南传上座部佛教文化圈各国之间的宗教联系较为松散，没有在该地区形成具有最高地位的跨国家的佛教宗教中心"。[1] 笔者认为，兰那佛教文化圈是东南亚南传上座部文化圈中的特例，这个佛教文化圈已经形成了以清迈为最高宗教中心跨国型的文化圈。但这种宗教中心的形成，还是以历史上国家政权势力范围影响为基础的。兰那王国在最强盛的时候，以清迈为中心的曼荼罗制度（勐制）曾经覆盖到了缅甸、老挝及中国的西双版纳地区。

1　贺圣达：《东南亚南传上座部佛教文化圈的形成、发展及其基本特点》，《东南亚南亚研究》2015年第4期，第78页。

　　兰那主体民族泰庸人的主要居住区，位于泰国以北，多分布于崇山峻岭之间的河谷平坝地区，由于山区较多，可用的平原面积较小。居住于这一带的人们以农业生产为主，各个小城邦国家之间也有一定的贸易往来，但是受地理条件所限，规模较小。该地区主要为傣－泰民族所建立的小城邦国家。这些傣－泰民族建立的城邦国家相互之间是兄弟之邦，它们之间或是通过委任王子到其他地区建勐，或是通过相互之间的联姻而建立一种具有血缘关系的政治外交。

　　兰那与这些城邦小国之间，大多维系着较为友好的关系，兰那作为比其他城邦小国更为强大的王国，要维系这种友好关系，主要是通过以下两种方式。第一，通过联姻结盟或委任王室血亲到该地统治，从而建立血缘关系网。在芒莱王朝时期，泰庸人就先后与景洪、景栋、勐乃及琅勃拉邦等地结盟，形成了关系密切的兄弟之邦。第二，泰庸人以相似的文化信仰为纽带，并向兰那以北这些傣－泰民族建立的城邦小国尤其是景栋、勐勇、景洪、琅勃拉邦及萨尔温江流域的部分勐传播先进的宗教文化——南传上座部佛教，使泰庸人在兰那以北的这些国家当中成了宗教文化方面的先驱和领导者，扩大了泰庸人在这些城邦国家之中的政治影响力。这种以相似文化信仰为纽带并传播宗教文化的方式，使兰那王国和兰那以北地区的傣－泰民族建立的小国之间建立起了政治、经济、信仰方面的联系，更促成文化方面的相似性。

　　文化上的相似性又可以增强、促进兰那及其以北地区的友好关系。兰那以北地区的傣－泰民族主要由傣泐人、掸族、泰老人构成。傣泐人主要分布在西双版纳、景栋、勐勇一带。掸族主要分布在勐乃、掸邦一带。而泰老人主要分布在琅勃拉邦一带。兰那主体民族泰庸人与这些傣－泰民族有着极为相似的文化，而互相之间文化的差异只是由于地域分布的不同而在细节上有所不同。

迄今为止，这几个区域仍然尊奉清迈为南传佛教中心，自古及今，西双版纳、景栋、琅勃拉邦一带的僧人到泰北参学，从未间断过。他们或来求取三藏经典、佛像，或来系统学习泰北佛教各派戒法、禅修法门。而后将其所学带回家乡，弘扬佛法，造福一方百姓。而泰北佛教也一直保持着对外交流，外出弘法，带领信众到湄公河流域傣－泰民族居住区域做功德、供养三藏经典、参加各种佛事活动，协助其他地区修建佛寺、佛塔。到了近现代，泰北一些重要寺院的僧伽还到景栋等地普及佛学教育、开设佛教学校，进行社会关怀，为其他地区南传佛教的复兴与发展起到重要的推动作用，也为 20 世纪民族国家形成以后地缘文化的互动打下了重要的基础。

佛教与兰那社会

南传上座部佛教传入泰北后，对兰那社会从统治阶层到被统治阶层都产生了深远的影响。佛教以中道、圆融的特性整合了存在于兰那本土的原始宗教信仰即万物有灵信仰、婆罗门信仰。正是接受并改造了当地的信仰，佛教才能在当地确立其文化统治地位。南传佛教教义中的法王观念为统治者提供了合理的话语权与合法的统治权，促成了道德与权力的融合。而功德与业力的理论则通过示范故事的具体形式为普罗大众提供了从生死轮回中出离，完善道德与达到最终解脱理想目标的方法，同时包含了普通人应付日常生活的手段。[1]

（一）兰那政治制度与僧伽制度

泰北古国兰那的僧伽与统治集团相互扶持，与王权、政治建立了紧密的联系。宗教与政治形成了有机整体。按照泰庸人传统的佛教宇宙观，王都（王城）被认为是宇宙的中心，而周围的勐为宇宙外围。离王都越近的勐越重要，而离王都越远的勐重要性也就越低。依据这种传统观念，泰庸人行政区划主要分为三个部分。它所反映的就是东南亚早期的政治结构——曼荼罗式结构，或称为王圈组合，[2] 也称为勐制。

1. 王都（核心圈）

王都由国王直接管辖，一般包括首都所在地及其周围部分地区。泰庸人掌握了宾河流域之后，王都就包括了清迈、南奔（哈里奔猜）。清迈被统治者合理化为王国的中心，而南奔由于距离清迈很近，便成了中心范围内的一部分。国王派重臣去管辖南奔，有时甚至由国王自行监督。王都不但是王国的中心，也是全国面积最大、最丰饶富庶的农耕基地。除此之外，它还是与其他勐进行商贸往来的中心。所以，作为王国中心的王都，集中了政治、经济方面的优势。

2. 王都外勐（依附圈）

王都外勐是指在王都之外的其他重要勐，由王室宗亲或国王亲信统治管辖，比如勐普劳、清道、勐范、南邦、清莱、清盛等地。

1　宋立道：《从印度佛教到泰国佛教》，第 147 页。
2　〔英〕O.W. 沃尔特斯：《东南亚历史、文化和区域透视》，第 16 页。

这些勐的召勐都由国王亲自委任、罢免。召勐们大多为王室宗亲，逐步形成一种血缘家族宗法式的统治。只有极少数臣僚会被任命为召勐。特别重要的勐都由国王的直系血亲来管辖，如清莱，国王就派王子去统治，其他的勐国王会派自己的宗亲去统治。召勐们在自己所统治的勐内享有绝对的权力，而国王的权力仅仅在王都范围内。所以，即使是在战争时期，国王也没有权力向王都之外的勐进行征兵，如在芒莱王夺取哈里奔猜后，披耶易芭与北王举兵攻打清迈，而芒莱王虽贵为国王却无权力直接从清莱征兵讨伐，必须通过清莱的召勐坤克浪来征兵。这表明清莱的臣民全都是在清莱召勐的管辖之下，只对清莱的召勐负责，听从他一人的调遣。[1]国王与召勐的血缘关系，成了召勐向国王效忠的纽带。但是随着时间的推移或王位的更替，这种亲密的关系往往会中断，王都的政治影响力也会减弱。因为各召勐在自己统辖的勐内享有绝对的权力，在其强大的时候，有足够的能力可以挑战王权，与中央分庭抗礼。

3. 藩属勐（朝贡圈）

藩属勐位于王国的边缘地区（边疆），离王都较远，其召勐一般直接由当地人来担任，并且可以世袭。但藩属勐必须认可国王的王权，臣服于王都，并定时进贡，履行"饮水盟誓"的仪式以表示向国王效忠。藩属勐与王都的关系更为疏远，没有王都外勐与王都关系密切。在泰庸人的国家中藩属勐主要分布于这样一些地区，例如兰那以东的勐帕和勐难，主要居民为泰庸人；掸邦地区萨尔温江流域的勐赖卡、勐版、勐抓、勐勇汇等，居民主要是掸族；在这个地区范围内有两个重要的城市——勐乃及景栋，勐景栋为该地区的中心，其居民以泰艮人为主；三界王时期还短时期控制过西双版纳

1　〔泰〕阿伦腊·维先考:《清迈纪年》，第36~37页。

地区的勐龙、勐捧、勐混，这些地区的居民主要是傣泐人；此外还有靠近西双版纳的勐勇地区，其主要居民也是傣泐人。

以上这些藩属勐的从属地位会根据国王的决策或王都的强大与否有所变化。比如三界王时代，征服了勐帕及勐难，将二勐归为藩属勐。因为刚征服不久，只能委任当地的头领做召勐，当地头领死后，由国王直接委派臣僚来继续管辖。[1] 在披耶盖尔时期，就规定将勐乃与勐景栋列为藩属勐，与芒莱王时期同。

除此之外，以上这些藩属勐并非一直从属于王都，它们仅在王都足够强大之时才从属于王都，当王都王权衰弱时，这些藩属勐就有可能去投靠其他更为强大的政权或是其他国家的王都。

13~16世纪，兰那的政治制度较为简单，特别是在芒莱王朝初期。国王的统治主要依赖于分封制。首先是血缘分封，国王将自己信任的王室血亲分封到各个勐做召勐，将国家中心的权力分散到地方。这种权力分散的形式源于泰庸人"建曼立勐"的传统习俗。[2] 如芒莱王将王子柴雅宋堪分封到清盛为召勐，分封王子坤克浪为勐普劳的召勐。披耶三纺更也将自己的十位王子分封到十个勐为王。除了依赖血缘分封来统治国家之外，对于那些离王都较远的勐，其首领与国王之间不一定要有血缘关系，国王会通过让这些首领"饮水盟誓"以表达对自己的效忠，然后分封他们为召勐或为各级官员。

由此可见，古代兰那王国的分封制度主要是依赖与国王有血缘关系的各召勐以及向国王表示效忠的其他召勐和各级官员对国家的效忠。也就是单纯依赖个人关系，特别是血缘关系。但是当王位更迭、血亲关系淡化疏远、效忠程度发生变化之时，国王的个人才

1　〔泰〕萨兰萨瓦迪·王素恭：《勐难纪年》（佛诞寺版本），第15页。

2　曼为村寨、村庄；勐为城镇，由大小村庄构成。

干在这种政治制度中就显得尤为重要。所以古代兰那社会主要依赖
"人治"。

由于兰那的地形多为峡谷平原或河谷平坝，且分布于各大山脉
之中，周围的山脉或山丘很容易将国家内的各个勐隔离开来，造成
各个勐在地理位置上的相对分散。再加上国王只在王都范围内有绝
对权力，而王都范围之外的其他勐，国王则无权干涉。这些勐的召
勐在自己所统辖的勐内享有绝对的自主权。他们可以在勐内任命官
员，如披耶盛普在继位之前曾经统辖清盛，就在清盛任命了各种职
能官员，如内务官（专门负责王宫事务）、田官（负责管理粮草事
宜）、行政官（协助召勐管理全勐）、外事官（负责勐外事务，如与
其他勐的往来等）。[1] 各召勐除了能在自己所管辖的勐内任命职能官
员，还能在自己的领地范围内分封采邑。

兰那封建统治集团内部及君臣之间的关系，就是通过采邑分
封来建立的，这种采邑分封具有封建性质，国王分封、赐赠给其亲
属、臣僚的领地都保留了原来的村社组织，并允许村社集体占有土
地，而村社的农奴有土地使用权，领有封地的统治者可以直接在村
社基础上实行封建土地所有制，征收地租。因此，领有封地的统治
者与使用土地的村社农奴之间，便构成了农奴主与农奴的关系。

兰那的国家机构由中央和地方两部分构成，在国家机构当中，
各级官员的具体职责没有明确的划分。中央由国王及王都范围内负
责辅佐国王的重臣组成。国王在王都及王都范围内任命的负责协助
自己管理内政的官员主要有四类。

第一类，内务大臣（罕拉差汪），主要职责是管理宫廷、王室
内部事务。

---

[1]　各召勐所任命的职能官员根据各个勐的情况会有所差别，并非雷同。

第二类，户部大臣（罕拉差鉌），负责国家财政、税收及粮食储备。

第三类，民政部大臣（罕曼），负责管理百姓、农奴及国家内部事务。

第四类，吏部大臣，负责管理、监督各勐。

而在地方，最高一级的行政单位是勐，由召勐和各级官员组成。

根据《芒莱法典》的规定，官员的职责和义务就是"协助国王治理国家，督促农奴服徭役、劳役，征税、审理案件。在战争时期为保卫国土而战，为国王效忠。在和平时期爱护、善待农奴，做到不压榨不剥削农奴"。[1] 在芒莱王朝初期，官僚制还不健全，到了披耶康弗时代，官僚制才凸显其作用。官员可以利用其职权，扶持或反对某位国王。在披耶帕裕时代，披耶帕裕长期定都清迈，国都较为稳定，因此才使得当时的官僚制有了中央集权特征的萌芽。称其为萌芽是因为在那个时期，国王虽可以在王都及其所属地区直接任命各级官员，也可以分封王室血亲到其他地区为召勐，但是在该时期的官僚制度中，国王对官员的任命权限，仍然只局限在王都及其所属地区。

对于王都外勐，国王无权干涉，很多重要的勐及地区不受国王管辖，拥有极大的自主权，因此泰庸人的官僚制不可能发展成为如阿瑜陀耶王朝那种类似中央集权制的较为健全的官制。泰庸人的官僚制建立在血缘分封制度的基础上，它的发展必须依赖国王及其所分封的各个召勐之间的血缘关系及效忠程度。对官员的任命依据血统、出身、门第作为标准。这成为兰那官僚制度中的一大弊端。

在地方，比勐小的行政单位是版纳。对版纳的划分，目的就是

1　〔泰〕布拉塞·乃那空：《芒莱法典》，曼谷诗那卡琳大学出版社，1987，第52页。

使各个地区的人口数量与土地面积平衡。[1] 一个勐的大小取决于其所属的版纳数量。一些较大的勐，如清莱有 32 个版纳、勐帕尧有 36 个版纳，而一些小勐如勐范只有 5 个版纳。版纳的最高统治者官衔为"闷"（万户侯、万田级），除此之外，版纳之内还有其他的地方官员如朗那、版纳琅、盛那，这些地方官员与"闷"共同管辖版纳。比版纳小的行政单位为巴那，统治巴那的官员官衔为"潘"（千户侯、千田级）。比巴那更小的行政单位为曼（村寨），也是整个行政单位中最小的一级，由寨中的长者担任村长。

在地方行政体系中，各召勐有权管辖其所属的各版纳。他们不仅任命各级官员来管理版纳，还可以委任官员直接参与勐的管理。因此，召勐在其所属勐内享有绝对的权力，以至于影响到了国家的统一与稳定。在版纳制体系下，统治者规定各版纳的人有义务向其所属勐缴纳赋税，如森林产品、猎物以及米粮，作为战备粮仓中的存储品。未缴纳赋税者，也可以劳役替代。服劳役的人主要是参与公众设施建设，更重要的则是作为战争中兵役招募的对象。因此，版纳制为泰庸人社会提供了充足的人力和物力，使各召勐在经济上获得了较大的优势，一些王都外勐在经济、政治方面都很独立。这些勐通常会拥兵自重，隐匿当地百姓所缴纳的实际赋税，延迟或拒绝向中央缴纳，成为中央王朝的一大隐患。

兰那古代僧伽制度相对简单、松散。三大部派（孟人宗派、花园寺派、红林寺派），相对独立，各自为政，但都尊奉国王为最高元首。僧伽制度中以佛律为僧伽核心，[2] 各部派都设有各自的僧王，

1　泰庸人国家的各个勐所处的地区都是峡谷平原和河谷平坝，土地面积非常有限。在各个勐内划分版纳，是让有限的土地得到最合理的使用。

2　佛律是佛陀为僧伽集体生活制定的规章，佛陀在灭度前曾交代弟子，在其灭度后僧团需以戒律为师、以三藏经典为师。

僧王需要接受国王册封。除孟人宗派外，各部大多派僧王担任王城重要佛寺的住持。[1] 受到国王支持的皇家宗派僧王，在王都还拥有刑事案件的审判权。僧王以下为僧伽波利那悦（僧正长老），负责统领东、西、南、北四个教区的僧团。僧正长老治下，为王都之外的各勐大长老祜巴勐，他们在各勐拥有较高的宗教权威，但同时要接受所属宗派僧王及所属教区僧正长老的统领。从中央到地方有影响力的僧伽，对当地统治集团都有一定的监督作用，在特殊时期还可以干政。他们是支持国王与各地召勐合法统治的中坚力量，规范着社会的秩序。16 世纪前，古代兰那社会各部派僧伽结构中僧人的等级从高到低依次为僧王沙密大长老—四大教区僧正长老—各级祜巴勐—各勐中心佛寺住持—各佛寺住持—戒师—普通僧人（含比丘、沙弥）—寺童。僧界领袖僧王将管理全国僧团的权力依次下放给僧正长老与各级祜巴勐。而各级祜巴勐又进一步将管理地方僧团的权力移交给各勐中心佛寺住持，由各勐中心佛寺住持进行统筹，最终管理权落到各基层佛寺的住持手中。戒师虽然位居佛寺住持之下，却是佛寺中的核心人物，一个佛寺可以有几位戒师。戒师不但承担着替比丘授戒的重要职责，还是布萨羯磨仪式[2] 的重要组织者。戒师都是持戒清净的长老，在佛日进行布萨羯磨仪式之时，他们需负责诵出比丘戒巴帝摩卡[3]。在古代兰那佛寺中，戒师承担着教导寺

1　花园寺派、红林寺派僧王都是清迈花园寺、红林寺常驻住持，而孟人宗派僧王则为南奔哈里奔猜大佛塔寺常驻住持。

2　南传佛教规定每月月圆之日，诸比丘聚集在戒堂进行诵戒，是使僧团持戒清净的重要手段。

3　巴帝摩卡，为巴利文 pātimokkha 的音译，《律藏·大品·诵戒篇》中载："巴帝摩卡者，此是最初，此是头首，此是诸善法之上首，因此成为巴帝摩卡。"巴帝摩卡依表现形式可以分为戒巴帝摩卡和经籍巴帝摩卡两种。戒巴帝摩卡，就是通过看护而解脱恶趣等苦与自责等怖畏的戒，而经籍巴帝摩卡即僧团每半月念诵的戒经。参见玛欣德尊者《比库巴帝摩卡》，中国上座部佛教西双版纳法住禅林，2014，第 5~7 页。

内比丘、沙弥、寺童学习、修行的责任。戒师与依止他的弟子们关系非常密切。依止了各自戒师的僧人，以戒师为尊，为戒师之命是从，因此，戒师成了基层佛寺僧团最直接、最有效的管理者。古代兰那的僧伽制度实质上是以佛律为核心的戒师制（又称师徒制）。在兰那传统的僧伽制度中，已经有了清晰的僧阶划分。僧人僧阶的晋升必须通过沙弥、比丘、祜巴三个层次依次进行。祜巴已经是僧阶当中的最高阶位，即使贵为僧王沙密长老，阶位仍与祜巴等同。[1]

兰那勐制松散、不稳定的特性，导致与其关系密切的僧伽制度同样具有松散、不稳定的特点。僧伽制度的稳定程度主要依赖于各基层佛寺戒师们对僧伽领导集团的效忠程度。泰北多山区，基层佛寺分布很分散，基层佛寺的僧伽除了与各自所属的中心佛寺僧伽联系较为密切外，与更高一级的僧伽领袖乃至王都的僧王，几乎没有联系甚至是不受制约的。僧王虽然拥有管辖所属部派全部僧伽的权力，但事实上僧王的势力范围仅限于王都，僧王多为国王册封，因此当王位更迭时，僧王的地位与权力也会受到影响。教区僧正长老与各勐祜巴勐的权力与势力范围也仅限于自己所属的中心区域，对地处偏远的各勐中心佛寺及村寨佛寺则无暇顾及。维系僧团统治的主要力量除了统治者的王权，主要依赖于各级僧伽长老的资历、修行程度与在当地的威望和影响力。一些普通佛寺僧人由于精通佛法的同时还精通占星术、医术或巫术，受到民众的推崇与认可，可被推选为祜巴长老，若民间推选的祜巴长老威望与影响力超过各勐官方认可的僧伽长老，也会造成僧团统治的不稳定。因此，僧伽制度的松散、不稳定，根植于勐制本身松散、不稳定的特征。

1　〔泰〕阿伦腊·维先考：《兰那王国宗教》，白象出版社，1989，第9~11页。

（二）佛教僧伽在兰那社会的重要作用

佛教僧伽是整个社会的灵魂，也是连接统治阶层与普通民众的重要纽带。他们在兰那王国国王维护政治稳定与构建理想王国的理念，以及平衡意识形态与日益发展的社会生产力中起到了重要的作用。在当时的社会，僧伽为社会培养知识分子起到不可忽视的作用。统治阶层也意识到社会知识分子的重要性，特别强调要通过佛陀教法中的教理教义来培养佛学知识分子。

当时的社会分为不同的等级，大小统治者被称为"乃"，被统治阶层平民、农奴则被称为"派"。兰那社会的社会分层和定位与门第直接相关，被统治阶层无论如何努力，都无法跻身上层社会。平民唯一能够改变命运的途径只有通过佛寺渠道出家为僧，接受教育。所以在兰那社会，出家的人数众多。社会各阶层都有义务供养土地、财物及人力给寺院，尤其是皇家寺院。供养僧伽成了兰那佛教的传统，这种传统使得僧团规模迅速壮大，且成了特权阶层，可以免除国家规定的许多义务。

佛教僧侣也成了统治集团中的特殊群体，他们虽然不直接参与政治活动与世俗活动，却对国家的政治稳定起到重要的作用。首先，佛教僧侣通过接受各级"乃"的捐赠，获得了大量的土地、农奴、奴隶。他们还通过占有生产资料，驱使农奴劳动，获得生活消费品。其次，他们是兰那社会思想意识的主导者。有关国家历史、概况的很多纪年都是由僧侣编撰的。撰写这些纪年主要的目的是弘扬佛法，并赞美称颂积极宣扬佛法的国王。如《胜者时鬘》赞美披耶盛孟玛"崇敬佛教三宝，精进修习佛法，弘扬佛法，为万事子民之典范……"[1] 佛教僧侣通过撰写纪年、宣扬佛法中的伦理道德以及

---

1 〔泰〕智宝尊者：《胜者时鬘》，第 93 页。

主持各种佛事活动等方式，从思想意识导向上影响各阶层的人，特别是占人口大多数的下层人民——农奴和奴隶。这些行为加强了统治者作为统治阶层的正统性，使佛教与统治集团完美地融合在一起，达成了宗教与政治的"联姻"。最后，在臣僚权力膨胀的时期，佛教僧侣也会因为其自身利益支持某些权臣来废立国王。因此，佛教僧侣对泰庸人国家政治的统一和稳定也有较大的影响。

在兰那历史发展进程中，不少历史事件体现了僧伽对稳定政局、提升统治阶层的影响力及凝聚人心具有重要的作用。三慧王时期，新建立的红林寺派僧团与花园寺派僧团因为争夺信众与供养争执不已，造成僧团严重的分裂，影响了政局的稳定，三慧王不得已将根基未稳的红林寺派僧团逐出王都，命其在王都周边弘法。

兰那佛教的重要护持者迪洛嘎腊王的王位并非继承来的而是夺取的，缺乏一定的正统性，他即位之初王权不稳。而且从披耶康弗之后，大臣、僧团掌握的人口、土地日益增多，其权力也日渐膨胀。大臣可以干涉政务，辅佐某位王子继位，甚至讨伐不得民心的君主。而僧团则可以干政，甚至可以借助佛教思想的影响力，动摇某位国王的统治根基。所以三界王即位初期也是政权处于内忧外患的危机时代，对外要应付阿瑜陀耶的侵略扩张，对内则要应对权力日益膨胀的大臣和僧伽集团。

为了稳固王权，三界王大力推广佛教，并扶持支持自己上位的红林寺派为皇家宗派。为了表示对红林寺派的支持与重视，他尊奉红林寺为皇家佛寺，从南奔延请红林寺派高僧为皇家佛寺住持，后来还亲自在红林寺短期剃度出家。

红林寺派恪守佛教戒律，重视巴利文的学习。为了让僧侣们进一步研习佛经，也为了平息各派争端，三界王耗时数年重建了七塔寺，于1477年延请兰那境内及周边的佛教高僧，在七塔寺内完成了第八次三藏结集。在结集期间所修订的三藏经也成为兰那各派僧团研习佛经的规范版本。[1]

　　三界王对红林寺派的支持，使红林寺派得到了迅速的发展，不仅成为皇家宗派，红林寺派僧人也纷纷为三界王支持佛教的举措与功德著书立传。泰北著名的佛教文学作品《胜者时鬘》中就记载了三界王宣扬佛法、组织结集的功绩，并充分认可了他即位为君的合理性，认为是因为他本人所积累的深厚功德与因缘。[2] 在三界王的继位大典中，兰那及周边地区数位重要高僧列席，充分说明佛教界对三界王王权的支持与认可。由于僧伽的全力支持，三界王王权的正统性也得到了上至王室下至民众的普遍认可。随后，在继位大典完成后仅5个月的时间里，三界王不但鼓励500位王室子弟出家为僧，还重新修缮了大佛塔寺，修造大菩提寺，并命人铸造了数量众多的佛像。这一系列促进佛教发展的举措，进一步提升了他的宗教、政治地位，进一步稳固了王权。

　　兰那历史上，当民众受统治者压迫、投诉无门之际，他们会通过僧伽与统治阶层进行沟通、协调，来解决危机。例如，在披耶梅固王执政清迈期间，曾有大长老提醒国王，一些官员压迫民众，因这些民众惧怕国王权威，不敢直接向国王申诉。国王在了解了真实情况后，遂将涉事官员革职。[3]

　　当国家局势紧张或处于危难之际，兰那僧伽是整个国家重要的精神领袖，如1727年兰那被缅甸占领，帕信法师曾率众与缅甸对抗，最终宣布独立，在无国主时期，代为统治了清迈一段时间。

　　兰那统治者与僧伽一直宣扬佛化国家的理念，即国王是人间菩

1　〔泰〕萨兰萨瓦迪·王素恭:《兰那历史》（第四次修订），第71页。

2　〔泰〕智宝尊者:《胜者时鬘》，第119页。

3　《清迈王朝史》，清迈大学社会研究院，2001，第8~10页。

萨，是法王，既要管理国家又要支持佛法，让佛教国家的子民都能
深刻理解佛法，以佛法来规范其日常生活，并以上座部佛教中解脱
烦恼、证悟涅槃为最终目的。兰那社会分为两大部分，世俗社会以
国王为元首，宗教界则以僧王为元首。在兰那所传承的上座部佛教
思想中，僧团是弘扬佛陀教法的关键，也是世俗社会与佛教界的重
要连接。

　　僧伽是整个社会的协调者，让社会和谐、祥和，协调、平
息社会中的各种争端，如化解王族与大臣之间的矛盾、"乃"与
"派"之间的矛盾。兰那的经济社会主要依靠农业，因此农业水
利灌溉很大程度上需要依赖人们之间的相互团结、互助和利益分
享，以及个人对社会的责任感。同时，僧团将佛教作为规范社
会、日常生活、人们思想、信仰、宗教祭祀的基本准则。[1] 因此
14~15 世纪，僧伽在兰那社会中的作用越发明显。如格那王时期，
在刑事案件的判决中法典若有不明确或不完整之处，不足以作为
判决标准时，格那王会请僧王参与案件的判决。僧伽们将业报功
德、来世轮回等思想灌注于社会的各个方面，以此来获得社会各
阶层的认同。

　　因整个兰那社会崇尚佛教，兰那统治者将佛陀思想融会贯通到
对臣民的一系列道德规范当中。国王告诫臣民，"重长者，此为善
行；恪守本分、忠于'乃'、忠于国王，此为善行；人们此生的地
位及出生取决于前世所造业报。国王是最有功德的人，因前世曾经
造过巨大的善业，今生才得以转世为国王。因此臣民必须认可、敬
重、忠于国王"。[2] 这一系列的道德规范增强了国王治国的合法性，

1　〔泰〕玉萍·珂木:《兰那社会的僧团与政治（1411~1558 年）》，第 112 页。

2　〔泰〕阿伦腊·维先考:《兰那王国宗教》，第 108 页。

使统治阶层的地位更加固化。也正是统治阶级与僧伽的相互支撑、相互依赖才造就了兰那王国的辉煌。

（三）兰那文的产生与佛教对兰那社会的影响

佛教传入之前，泰庸人并无文字。在民族发展、统一国家形成的过程中，语言文字起到了很重要的作用。因为佛教的理论都以文字为载体，泰庸人文字的出现与佛教的传入息息相关。兰那社会的佛教是通过孟人传播的。他们的文字就是由古代孟人的文字演变而来。[1] 由于佛教的传播，文字作为宗教传播的重要载体也随即产生。据考证，兰那文字最迟在 13 世纪末就已经创立。[2] 这种文字又称"达摩文"（经文），后来又被人们称为"堪勐文"，最主要的功能就是记录佛经，并且大部分的佛经是记录在贝叶经上的。因此，兰那文字是佛教文化中一个重要的载体及传承媒介。1400 年后，兰那的僧侣赴锡兰学习佛法后回到兰那，兰那的上座部佛教得到空前的发展，僧人们及其弟子将新锡兰教派传播到了老挝的琅勃拉邦、缅甸的景栋和中国的西双版纳。因此，这些地区也开始使用兰那文。直至现在，这些地区刻写在贝叶经上的文字仍然是兰那文，只是因为地域和时间的差异，原本的兰那文产生了一定的变异，有了各种变体，但还是有 80% 以上的字是基本相同的，兰那文的变体多数也是相通的。

除了兰那文之外，还有一种文字是素可泰文传入兰那后与兰那文相接触产生的变体，被称为"法堪文"，俗称豆荚文或酸角体。这种文字在兰那并没有如兰那文那样流行，目前只是在清迈帕信寺

1　转引自 G. Codes，Tamnan Akson Thai，"A History of Thai Alphabets"，Bangkok，1925，p.138。
2　谢远章：《泰傣学研究六十年》，第 139 页。

大殿后面、清曼寺及南邦銮拍塔寺的碑铭上发现了法堪文的铭文，现已基本失传。[1]

分析兰那文的传承与法堪文最终失传的原因，佛教的宣扬和推广是一个非常重要的因素。兰那文作为兰那和兰那以北地区佛教传承的重要载体，被人们用于抄录佛经，记载重要佛事活动，甚至用来记载地方志，并且大部分被刻写于贝叶之上。也就是说，兰那文字是用来记录佛经和重要事件的。对于佛教社会而言，佛经是人们文化生活当中最重要的部分。这些佛教文化的经典之作大部分被人们供奉给了佛寺，因此它们多被储存于佛寺、王宫及贵族家中。傣－泰民族对佛教的虔诚信仰是兰那文字得以保存、传承下来的重要原因。而法堪文又被人们称为世俗体，并不被广泛运用于佛教的传播中，因此其受重视程度远不及兰那文字。这也是其最终没能够保存、传承下来的重要原因。兰那文字的创造，使得泰庸人在文化上普及了识字教育，有了文字以后，必然对泰庸人文化、教育、社会发展及社会治理的改进等方面起到促进、推动的作用。兰那文字的产生，还是兰那佛教文化正式形成的重要标志。

南传佛教传入兰那后，其教义中的"法王思想"为统治者提供了完整的话语权与道德体系。国王必须是佛教忠实的拥护者，其正统性也必须经过僧伽的认可。国王必须具备十种职责与品德，具体包括布施、持戒、断舍、正直、调柔、苦行、无嗔、不害、忍辱、不违逆，被称为"十王道"或十王法，巴利文为 Dassavidha-rajadhamma。《小部》《佛本生经》中，佛陀曾作有关十王法的偈颂，阐释过这十种职责与品德。[2] 北部许多重要编年史当中记载了各位国

1　来自 2018 年 7 月对南邦大佛塔寺僧侣巴扎帕功的采访。

2　金勇：《以国王为元首的民主制：当代"泰式民主"的文化建构》，东南亚社会与文化研讨会会议论文，2018 年，第 53 页。

王的品行，"芒莱王初持五戒后持八戒，行十王道；帕裕王，行十王道，受世人爱戴……"[1] 当佛教在兰那社会得到全面发展和繁荣时，受佛教的影响，从披耶格那时起，对国王道德伦理的诠释中，又增添了一些佛教教义中的思想。这主要体现在与国王有关的"德品思想"[2] 的观念当中。

"德品思想"强调国王必须是仁厚之人，并且必须是举国上下最具功德的人。国王应该具备佛教教义中的优良品德，必须是最坚定的佛教捍卫者。国王有义务振兴佛教，推动并弘扬佛法。受此思想的影响，芒莱王朝在佛教发展很繁荣的时期，有许多位国王曾出家为僧，并大规模修建佛教寺院。清迈的重要佛寺都是兰那国王所建。除此之外，国王还建立新教派、结集三藏经。如格那王时期创建了花园寺派，三纺更王时期创建了红林寺派。三界王时代还组织了三藏经的结集。披耶盖尔王时期鼓励僧伽大量编著佛教文学，是佛教文学的黄金时期，在该时期国王延请了许多精通巴利文的僧人刻写贝叶经，其中除了三藏经典、佛教文学作品外，还有很多法典。

"德品思想"始终贯穿于兰那国王的政治统治当中。如果有国王不具备"德品思想"中所规定的宗教道德修养，臣僚就能以此为借口将其废黜。

佛教还起到了巩固和加强统治者政权的作用。在兰那社会接受佛教之后，每一次佛教的弘扬和传播都是在统治者的授意下进行的，佛教通过统治者得到了传播和发展，同时，统治者也通过佛教来巩固和加强封建领主制度，并扩张领土，促进国家的统一。各级

1　〔泰〕阿伦腊·维先考：《从泰北贝叶经中探析曼谷王朝初期的兰那社会》，博士学位论文，朱拉隆功大学，1977，第 105 页。

2　德品思想，也被一些学者解释为佛教八正道的具体表现形式。

封建领主皆与佛教关系密切，在某些时期，佛教僧侣甚至对国家、政权的稳定也发挥着重要的作用。佛教与泰庸人社会政治的相互"联姻"，形成了兰那社会政教合一的统治制度。

佛教中的各种戒律还为兰那的法律、法典构建了基本的框架和基础，为法律的制定和执行提供了重要依据，成为统治者统治人民的依据和准则。兰那著名的《芒莱法典》，除了习惯法以外，就是以佛教戒律作为法典最主要的准则与依据。例如对世俗犯邪淫戒的相关惩罚，"女子犯邪淫戒，其夫手刃奸夫未致死者，不予追究，犯邪淫之女子被逐出夫家，并判流放外勐，男子亦同"。[1] 一系列的世俗众刑罚也是参照戒律制定的，如死刑、有期徒刑或无期徒刑、流放、罚款、变卖为奴等，[2] 分别参照对应了比丘戒律中的巴拉基格、桑喀地谢思、土喇吒亚、巴吉帝亚等。[3]《芒莱法典》作为兰那的重要法典被刻写于贝叶经中，不仅流传于泰北，还随着佛教的传播传到了周边地区。如西双版纳就在很长一段时间内以《芒莱法典》作为当地重要的法律依据。

在民间层面，佛教逐渐渗透到兰那生产、生活的各个方面，成

1　〔泰〕布拉塞·乃那空:《芒莱法典》，第117页。

2　〔泰〕玉萍·柯木:《兰那社会的僧团与政治（1411~1558年）》，第166~167页。

3　巴拉基格（parajika），汉传佛教音译为波罗夷，意为已被打败或失败，是重罪，不可忏悔之罪。例如巴拉基格学处的第二条为"不与取"，假如一个比库企图偷取他人的贵重物品，并且偷盗成功，即犯此罪。第三条为"故意杀人"，若比库故意杀人，并且受害者因此死亡，即犯此罪。
桑喀地谢思（sanghadisesa），汉译为僧残，可忏悔之罪。例如做媒、建大住所、分裂僧团等。意为犯了此一类学处的比库，对其罪的处理过程自始至终须由僧团来执行。违犯此罪者须坦白其罪，并经僧团一系列处分后才能恢复清净。
土喇吒亚（thullaccaya），汉译为偷兰罪，一般指犯巴拉基格、桑喀地谢思罪而未遂。
巴吉帝亚（pacittiya），汉译为波逸提罪，意为令心堕落。例如妄语、辱骂、离间比库等。违犯这一类学处者，只需向一位比库坦白忏罪即可。参见玛欣德尊者《比库巴帝摩卡》，第23~32页。

为全民性的宗教。泰庸人一生中的不同阶段都与佛教相关联，带有很浓重的宗教色彩。在兰那社会中，人出生后就会请僧侣取名，生病时除了供奉鬼神还要拜佛，盖新房也会请僧侣来诵经。人们从小就跟随父母礼佛，聆听诵经，并参加佛寺活动，男孩到了七八岁的时候，父母还要送他们入寺出家。另外，泰庸人生活中很重要的一些环节如婚丧嫁娶及各种吉祥仪式都离不开佛教，一年当中还有很多与佛教相关的宗教节日、仪式，每个地方的人都会去参加，经济收入中有很大一部分也用于佛教。[1] 所有这些人们认为能够获得超自然力的仪式都是双向的。从做布施的信众来看，他们获得了功德，这是举行仪式的主要目的；就接受布施的僧伽而言，他们受到物质供养，由于其与佛祖的特殊关系，才有可能产生精神性的功德报偿，最终改善布施人的善业积累，也改变他们在来生的道德位置。所有向僧伽做供养的宗教仪式都遵循一种套路而发挥作用，无论是日常每天上午向僧人施食还是雨安居结束后供养僧衣。基本功能与宗教原则是一致的，功德之所以发生，与上座部的宇宙论原则相关。这一套宗教哲学表现在大多数群众的日常生活中。[2]

　　佛寺不仅是宗教场所，还是重要的教育机构。佛寺教育在兰那社会文化教育方面有着不可替代的作用。古代泰北仅有男子出家后有机会接受佛寺教育，他们在佛寺除了识文断字和学习佛经、修行方法外，部分人根据各自戒师所具备的能力，还能够学到占星术、医术或巫术。僧人出家舍戒还俗后，在泰北被称为康南（khannan）。康南这一群体，由于在佛寺接受过宗教文化教育，成了泰北社会的知识分子或地方精英，在社会上颇受尊重。若修行时间长的僧人，

1　方英美：《兰那傣仂织锦工艺的传承与发展》，博士学位论文，云南大学，2010，第 26 页。
2　宋立道：《从印度佛教到泰国佛教》，第 156~157 页。

受比丘戒，且戒腊超过十年之后还俗，还俗后又在佛寺协助住持打理寺务，参与佛寺管理、组织信众进行佛事活动，并在佛教仪式中做主持的，则被称为布占（puchan）。布占的社会地位比康南更高。他们不但是社会的精英阶层，更是连接神圣与世俗的重要纽带。

另外，佛教的传入还使泰庸人在保持原始宗教道德观念的基础上逐渐接受佛教伦理的道德观念。佛教利用文学作品、佛寺壁画的形式传道说法，人们常去诵经礼佛，各种佛经故事耳熟能详，通过故事这样的口头文学方式，以及佛寺中的壁画和民间说唱等形式，蕴含功德善恶的故事深入人心。佛经故事曲折生动，既有宗教意义的渲染，又有道德训谕，循循善诱，家喻户晓，深深地触动人们的心灵，使人们有更多的机会接受宗教道德的熏陶。劝人为善的观念深入人心，使得泰北一带的人们逐渐形成了一种乐善好施的传统。佛教中的戒律观，使人们通过自身的学习和修持，戒除、脱离各种邪念、恶语、劣行，净化心灵，让人们洁身自好，使人与人之间的关系更加和谐，成为支配人们生活的重要精神力量。在佛法具体化的弘扬过程中，鬼神观念、功德观同佛教宇宙观紧密结合在一起，在日常生活中支配着群众的道德行为，也支配了他们的人生目标和经济行为。

经济生活方面，佛教对人们的影响也是较大的。由于佛教得到统治者的支持，与统治者关系紧密，各大小封建领主都对佛教给予经济上的支持。如各地的召勐有义务将土地及农奴捐赠给佛寺，佛寺可以将获得的土地交给寺奴耕种，并从中获利。捐赠给佛寺的土地，国王及各级召勐无权再收取地租；贵族们将所得赋税、徭役捐赠给寺院，所以寺院拥有可观的财富和充足的劳力。另外，佛寺的建造、修缮及各种佛教活动，僧侣的日常用度，都是由世俗群众供给的。一些王都及周边勐的著名寺院尤其是皇家寺院，由于供养丰厚，非常富有。在和平年代或经济繁盛的时期，社会经济能够支撑因佛教供养产生的庞大开销。然而在东南亚古代社会中，人口是最宝贵的财富，其价值远超过土地及其他物质财富，因为受佛教布施波罗蜜功德观的影响，各级统治者通过供养的方式将自身的农奴大量供养给寺院为寺奴。农奴一旦变成寺奴，便可免除原先对国家的一切义务，如耕种、缴税、服役，他们只需承担佛寺的修造工作或杂务。许多农奴为了摆脱原有奴籍而自行拖家带口投奔佛寺成为寺奴，农奴主人也无法干涉。这种投奔佛寺为寺奴的现象在战争时期尤为常见，宗教的庇护使本应服务于国家农业生产与军事作战的人口锐减，破坏了社会生产力，更影响了抵御外敌的军事力量。同时，大量捐献给佛寺的土地无法再创造财富，导致国家经济衰退，这也是兰那王国发展至鼎盛时期，佛教同步繁盛，而最终却由盛转衰的重要原因。

在建筑方面，泰庸人的建筑风格也因为接纳佛教文化而发生了很大的变化。兰那的建筑群已经几乎全是佛教建筑艺术的风格。泰

图2-10　素贴山双龙寺佛塔　　图2-11　南奔哈里奔猜大佛塔
（笔者摄于双龙寺）　　　　（笔者摄于南奔大佛塔寺）

北的佛塔 11 世纪受蒲甘风格以及伴随而来的印度"波罗"风格影响，在接触了哈里奔猜佛教文化之后，在佛塔的建筑风格上，还融合了堕罗钵底孟人文化的因素，呈现出一种多元和混合的风格。其具体特点为，多数为单塔，高基座、小覆钵，塔身与塔刹之间界线清晰，覆钵为长钟形变体，塔身为数个相似形体的叠置，塔身与基座之间界线不很清晰。在泰北，转变为塔身的基座，构成了这样的形体，与其他地方有着显著的不同。[1] 因此，佛教的传入还推动了兰那建筑学的发展。

1　王晓帆:《中国西南边境及相关地区南传上座部佛塔研究》，博士学位论文，同济大学，2006，第 101~102 页。

哈里奔猜大佛塔

พระนางจามเทวี

南奔佛寺女王塑像

哈里奔猜孟人佛像

七塔寺

骨窣塔寺

花园寺

红林寺

大佛塔寺

栋衮寺

帕信寺大殿佛像

帕信寺壁画（一）

帕信寺壁画（二）

帕信寺壁画（三）

帕信寺贝叶经

向阳寺路标

三王纪念塑像

中通佛塔寺

向阳寺象征八正道的雕塑

南奔佛陀圣迹寺佛殿

南奔佛陀圣迹寺那迦台阶

ครูบาพละปัญญา อรัญญวาสี
(ครูบากึ๋งห้า)
ผู้บูรณะพระพุทธรูปเจ้าตนหลวง

南奔碧眼佛寺内祛巴格玛真身像

祜巴西维猜所刻贝叶经经柜

清堪县傣泐人缝制袈裟仪式

第三章　泰北佛教的变迁

　　兰那王国在 16 世纪中叶之后，由于国力衰弱、外敌入侵，沦为缅甸的附庸国，兰那佛教也随之逐渐衰弱，发展缓慢。后来兰那泰庸人为了复国不得不依赖中部泰人的力量，而成了中部泰人暹罗曼谷王朝的藩属国。时至 19 世纪末，面临殖民主义入侵的曼谷王朝为了稳定边疆，建立统一的国家，推行了一系列的改革，最终将兰那纳入暹罗的版图。在改革的一系列举措中，曼谷王朝对泰北推行的僧伽制度改革，结束了兰那佛教多元宗派百花齐放的局面，将其纳入统一的两大宗派——法宗派与大众派的管辖之下。兰那佛教史上最重要的宗派孟人宗派、花园寺派与红林寺派，也在暹罗对兰那的佛教改革中退出了历史舞台。

兰那王国的衰亡与缅甸统治下的泰北佛教

1526 年披耶盖尔故后，泰庸人在经历了 100 多年的繁华之后，在内忧外患中走向了衰落。与此同时，他们的邻国东吁王朝迅速崛起，兰那最终沦为缅甸的附庸国，从此进入了缅甸统治兰那的时代，一直到 1774 年。在沦为缅甸附庸期间，泰庸人从未停止过对缅甸的反抗，但都以失败告终。最后他们与中部泰人结盟，才获得了独立，同时兰那也逐渐成了暹罗的藩属国。

（一）东吁王朝的崛起与兰那古国的灭亡

在兰那逐渐走向衰亡之际，缅甸的东吁国在缅甸大分裂时期远离战乱，休养生息，增强国力，最终统一了缅甸，并将势力扩张到周边的国家和地区。他们以东吁作为基地，积蓄力量，发奋图强，使缅甸的国力又强盛起来。他们不但统一了整个缅甸，而且建立了一个缅甸历史上空前绝后、无可匹敌的最强大的国家。东吁王朝的疆域是缅甸历史上最广阔的。[1]

13 世纪末（1287 年），缅甸辉煌一时的蒲甘王朝灭亡，此后缅甸进入大分裂时期。缅甸北部形成掸族统治的以阿瓦城（今曼德勒附近）为中心的阿瓦王国，而南部则形成孟人统治的以白古（今勃固）为中心的白古王国。从 1386 年到 1425 年，两国不断发生冲突，史称"四十年战争"。白古和阿瓦两国，由于四十年战争的破坏，国力已被削弱，不断受到外国的进攻，国王一再更迭，已经到

1　〔缅〕波巴信：《缅甸史》，陈炎译，商务印书馆，1965，第 73 页。

了濒临灭亡的境地。在四十年战争中，由于新的民族向南迁徙造成的威胁，孟人大量向南奔走，在缅甸中部的人就迁徙到战线以外的西汤河流域居住，并建立了东吁王朝。掸族统治阿瓦后，缅族不堪忍受其压迫，纷纷移居东吁。四十年战争时，东吁远离战区，未遭到战争破坏，成为缅族逃离战争和灾荒的避难所，因而人口不断增长，势力也不断壮大。同样，附属于明朝的孟养和木邦也趁阿瓦参与缅甸内战而实力削弱之机发展自己的势力。

第一个缅甸王国是蒲甘王朝，蒲甘王朝衰落之后，1539~1600年缅甸完成了第二次统一，建立了强大的东吁王朝，被称为"第二个缅甸王国"。

约在蒲甘未灭亡前 20 年，部分缅甸人在今东吁城的一座山旁开始修建旧东吁城。元军进攻蒲甘时，有些缅甸人就从蒲甘逃往东吁避难。当木邦掸族进攻实阶和邦牙时，又有很多居民从这些地区移居东吁。东吁统治者非常优待这些移居来的人民，并给予种种帮助。因此，东吁对于饱受战争灾难的上缅甸人民来说，无疑是一个很好的避难所。

正因为这样，东吁的力量逐渐壮大。尤其突出的一点，就是人口的增加。对人口的占有，在那个时代的国家发展当中是一个极为重要的因素。由于人口的不断增加，东吁在军事、政治及农业经济发展方面，涌现出许多具备卓越才能的人物。力量强大的东吁逐渐成为王国的首都，但执政的国王仍受阿瓦势力的控制。

在四十年战争中，上下缅甸交战，所采取的进军路线都在伊洛瓦底江流域。只有少数兵力有时从西汤河流域而下。当时交通往来很困难，勃固山一面发生的军事行动，就丝毫不会影响该山另一面的地区。由于东吁位于西汤河流域的中部，正好能避免遭受四十年战争的破坏。当其他国家正遭受战争的摧残时，东吁却能和平繁荣地强盛起来。

在整个四十年战争期间，虽然东吁是阿瓦的附属国，但阿瓦很重视东吁。阿瓦的国王时常更迭，政权基础很不稳固，而东吁却能经常巩固和增强自身的力量。东吁很重视与阿瓦的关系，并用最亲善的方式与其相处。此外，东吁虽然受阿瓦国王的统治，但和阿瓦的敌人——白古也结成同盟，并建立了很友好的关系。这样，东吁解除了外患。

东吁位于西汤河流域的平原地区，在北方与包括彬文那、任尾申等在内的控制水源的五个县毗邻。此外，它又与北方的般兰、沙孟和修祗河等流域，即叫栖地区[1]相连。明吉逾执政时期（1486~1531）正值东吁国的实力逐渐强盛之际，阿瓦国的国力已经开始衰弱，于是东吁就向北方和自己毗连的地区进攻，并逐渐占领了这些地区。东吁先占领了北部控制水源的五县，然后又占领了良渊、密铁拉和英杜等邻近地区。

叫栖地区被称为谷仓十一县（现在称九县），其经济力量非常强大，而控制水源的五县，在农业方面是十分重要的耕种区，所以该地的经济实力非常雄厚。

阿瓦在东吁国王明吉逾执政时，已处于衰落时期，不断遭到掸邦各地封建势力的攻击。[2]阿瓦国王瑞难乔信忌惮东吁逐渐强大的国力，同时又亟须东吁的帮助，于是将自己的女儿嫁给明吉逾，并把谷仓十一县地区作为陪嫁礼品，赠送给女儿和女婿。这样，上缅甸的叫栖地区被东吁占有，东吁的经济实力倍增。雄厚的经济实力为东吁后来的继承者建立统一强大的国家准备了必要的条件。

---

1 叫栖地区，也被译作皎克西地区。

2 贺圣达：《缅甸史》，人民出版社，1992，第101页。

　　1531 年，明吉逾逝世后其子莽瑞体继位。莽瑞体执政初期，缅甸还处于四分五裂的割据状态。在上缅甸，有以阿瓦为首都的阿瓦王国；在下缅甸，有以白古为首都的白古王国；有以谬汉为都城的阿拉干王国，东吁王国；另外还有实力弱小的卑谬小国。中世纪时期，缅甸最重要的贸易中心就是下缅甸地区的勃生、白古、马都八等海港城市，欧洲一些国家、南印度以及中国等地的商人到这些城市来进行贸易，海上贸易的发展使下缅甸日益富庶和繁荣。在这样的背景下，莽瑞体首先致力于下缅甸的统一。

　　他即位五年后，就开始征服富庶的白古地区，用了三年的时间攻占了白古。当他战胜白古之后，非常注重孟人和缅人的团结，由于孟人是下缅甸最重要的民族，莽瑞体对孟人从来不采取民族压迫政策。虽然他征服了孟人各邦，却任用当地首领来进行“自治”。宫廷中参与国家事务的臣僚和官吏中，孟人和缅人几乎各占一半。他给予孟人很多权力。因此，在战胜白古之后，莽瑞体受到孟人和缅人的一致拥护，许多孟人和缅人参加了莽瑞体的军队。[1] 后来莽瑞体率领的孟人和缅人大军又攻陷了马都八，接着毛淡棉等城市也被征服了。莽瑞体与其乳母之子及妹夫莽应龙在下缅甸取得了胜利之后，就统率大军沿伊洛瓦底江流域向北部地区进军，并统一了许多地区。后来又准备攻打卑谬，因为攻占了卑谬就打开了通向缅甸中部的大门。在攻陷卑谬以后，莽瑞体又平息了一场卑谬发动的反叛。这次反叛是阿瓦的掸族统治者跟掸邦的六个土司结盟以后联合发动的。在葡萄牙炮手的帮助下，[2] 莽瑞体取得了决定性的胜利。随后，他推进到敏巫县和敏建县境内，占领了整个国家。但是莽瑞体

1　〔缅〕波巴信：《缅甸史》，第 73 页。

2　葡萄牙雇佣兵在 16 世纪时已经到达东南亚，他们有自己的火炮，如果谁给他们高额佣金，他们就去为谁服务。转引自〔缅〕波巴信《缅甸史》，第 80 页。

没有继续攻击阿瓦，而是于 1546 年回到白古，在那里按照缅族和孟人的仪式举行了加冕典礼。[1] 在莽瑞体 35 岁时，孟人旧王朝的一位亲王叛变，当莽应龙去平定这次叛乱时，孟人王室的另一位成员斯弥修都谋杀了莽瑞体。莽瑞体死后，他的国家又陷入混乱、分裂的状态当中。一位孟人领袖在白古称王，进行统治；另一位孟人领袖在马都八积蓄力量，东吁和卑谬的缅人首领们拒不承认莽应龙的权力，但是莽应龙一心要继承东吁王位。

他在达拉积蓄力量之后占领了东吁，继而占领卑谬。白古为了摧毁莽应龙的力量，袭击了东吁。莽应龙为了保护东吁，军队未抵阿瓦即撤兵返回。当东吁危机解决之后，1551 年，他带领一支由缅人、孟人以及葡萄牙人组成的军队重新征服了白古，并在白古举行了隆重的加冕典礼。在追击白古国王斯弥陶的过程中，莽应龙的军队乘胜占领了伊洛瓦底江三角洲上的勃生、渺眇等地区，后来又继续追击直到东部的直通地区，直通地区随即落入了莽应龙的手中。

统一下缅甸并使其秩序安定以后，莽应龙就向上缅甸进军，将其并入自己的领地。1554 年，他战胜了阿瓦，将阿瓦国王悉都乔丁流放至下缅甸的白古。在莽瑞体死后的四年中，由于莽应龙和他的军队南征北战，北自瑞帽南至毛淡棉的伊洛瓦底江流域，西汤河流域，以及萨尔温江的出海口等地区都被统一。在统一了这些地区之后，莽应龙花了两年时间积蓄力量，继续向缅甸北部各邦进军，并一一将其攻占，[2] 这些地区都被置于东吁王朝的统治之下，蒲甘王朝瓦解以来的分裂局面基本结束。

莽应龙在基本统一缅甸后即发动对外战争。1556 年，他又吞并

1　〔英〕霍尔:《东南亚史》，中山大学东南亚历史研究所译，商务印书馆，1982，第 330 页。

2　〔缅〕波巴信:《缅甸史》，第 73 页。

了缅甸北部的孟养、孟拱、杰沙、八莫和戛里等邦以及掸邦北部孟密、锡箔、宋砌等原本属于中国的土司地区。

中世纪末期，葡萄牙人在欧洲开展的印度洋贸易中处于领导地位，在欧洲各国中，最早在印度洋和现东印度群岛地区垄断贸易权的国家就是葡萄牙。在东方的海洋中，葡萄牙人无论在作战方面还是在驾驶船舶方面都超过了摩尔人，而且他们的船只本身在各方面也比阿拉伯人的船只更优异。在葡萄牙人绕航好望角之前，经济的动因便已经开始与宗教的动因同时存在了；而由于贸易和殖民化意识的加强，中世纪宗教战争的观念逐渐被削弱。基于对经济利益的向往，葡萄牙人主要考虑的是要从香料贸易中获取巨额利润。除了从香料贸易中获得巨额利润外，许多葡萄牙人还在东南亚许多地区的君主国军队中充当雇佣兵。[1]葡萄牙人在军中服务，主要是为了获取高额的佣金。在阿拉干和暹罗，也有葡萄牙人在军中服务。缅甸和阿拉干及暹罗发生战争时，雇用了大批的葡萄牙人参战，暹罗和阿拉干也会利用葡萄牙人对缅甸作战。

从莽瑞体统治时期开始，葡萄牙人在缅甸军队中就起到了很大的作用。许多战役是在葡萄牙雇佣兵的协助下完成的。在莽瑞体麾下，一次曾有 700 名葡萄牙人充当卫队，并由一个葡萄牙的亡命徒凯伊鲁充任队长，这支装备有枪炮且好战的队伍，全力帮助莽瑞体四处征战。[2]

当莽瑞体被杀后，莽应龙依赖葡萄牙人罗狄哥的葡萄牙武装队伍才取得了王位。莽应龙对外国商人的利益加以保护，对他们平等相待。外国人很信赖莽应龙，葡萄牙枪兵和炮兵在莽应龙取得胜利

1　〔英〕霍尔:《东南亚史》，第 301~302 页。

2　江应樑:《傣族史》，第 375~376 页。

的许多战役中起到了很大的作用。因此，东吁王朝统一缅甸的过程
当中，得到了葡萄牙雇佣兵的协助，获得先进的武器装备和军队，
这对军事征服有重要的意义。

在缅甸东吁王朝四处扩张领土，统一王国崛起的同时，兰那
王国却迅速走向衰落，最终灭亡，沦为缅甸的附庸。从披耶盖尔
过世披耶格色他腊继位（1526）一直到沦为缅甸的附庸（1558），
在32年的时间当中，兰那王国甚至出现了四年国无君主的状况
（1548~1551）。导致兰那衰亡的原因可以分为内因和外因，其内因
具体可以从政治、经济、人口三方面进行分析。

（1）政治原因。兰那的根本政治制度为勐制，这种依赖血缘分
封作为政治制度的社会，有着极大的弊端，国家政权相对集中、绝
对分散，不可能建立起健全的官僚制度，国王的王权主要依赖于王
亲贵胄及权臣。国家没有类似中央集权制度来约束权臣日益膨胀
的权力，最终导致臣僚与国王之间及臣僚相互之间的矛盾冲突。另
外，清迈的贸易发展也是权臣尤其是王都内的权臣积蓄力量的最好
机会，他们通过收取经商贸易中的手续费，为自己谋私利，更为自
己的权力扩张在经济上提供了坚强的后盾。[1]

1526~1558年，兰那内部出现了君臣之间相互争夺权力的现象，
臣僚之间也出现了朋党之争，分裂为许多派别。国王的王权衰落到
了极致，臣僚的权力要比国王大，甚至可以按照自己的意愿扶持或
废黜国王。这种现象的出现，也和勐制的根本特征是分不开的。

兰那王披耶格色他腊继位后经历了两个阶段，第一个阶段为
1526~1534年。在第一个阶段，兰那总体情况还是趋于稳定的，王
权也较为稳固。前八年国家的稳定和王权的稳固来自僧团及太王太

---

1 〔泰〕拉达婉·赛肖:《缅甸统治兰那的200年》，朱拉图书出版社，2002，第57页。

后玛哈黛维娘本内统治集团的支持。两大集团都是从披耶盖尔时期就延续下来的强势集团。披耶格色他腊继位后继承披耶盖尔的遗愿扶持佛教、弘扬佛法，并且大力支持新锡兰教派（红林寺派），亲自到七塔寺出家，册封红林寺派高僧为僧王，因此得到了众僧侣的支持。《胜者时鬘》中记载："披耶格色他腊继位两年间弘扬佛法，是位具有德品的国王……"[1]

在第一个阶段里，披耶格色他腊还获得了太王太后玛哈黛维娘本内的支持，早在披耶盖尔时期，玛哈黛维娘本内就有较大的政治影响力，她是披耶格色他腊的祖母，有着深厚的政治根基和广泛的权力关系网。她的扶持和庇护是使披耶格色他腊与各种政治势力之间达到平衡、王权得以稳定的重要原因。第二个阶段是 1534~1538 年。太王太后玛哈黛维娘本内 1534 年去世，她才去世不久，1535 年万户侯闷三兰（MenSamlan）就叛变了。[2] 第一个阶段披耶格色他腊王权较为稳固，在政治上也获得了其他国家的认可。南掌王曾经请求他将公主娘堪提下嫁给自己为后，通过联姻促成两国结盟，联手反抗阿瑜陀耶的北上扩张。1534 年之后，由于太王太后玛哈黛维娘本内去世，披耶格色他腊的王权动摇，国王与权臣之间的平衡被打破，权臣寻找借口很快废黜了披耶格色他腊并将其放逐到勐内（MuengNoi）。

1538 年，众臣扶持披耶格色他腊之子陶差登基为王。《哈里奔猜佛塔纪年》记载："陶差登基时仅 24 岁，有许多的儿女。登基不久后的五年，1543 年，全家就被权臣杀害……"[3] 在泰北历史中，陶差的死至今仍然是一个谜。陶差死后一部分大臣又只得请披耶格色

1　〔泰〕智宝尊者：《胜者时鬘》，第 163 页。

2　〔泰〕萨兰萨瓦迪·王素恭：《兰那历史》（第四次修订），第 175 页。

3　〔泰〕佚名：《哈里奔差佛塔的传说》，第 31 页。

他腊复位，但不到两年的时间，他也被权臣杀害。1545 年，兰那无国主，臣僚分裂为几派。各派势力集团争相拥护自己所扶持的王亲登位。[1] 分裂的局面导致了内战，有的势力集团中的臣僚为了取胜甚至借助了外邦力量。

在权力争夺中，臣僚主要分裂为三大派。第一派为盛考（SaengKhrao）派。以盛考为首的集团多为王都清迈的重臣，在杀害披耶格色他腊之后，他们请景栋王到清迈为王，被景栋王拒绝，随后又请勐乃王赴清迈为王。第二派为闷华可言（MengHuakhian）派。这派大臣与盛考派相互争斗，最后败退清迈，但不甘心。为了争夺权力，他们甚至从阿瑜陀耶搬来援兵，不惜借助阿瑜陀耶的力量攻打清迈。第三派为清盛派，由召勐清盛、召勐清莱、召勐南邦及召勐潘组成。第三派原为披耶格色他腊的王后玛哈黛维集拉博帕的党羽，他们联合起来成功清除了盛考派，然后将南掌王子帕差亚切塔请到清迈做兰那国王，因为南掌王子的母亲是清迈的公主。在南掌王子入主兰那前，众臣拥护王后玛哈黛维集拉博帕先登基为兰那王。1545~1546 年，当南掌王子帕差亚切塔到来之后，王后玛哈黛维集博帕将王位传给了他。玛哈黛维集拉博帕虽然统治兰那不过一年多，但这段时间是最重要的。因为在这期间，她领导兰那与阿瑜陀耶进行了一次大规模的战斗，使阿瑜陀耶企图占领兰那清迈的阴谋破产，兰那遂转危为安。在击退阿瑜陀耶军队的同年，1545 年，勐乃、勐勇汇掸族地区趁机举兵攻打清迈。在这次战争期间还发生了地震，兰那佛教的标志性建筑大佛塔等佛寺建筑损毁严重，使兰那国家内部产生了极大的混乱。幸好泰庸人在掸族内部有内

1　臣僚可以废立国王，却不能取代国王。能够登上王位之人一定要具备王室血统，这是兰那一直以来传承下来的传统。

线，及时传递敌情，适时地出击才使掸族军队撤退。玛哈黛维集拉博帕向南掌国王求援，请其出兵保卫清迈。南掌国当时正处于繁荣发展的时期，且和兰那有姻亲关系，南掌国王立即答应了兰那的请求。

兰那与南掌的联盟引起了阿瑜陀耶王的恐慌，他立即集结全国的军队挥师北上，于1546年第二次攻打清迈。这次战争中，阿瑜陀耶虽然攻破了南奔，但由于南掌的相助及泰庸人死守清迈，清迈最终没有被攻破。阿瑜陀耶在这次战争中又成了失败者。在战争结束后，南掌王帕召菩提散腊因保卫兰那有功，受到了兰那举国上下的推崇，人们请求将南掌王子立为兰那国王，玛哈黛维集拉博帕遂将王位传给了南掌王子帕差亚切塔。

帕差亚切塔于1527~1546年统治兰那，但南掌王帕召菩提散腊忽然去世，帕差亚切塔只能回南掌继承王位，他走时还带走了玛哈黛维集拉博帕和玉佛。[1] 帕差亚切塔走后，兰那又陷入国无君主的状态。这期间，清迈发生内战，各派臣僚相互争斗，最后众臣见帕差亚切塔回国只得请勐乃的一位亲王陶梅库（ThaoMeku，也称披耶梅库）到兰那为王。陶梅库的继位在帕差亚切塔看来不合礼法，因此在1555年他举兵攻打清盛，反对陶梅库。另外，陶梅库继位之后，为了培植自己的亲信，任用勐乃的臣僚为重臣，削弱了兰那权臣的权力，引起了兰那当地臣僚的不满。群臣认为他任用异族（掸族）的臣僚违背泰庸人的传统，会触犯鬼神，造成国家灭亡。[2] 陶梅库与兰那臣僚的矛盾加剧了国家的动荡。

另外，由于陶梅库与勐乃王关系密切，每当一方有战争，另一

1　〔泰〕萨兰萨瓦迪·王素恭:《兰那历史》（第四次修订），第175页。

2　〔泰〕阿伦腊·维先考:《清迈纪年》，第6页。

方一定会出兵相助。1555 年，帕差亚切塔因对陶梅库不满而攻打清盛时，勐乃就集结兵力与琅勃拉邦的军队在清盛激战。1557 年，勐乃被莽应龙围攻时，请求陶梅库援助兵力及武器。两地因结盟相互出兵援助对方，反而招致缅甸东吁王朝的进攻。[1]

（2）经济原因。芒莱王朝末期由于政治动乱、外敌入侵，国家动荡不安，经济严重衰退。从王都外勐所征收的税收也比从前减少了很多，国库空虚。而兰那经济衰退的时期却是东南亚经济贸易蓬勃发展的时期（1405~1630）。兰那经济何以未得其惠而反受其累？分析原因，可能是各国商人在东南亚地区的贸易，在一定程度上带动了兰那的对外贸易，由于对外贸易中的巨大经济利益，国王及臣僚之间为争夺经济利益在政治上相互争权。这种权力争夺从披耶盖尔时期就已经开始了。政治上的分裂，最终阻碍了国家经济的发展，进一步导致兰那国家经济的衰退。

另外，玛哈黛维集拉博帕执政期间，兰那曾遭受过两次外敌入侵，即阿瑜陀耶军队及掸族军队的入侵。外敌的入侵，也极大地破坏了国家的经济。16 世纪中后期，兰那国家动荡，遭受内忧外患，通货膨胀严重，最终导致国家经济全面崩溃。整个国家变得不堪一击，莽应龙 1558 年举兵攻打清迈时，只用了 3 天时间就占领了清迈。[2]

（3）人口原因。人口对古代国家的发展有着重大的作用，有时候国与国之间战争的主要目的就是从其他国家掳掠人口到自己国家以补充本国匮乏的劳动力。兰那的土地相对于其所拥有的人口是过剩的，所以土地的重要性远不及人口。在整个芒莱王朝时期，有两

1　〔泰〕阿伦腊·维先考：《清迈纪年》，第 92 页。

2　〔泰〕萨兰萨瓦迪·王素恭：《兰那历史》（第四次修订），第 175 页。

个阶段由于战争的原因征用了大量的人力。第一个阶段是芒莱王时期，曾征兵 722000 人。[1] 第二个阶段是三纺更王时期，征兵 350000人。这两个阶段虽然征用了大量人力，但人口损失不多，这主要是因为在取得战争胜利的同时，还从别的地区掳掠人口来补充本国的人口。[2]

真正造成兰那人口大量损失是从披耶盖尔统治后期开始的，兰那与周边地区的战争导致兰那人口大量减少。1524 年，清迈发生了水患，大量人口死亡。玛哈黛维集拉博帕执政期间，又遭受两次外敌入侵，掸族还经常到谷河流域的清盛、清莱一带劫掠人口、洗劫城池，使得兰那王国原已稀少的人口越来越少。战争及自然灾害使兰那国内人口大量损失。兰那王国本就多山区，可耕种的土地不多，比起中部湄南河流域平原地区来说，不容易谋生，人口也要比湄南河流域平原少得多，再加上战争、天灾等原因，使得人口严重缺失的兰那在芒莱王朝末期再也无力抵御强敌东吁王朝的进攻。

外因中，外敌的入侵是导致兰那迅速灭亡的重要原因。在兰那王国衰败的时期，邻近的国家借机进犯清迈。侵略兰那的主要有阿瑜陀耶和缅甸东吁王朝以及掸族的城邦小国。阿瑜陀耶与缅甸拥有重要的港口城市。1405~1630 年是东南亚海上贸易蓬勃发展的时期。海上贸易的扩展，使这些港口城市日益富庶、繁荣。阿瑜陀耶和缅甸通过各自所拥有的重要港口城市为国家创造了大量财富，他们还获得了西方先进的产品，如火枪、火炮。除此之外，由于经济的发展，阿瑜陀耶和缅甸还有能力雇用葡萄牙人充当军中的雇佣兵为其对外侵略充当打手。阿瑜陀耶和缅甸所占有的这些对外优势，是身

1　〔泰〕阿伦腊·维先考：《清迈纪年》，第 37、58 页。
2　〔泰〕拉达婉·赛肖：《缅甸统治兰那的 200 年》，第 60 页。

处内陆地区的兰那王国所无法比拟的。

阿瑜陀耶的入侵。在兰那王国衰落时期（玛哈黛维集拉博帕执政期间）阿瑜陀耶就两次攻打清迈，以第二次攻击最为猛烈，几乎要将清迈毁灭。Ferdinand Mendes Pinto 曾在其笔记中写道："当时阿瑜陀耶军队有士兵 50 万人，战船 300 艘，战象 4000 头，用以搬运火枪的牛车就有 200 辆。"[1] 泰国的历史学家认为，这些数字可能过于夸张，但是足以证明当时阿瑜陀耶为了能一举攻下清迈几乎是倾全国之力了。在这次战役中，阿瑜陀耶还雇用了 120 个葡萄牙雇佣兵作为皇家卫队，并给他们提供高额佣金。在阿瑜陀耶对兰那发动的第二次战争中，虽然最后兰那军队守住了清迈，阿瑜陀耶是失败方，但他们只损失了一点兵力、马和战象，而兰那的损失是惨重的。"南奔陷落，百姓死伤无数，家家户户的门、墙上沾满了鲜血，包括佛寺在内也充满血腥。"[2]

泰掸族的入侵。1545 年，泰掸族区域内的城邦小国也趁兰那与阿瑜陀耶混战之际偷袭清迈。由于清迈防守牢固，勐乃和勐勇汇的军队企图挖开一段城墙以攻入城中，但未能成功，最后就纵火焚烧了清迈的军事堡垒旺萱朵（WiangSuandok），烧死了许多驻守在那里的兰那士兵后，才班师回朝。

缅甸的入侵。缅甸入侵兰那的原因有三。第一个原因是兰那介于阿瑜陀耶（暹罗）与西双版纳之间，和两地是唇齿关系，东吁王朝要想侵略西双版纳或者暹罗，必须先攻下兰那。也就是说，兰那是西双版纳和暹罗的门户，是抵御东吁王朝入侵的第一道防线，因

1　转引自 Aye Kyaw, "Burmese Sources for LanNa Thai History", *Journal of the Siam Society*, Vol. 73, Part 1~2, 1985, p. 241。

2　〔泰〕佚名：《古城的历史》，清迈大学，1989，第 155 页。

此，进攻兰那就成为东吁王朝侵略车里和攻占暹罗的前奏。[1] 缅甸曾经两次攻打阿瑜陀耶，后来发现只要先攻下了兰那，攻取阿瑜陀耶就容易多了。缅甸在攻打阿瑜陀耶时还可以将兰那作为其人力、物力的供应基地。第二个原因是兰那的中心清迈是内陆地区的商贸中心，攻下兰那之后，就可将清迈、清盛、景栋、景洪等地与下缅甸的港口城市白古连接起来，而外国商人所需要的森林产品也可通过这一线运达港口城市。第三个原因是兰那控制着掸邦的一部分领土作为其藩属。缅甸认为应该将这些地区纳入自己的版图，只要攻下了兰那，这些地区就属于缅甸了。[2]

1558 年，莽应龙举兵攻打兰那，攻陷其国都，俘虏了兰那国王披耶梅库，明朝的八百宣慰使司——兰那沦为了东吁王朝的附庸。《明史》载："嘉靖间，为缅所并，其酋避居景线，名小八百。自是朝贡遂不至。"[3]

缅甸东吁王朝在 30 多年的战争中，征服了相当于现在缅甸的大部分地区，侵占曼尼坡、中国云南和老挝的一部分领土，泰国的大部分领土，建立起缅甸历史上前所未有的，也是殖民统治以前中南半岛上最大的军事帝国，并把其首都建在了白古，历史学家称其为第一东吁帝国。[4]

综上所述，东吁王朝在经济方面不断积蓄力量发展壮大，在军事方面不断扩张，使得自身迅速崛起。在统一了缅甸的大部分地区之后，转而向其他国家和地区发动军事侵略。泰庸人的兰那王国就是被侵略的对象之一。兰那政治方面的弊端，导致国家在当时整个东南亚地区经济发展前景一片大好的情况下，反而走向衰落。政治

1　江应樑：《傣族史》，第 383 页。

2　〔泰〕萨兰萨瓦迪·王素恭：《兰那历史》（第四次修订），第 251 页。

3　《明史》卷 315《云南土司三·八百》，第 8163 页。

4　贺圣达：《缅甸史》，第 103 页。

制度上的弊端还引发了国内统治阶级之间的冲突和争斗，使国家陷入动荡不安的局面。局面的混乱导致周边邻近邦国趁乱入侵，国家迅速衰落，最终缅甸东吁王朝的入侵使得这个有过辉煌历史并对周边地区产生深远影响的王国在内忧外患当中灭亡了。

（二）缅甸统治下的泰北佛教

披耶盖尔过世后，披耶格色他腊仍然延续了前几位国王扶持佛教、起寺建塔的宗教政策，[1] 从而获得了兰那僧伽的支持，但由于兰那松散的政治制度，他在位期间，兰那政权开始全面衰落，对内面临王位争夺、权臣倾轧，对外面临外敌入侵。政权的衰落直接导致原本松散的僧伽制度分崩离析，各层僧伽领袖彻底丧失了对下层僧伽的控制。从 1526 年开始一直到 1558 年，兰那沦为缅甸属地，在此期间统治者自顾不暇，从统治阶层到平民百姓对佛教的支持与供养大幅减少，因此兰那佛教发展非常缓慢。

从 1558 年莽应龙攻占清迈开始一直到 1774 年兰那沦为缅甸附庸的 200 多年间，泰庸人再也无法建立如芒莱王朝一般独立、辉煌的国家。泰庸人依靠血缘分封制而建立起来的曾经依附于兰那以及与兰那有着松散关系的大小城邦，当兰那沦为缅甸附庸的那一刻也彻底地四分五裂了。兰那从前的王畿内勐及王畿外勐纷纷独立成了一些城邦小国，如难国、普仍国、南邦国、帕尧国等。

由于原兰那境内独立出了许多小的城邦国家，缅人不可能统治兰那全境。缅人对兰那泰庸人的统治又恢复到松散的城邦国家的格局当中。在缅甸统治兰那的 200 多年中，缅甸对兰那的政治统治可以分为两个阶段。

1　兰那古城内护城河畔古寺洛嘎牟尼寺就是在披耶格色他腊时期兴建的。

1. 第一阶段（1558~1664）

虽然莽应龙在短短十多年间用军事侵略的手段征服了许多领土，建立了庞大的军事帝国，但是这个强大的军事帝国的建立是凭借战争和军事征服，存在着许多无法克服的矛盾。这个貌似强大的军事帝国下面隐藏着动荡及分裂的危机。东吁王朝初期，莽应龙在全国各重要地区分封王室成员，通过血缘关系来统治全国各地，使藩王向其效忠。对于被征服地区，莽应龙则有一定的妥协。

兰那沦为缅甸属国之后，相当于缅甸的一个省，但是兰那距离缅甸政治中心太远，而且民族、语言与缅甸也不同。语言及文化方面的差异，使缅人不得不依照泰庸人的习俗来治理兰那。在征服兰那之后，莽应龙曾对泰庸人的习俗进行了询问，"将老人们集中在一起，询问他们治理泰庸人地盘的传统习俗……"[1]

莽应龙对兰那的统治政策，主要采取让泰庸人自治的方式，泰庸人原有的政治统治模式得以维系。缅人官员不参与兰那的管理，原来泰庸人的官员及各勐召勐只要承认莽应龙的统治，就可官居原职。被俘的末代兰那国王披耶梅库，也得以作为副王继续统治清迈。可见莽应龙有意要维持泰庸人原有的统治模式。但是兰那各地每年要向缅甸上缴赋税，并呈送大象、马匹、粮食。在战时还要为缅甸征募士兵协同作战，为缅甸提供物资供给。[2]1578 年，莽应龙命缅甸王子农他梅宋到清迈进行统治，为兰那副王，从此芒莱王室在兰那地区的统治宣告结束。[3]农他梅宋延续了其父对兰那实行自治

1　〔泰〕萨兰萨瓦迪·王素恭：《清盛纪年》，第 108 页。

2　〔泰〕萨兰萨瓦迪·王素恭：《兰那历史》（第四次修订），第 262 页。

3　Ni Ni Myint, "Victory Land for Golden Yun: A Queen and Her Poem", Proceedings of the 6th International Conference on Thai Studies, Chiang Mai 1296-1996: 700th Anniversary, pp.10-11.

的政策。

　　农他梅宋死后，缅甸良渊王国国王阿那毕隆于 1614 年举兵攻打兰那地区，[1] 开始了缅甸良渊王国对兰那的统治。兰那地区再度沦为缅甸的附庸。

　　良渊王国初期的统治，与以前东吁王朝对兰那的统治相比没有太大区别，仍然采取让泰庸人自治的方式，给予他们高度的自治权，并认可清迈作为兰那地区中心的统治地位，承认清迈王作为兰那藩王，可管辖其他地区的召勐。因此，良渊王国统治初期对泰庸人的统治是与东吁王朝非常相似的，以令其自治为主。

　　在第一阶段里，兰那虽已沦为缅甸藩属，佛教却得以缓慢发展。缅甸与兰那地区的人们都信仰南传上座部佛教。兰那在 13 世纪之前还受到过缅甸佛教文化的影响。缅甸与兰那具有相似的宗教文化特征。作为佛教的捍卫者，缅甸统治者也一直支持兰那地区的佛教。"莽应龙曾经向兰那地区捐赠佛像，并修葺清曼寺。他隆王曾经为兰那地区修缮在战争中被破坏的佛寺 ……"[2]

2. 第二阶段（1664~1774）

　　在第二阶段中，缅甸对兰那的统治政策及特征比起第一阶段要有很大的变化。第一阶段，兰那作为缅甸的附庸，缅人顾虑到泰庸人与缅人在民族、语言、文化方面差异较大，因此对泰庸人主要实行自治的方式，兰那地区的各召勐也有极大的自主权。第二阶段中，兰那逐渐被合并成了缅甸领土的一部分，缅人加强了对泰庸人的控制，通过直接向兰那地区派驻官员，与泰庸人共同统治兰那地区。缅甸官员官居要位，握有实权，而兰那泰庸人的官员皆在缅甸

1　〔泰〕拉达婉·赛肖:《缅甸统治兰那的 200 年》，第 86 页。
2　《兰那地方志会议论文集》第二本，1972，第 283~284 页。

官员的监督之下。另外，缅人还将清盛提升为兰那政治、经济的新中心。

长期的战乱及缅人对兰那地区疯狂的经济、人口掠夺，使兰那地区遭受了严重的破坏，不仅破坏了兰那地区人民的生产、生活，使经济遭受重创，还引起了泰庸人（包括拉瓦人在内）对缅人的坚决反抗。在第二阶段泰庸人对缅人的反抗中，反抗的队伍扩大了，不仅局限于统治阶层召勐、普通民众，僧侣也发起了对缅人的反抗，尤其是在缅甸统治兰那地区的最后四五十年间。

在反抗缅甸的过程中，兰那僧伽成了抗缅的中坚力量，发挥了重要的作用。18 世纪中期，僧人在抵抗中的作用越来越突出。1727年，勐阮（MuengYuam）的僧人太信（TebSing）领导泰庸人从清迈召勐（缅甸人）及军事将领芒勒腊（MangRela）手中夺回了清迈，占领清迈约 1 个月后，又被缅甸人镇压。太信逃离清迈，组织勐难的泰庸人共同抵抗缅甸侵略者，但最后失败。

南邦没有召勐，1732 年，南邦的僧人东奔那扬（DongBunNayang）依靠自己在佛教界的威望领导人民反抗缅甸统治者，遭到了陶玛哈约（ThaoMahayod）的武力镇压，最后牺牲，南邦陷入动荡混乱的局面当中。东奔那扬牺牲后，南邦充普寺的佛爷为了稳定南邦的混乱局面，扶持平民南提昌（NantibChang）为南邦召勐，领导人民继续反对缅人统治。

1761 年，清迈召勐召占（ChaoChan）退位，不愿继续统治清迈，清迈陷入群龙无首的局面当中。清迈杜昂迪（Duangdi）寺的僧侣依靠佛教在清迈大众当中的精神凝聚力，舍戒还俗暂时顶替清迈召勐，并领导清迈人民坚决反抗缅甸侵略者。[1]

1　〔泰〕萨兰萨瓦迪·王素恭:《兰那历史》（第四次修订），第 304 页。

　　从兰那王国开始衰落到缅甸统治兰那的 200 多年间，兰那僧伽制度濒临崩溃，佛寺各自为政，只有基层佛寺的戒师制还在发挥作用。由于兰那社会经济遭受重创，佛教界供养锐减，佛教发展滞缓，严重衰落，在此期间兰那再未涌现出著名的佛教文学作品或佛学大师。兰那原有的孟人宗派、花园寺派、红林寺派等主要宗派得以残存。战争期间的掳掠人口及民族之间的交错迁移，使兰那族群进一步多元化，催生了众多的地方宗派。除了原有的三大宗派之外，还产生了以族群不以修行方法为划分依据的各民族宗派，如掸族宗派、勐勇（傣泐）宗派等。另外还有一部分佛寺，由于寺中戒师擅长占星术、巫术、医术，或因禅修获得某些神通，便依据各自异能建立宗派。这些宗派，在兵荒马乱、民不聊生的战争年代，由于能够预知吉凶、治病救人、安抚人心，受到了民间的特别推崇，其威望甚至远远超过了传统饱学的佛学大师。泰北佛教民间宗派一时之间呈现百花齐放的局面。

曼谷王朝的兴起、发展与僧伽制度改革

　　18 世纪当兰那沦为缅甸附庸之际，泰境中部已历经了三个王朝的更迭。曼谷王朝的建立，开启了泰国历史上大一统的局面。拉玛一世到拉玛六世在内忧外患的局势中励精图治，力图借用佛教的力量加强封建中央集权统治，进行了一系列的僧伽制度改革，为稳固政权、统一国家起到了重要的作用。

（一）曼谷王朝的兴起、发展

1767 年 4 月，缅甸军队攻陷暹罗首都阿瑜陀耶，郑信奉命率军救援首都。[1] 在当地华商的支持下，他先收复了暹罗东南沿海地区，后挥师北上正式开启了驱逐缅军的战争，同年 11 月攻破吞武里。1768 年 1 月，郑信加冕为吞武里王。他用短短几个月时间将缅军驱逐出境，建立吞武里王朝，迁都吞武里，使暹罗获得独立。其后又逐步平定了各方的割据势力，并向老挝和柬埔寨扩张。1782 年，郑信被处死，吞武里王朝灭亡。其手下干将披耶却可里举行加冕礼，称拉玛一世，迁都曼谷，史称曼谷王朝。吞武里王朝存在时间虽短，却是泰国历史上的关键转折点。郑信驱缅复国，为维护暹罗的领土完整做出了重要贡献，也为曼谷王朝的兴起与发展奠定了重要的基础。

曼谷王朝初期基本沿袭了阿瑜陀耶王朝的中央行政组织形式，但又有所发展。拉玛一世即位后，极力恢复和发展封建中央集权政治制度和社会结构，首先确立了国王的无上权威。国王不仅是等级最高的统治者，还是国家的化身，反对国王就是叛国犯罪。国家的一切法律、命令要由国王颁布，全国的行政事务要以国王的名义进行，国家大事也需要国王亲自处理。[2] 国王及王室被奉若神明。中央设立了军务部、内务部、财政部、宫务部、农务部、政务部。除六部外，还设有宗教厅、皇家驯象厅、宫廷安全厅和国库，中央六部

1　郑信生于华人家庭，父亲是华人，母亲是泰国人。其父是权倾阿瑜陀耶朝野的财政大臣，他曾以官宦子弟的身份入宫担任御前侍卫，后被委任为达府军政长官，被称为披耶达信，《清实录》称其为披耶新。转引自段立生《泰国通史》，上海社会科学院出版社，2014，第 113 页。

2　段立生：《泰国通史》，第 133 页。

部长都由亲王担任。

全国行省分为四等，如洛坤、呵叻、彭世洛为一等省，甘烹碧和素可泰等为二等省，还有三等省和四等省。一等省和二等省指派亲王统治，三等省与四等省也多由王室成员或国王亲信任省督。省督掌管全省司法和行政大权，代表国王行使权力，同时又受到中央政府的严格监督，其势力相当于从前的召勐或藩王。拉玛一世为加强对省督的监督，还任命一批高级官员代表国王或副王协助省督处理地方事务。这些高级官员一般有较高的爵位，通常被任命为副省督、监察官或最高税务官。另外，国王还设有联络官，传递国王与地方官的信件和文书，负责中央与地方的联络，便于中央加强对地方的控制。一等省、二等省、三等省之下还分为若干府、县，府、县级官吏由省督任免。县以下的基层行政单位是村，由村长领导。这个时期对中央集权的加强，以及封建君主制度和社会秩序的重建，为社会经济发展提供了条件。[1]

（二）曼谷王朝初期的僧伽制度改革

吞武里王朝的郑信，曾经消灭彭世洛府一带佛教枋长老割据势力，整顿佛门，免去与缅军有所勾结的阿瑜陀耶僧王希长老的职务，又在僧王遴选的问题上处置不当，得罪了暹罗僧伽，宗教界对郑信政权的支持力度减弱，这是吞武里王朝迅速灭亡的原因之一。

曼谷王朝初期，为了巩固统治，拉玛一世对宗教尤为重视，力图借用宗教的力量巩固加强封建中央集权统治，通过佛教正统学说来论证其统治的合法性。他登基后不久就接连颁布了七个有关暹罗

1　段立生:《泰国通史》，第133~140页。

佛教的法令；对佛教职务进行调整，提高僧伽的佛教素养与道德修养，以恢复僧伽的权威。1788 年，在曼谷召开了由全国著名佛教僧伽参加的会议，由副王（拉玛二世）主持，王室主要成员列席。当时暹罗僧伽众多，仅曼谷一地就有寺院 82 座，40 万名曼谷居民中有 1 万人是僧侣。拉玛一世对那些不服从国家领导的寺院和僧侣采取了严厉的惩罚措施。1801 年，取消了 128 个"道德败坏，形迹恶劣"的僧侣的僧籍并放逐为苦力。

拉玛一世修建了许多重要佛寺，1782 年在王宫里修建玉佛寺与素塔寺。此后又动用工人两万余名，耗时 12 年，花费 46 万多铢修缮了 10 座佛寺，其中包括阿瑜陀耶王朝时代的重要佛寺帕派扑寺。战后大规模修缮佛寺，使僧人有了安定的居所及举办宗教活动的场所。他还搜集古代大小佛像 1248 尊，供奉于曼谷各寺。

重新结集审定佛经，重新审定编写了素可泰王朝吕泰王创作的《三界论》。重新审定《三界论》是为了明确现行等级社会的合理合法性。拉玛一世强调了该书的基本观点之一：王权是保持正法、传播正法的必要条件；作为宇宙之主（转轮王），君主位极人伦，维系整个凭善业功德安排的社会等级，而这个有贵贱高下之分的社会不过是外延更大的三界之一。[1]

拉玛一世还搜集整理佛教典籍。由于阿瑜陀耶曾被缅甸攻陷，佛寺与佛教典籍惨遭损毁。吞武里王郑信做过一些佛教典籍的搜集整理工作，但未完成。拉玛一世就将此项事业继续下去。为了重新审定佛经三藏，拉玛一世在 1788 年对搜集到的典籍进行审核，邀请擅长巴利文的 218 位高僧和 32 位获得僧爵的僧人组成委员会，从 1788 年底开始在玛哈达寺进行佛典审核编撰工作，拉玛一世每天都

1　宋立道:《神圣与世俗——南传佛教国家的宗教与政治》，宗教文化出版社，2000，第 98 页。

亲自去两次，委员会的工作持续了 5 个月才结束，共审核佛经 354
部，装订成书 3486 卷，封面贴金，称为金本或钦定本。除此之外，
还有两个版本，一是隆颂本，共计 305 部 3469 册；二是彤粗本，共
计 35 部。他后来将这些佛经分送给各寺。

　　拉玛一世要求僧伽严守佛门戒律，自己也严格遵守佛教在家五
戒，晨起供僧，晚上诵经。为了加强对佛教的领导，他更换了僧王，
撤换了吞武里王郑信所立的僧王澈，将原来被废黜的僧王希重新册立
为僧王，并更换了僧伽领导。为了整肃僧伽戒律，1782~1801 年颁布
了 10 部僧律，[1] 并推行《僧伽法》。拉玛一世举行过两次加冕，第二
次加冕重申了他对所属藩属国的宗主权。在两次加冕期间，他先后
发布过有关僧伽事务的七个敕令。发布这些敕令的目的都是增强僧
伽内部的纪律性，提高他的声望与权威。1790 年、1794 年及 1801
年他分别发布过三号文告，第一号文告谴责了僧伽饮酒、邪淫等犯
戒行为；第二号文告讲述了比丘谨奉波提木叉戒条的意义所在，并
告诫比丘们行为要严谨，出家后不要眷恋亲族；第三号文告严词谴
责了阿瑜陀耶王朝末年吞武里王朝初期郑信时代枋长老的割据势
力，及其所领导的弥勒佛应世运动。文告还谴责了那些追求神异法
术或宣称自己有神通的僧人，认为诸如此类的行为是具有欺骗性
的，是不正当的。[2]

　　第三号文告还对僧人的僧籍认定重新做了规定。规定每位比丘
需要依止一个具体佛寺和一位监护的戒师，并且得随身携带僧籍文
书，注明其巴利文法名，文书中需要写明所依止佛寺及戒师姓名、
出家年岁，并盖有佛寺所在地区僧伽统领官员的印章。各佛寺的住

1　段立生：《泰国通史》，第 146~147 页。

2　宋立道：《神圣与世俗——南传佛教国家的宗教与政治》，第 97 页。

持都要到宗教事务所登记说明自己负责管辖的所有僧人的情况。这种措施和关于住宿登记的规定不仅是对游方僧及其流动行为的否定，还使当局较为有效地控制了国内全部比丘的来往流动。最后，国王还呼吁他的官员以及僧伽家属要服从在家众的行为法典，这样才能巩固僧伽的团结。国王表示自己也尊重僧王的权威，服从他对所有争端、佛教问题及有关僧伽活动程序做出的仲裁。[1]

拉玛二世时期，进一步整顿僧伽组织，剥夺了 2500 名不法僧人的僧籍。同时，重修巴利三藏经典。由于拉玛一世时期的钦定本佛经被一些寺院借去传抄后丢失，拉玛二世下令补充修订。这次没有集结高僧，只命人进行增补。因为增补本的每册佛经封面都是用红墨水所写，所以又称红墨水本。另外，对 1482 年阿瑜陀耶国王戴莱罗迦纳的佛教著作《大世赋》也做了增补，拉玛二世本人是诗人，文学素养很高，因此在这部佛教文学作品中添加了很多文学内容。

拉玛二世还进行了僧伽教育的改革。起初的佛学教育分为三等，[2]一般僧人即使全部完成三个级别，也不可能将三藏经典全部学完。拉玛二世将佛学教育改为九等，由浅入深，逐步升级。完成三段学习可获"普连三等"（学者）称号，之后以此类推，完成九段学习，为巴利佛学最高级别，可获巴利佛学"普连九等"称号。各阶段的学习，都可以在各佛寺进行，考试的时候，则要集中在玛哈达寺或玉佛寺进行统一考试。每年的考试时间由考试委员会确定。考试时，考生需要当着四名考试委员会考官的面翻译佛经，由 20~30 位法师担任考试证人。如果译试顺利可以在一天内通过九段

1　宋立道：《神圣与世俗——南传佛教国家的宗教与政治》，第 97 页。
2　阿瑜陀耶时代关于教理学位就有三等，按照巴利文程度进行区分。

考试。这个规定，鼓励僧人皓首穷经钻研佛学，与世俗社会一样，通过发奋读书来获取功名爵位。

拉玛二世时期，将佛诞日作为法定节假日，连续三天举行大规模庆祝活动，此规定一直延续至今。1820年，泰国暴发霍乱，当地缺医少药，佛教成了全国的精神寄托，拉玛二世依赖佛教鼓励民众战胜病魔，下令全国僧俗共同诵经禳灾。僧伽举办诵经法会，政府官员与普通百姓也需要用泰文诵经。泰国上下教内教外齐心协力普及佛法，通过这次疫情，佛教在民众中得到了广泛深入的普及。拉玛二世治下，先后废立了三位僧王，其宗教政策及对僧伽的控制延续了拉玛一世的宗教管理模式。

拉玛三世时期，下令大量铸造佛像，还建造了不少佛塔及佛寺。另外，他还命人整理摩揭陀文本，倡导所有僧俗信众研学佛经，并对佛教典籍进行了认真的校对及整理。为了获得正统的佛经底本，他两次从锡兰派求法使节前往泰国。第一次是1840年，9位锡兰僧人来到泰国一直到1842年底才回去。拉玛三世给他们提供了很多便利，命5名泰国僧人跟随前往，并向锡兰求借了40部佛经。1844年，锡兰来信要求归还佛经，拉玛三世派船载着3名泰国比丘与1名沙弥前往送还佛经。当泰国僧人从锡兰返回时，有40名锡兰僧人同往泰国，借了30部佛经给泰国。有些佛经，锡兰已经不存，拉玛三世还命孟人僧侣去孟人国家寻访求取，据说找回不少。[1]

每座皇家寺院都会延请法师来为沙弥授经，即使在王宫里，也要盖专门的僧寮供僧侣学习之用。对研习佛经成绩好又懂巴利文的僧人，国王亲自接见并授予僧爵。因此，拉玛三世时期僧伽学风良好，出现了许多学识丰富的哲人和高僧。僧人数量急剧增长，据当时的统

1　段立生:《泰国通史》，第149页。

计，曼谷僧伽已有 1 万人以上，全国僧伽有 10 万人以上。[1] 另外，拉玛三世组织僧伽抄写、翻译佛经，将以往的高棉文、巴利文版本佛经翻译为泰文，重塑泰国国家认同感与泰民族自豪感及自信心。

当时民间流传"无论三世王在什么地方，无论发生什么，他都会扶持佛教"，佛教及佛教徒都处于三世王的庇佑之下。三世王本人每天固定按时斋僧，下令免除发生自然灾害地区的赋税，赈济灾民与贫民。[2]

（三）曼谷王朝四世王对僧伽制度的改革

曼谷王朝四世王时期，是泰国历史的重要转折点。泰国已经开始面临西方列强的侵扰，要抵抗列强，不沦为殖民地，除了向西方学习之外，还要巩固自己的宗教文化根基。对于建国不久的暹罗而言，泰民族有着较长时间的佛教传承，但是当时暹罗的佛教，派别林立、僧团戒律松弛，许多僧人为了获得更多的供养，使用民间巫术。管理松散、教内情况混乱、一盘散沙式的佛教，并不利于其成为凝聚教内、教外、王室乃至整个国家的核心力量。

于四世王而言，其王位不稳又面临内忧外患，传统的主流宗教未能充分发挥凝聚人心、维护统治阶层的作用。当时的四世王刚刚登基，急需一个戒律严明、符合传统佛法教义、能适应时代同时又能为皇权所用的新兴僧团来护持自己的王位，巩固统治地位。四世王因此着手进行佛教改革。

1. 四世王个人背景

四世王瓦琪拉央，为曼谷王朝二世王的第 43 位王子——蒙固

1　段立生：《泰国通史》，第 149 页。

2　段立生：《泰国通史》，第 149 页。

王子。曼谷王朝初期，二世王对诸多王子采取分而治之的政策，将众王子封为昭珐及帕翁昭。[1] 由于二世王并未册立太子，所以当国王驾崩后，依照惯例需要王公大臣们举行会议推举新国王。当时具备王位继承资格的有两位王子，一位是蒙固王子，他是王后所生，是国王的嫡子；另一位是塔布王子，他虽然是嫔妃所生，但年长蒙固王子 17 岁，深得二世王信任。塔布王子 21 岁时就已经被任命为摄政王，协助国王处理各种重要事务，威望甚高，追随者众多。而蒙固王子 14 岁出家为沙弥，在曼谷王朝二世王病重之时尚年幼，且还在出家。蒙固王子昭珐一派的追随者只能倒戈支持塔布王子，在众王公大臣的支持下，塔布王子众望所归，成了准王位继承人。

在激烈的宫廷斗争与王位争夺战中，为了保全自身，蒙固王子继续出家为僧。20 岁时受比丘戒，由当时的僧王为其授戒，称瓦琪拉央比丘。在瓦琪拉央比丘受戒满 15 天时，二世王忽然驾崩，由一直代理国事的塔布王子继承王位，史称三世王帕南格劳。[2]

2. 法宗派的创立

塔布王子的即位，让还在出家的瓦琪拉央深感危机，他只能全身心投入佛学研修当中，无论是禅修还是佛教教义方面，他都有非常深厚的造诣。在修习佛学的三年中，他研学了巴利文，并认真学习了三藏经。在研修佛学的过程中他发现，曼谷王朝传统的佛教中存在不少偏误，僧团戒律松弛，这让他深感悲愤。他认为作为传统佛教根基的戒师制正在衰亡并土崩瓦解，纯正的佛法已在阿瑜陀耶时代随着 1767 年缅甸的入侵而不复存在了。

当他正为传统戒师制深感担忧的时候，他遇到了一位孟人长

1　两种爵位权力相当、相互制衡，但是除国王之外谁都没有绝对权力。

2　〔泰〕彭撒通·嘎诺辛巴祖：《三世王时期，瓦琪拉央的佛教改革》，(泰)《佛学研究》2006年第 13 期，第 59 页。

老——素梅牟尼长老。这位长老通达律藏，持戒严苛，对佛教禅修有很深的见地。长老对佛法的解释和理解与瓦琪拉央在三藏经典学习过程中的理解一致，因此瓦琪拉央对玛甘亚尼一派僧团极为推崇，在该派僧团中重新受戒，并延请素梅牟尼长老为戒师。

1826 年，三世王请瓦琪拉央在驻皇家寺院玛哈塔寺期间，在行宫举行佛学考试。瓦琪拉央借机教导贵族子弟及僧团要认真学习律藏。有数位僧人追随瓦琪拉央认真修习律藏。1829 年，瓦琪拉央比丘考虑到自己常驻皇家寺院，所推行的各项事宜与传统僧团必会产生冲突，因此移驻松阿莱寺继续修行。在松阿莱寺有 20 位比丘坚定追随瓦琪拉央精进修行，随后僧王也加入其行列，共同探讨组建法宗派事宜。在松阿莱寺修行期间，瓦琪拉央持续教导四众弟子研习三藏经典。追随瓦琪拉央的弟子越来越多，瓦琪拉央迅速组建了法宗派僧团。他在泰国僧团中建立了法宗派，整肃僧团，将其中一部分僧人分离出去。他希望通过新建立的法宗派复兴佛教，以最接近原始上座部佛教的正信佛教来重塑佛法的社会与佛法的世界。[1]

对于才建立的法宗派僧团，瓦琪拉央最重视的就是严守戒律，将比丘巴帝摩卡作为规范僧团戒律的根本准则。他认为，巴帝摩卡传承多久，佛法就能传承多久。他所确立的修行准则，摒弃传统佛教中的不足之处，是复兴佛教的举措。

1836 年，皇家重要寺院波文尼维寺住持空缺，三世王延请瓦琪拉央比丘入驻波文尼维寺担任住持，并为他重修了寺院。瓦琪拉央入驻波文尼维寺之后，同样重新整肃僧团、管理制度，以法宗派的修学要义教导四众弟子，并改良该寺的佛学教育，后来在佛学考试中，该寺众多僧人取得了不俗的成绩。瓦琪拉央在担任波文尼维寺

1　〔泰〕彭撒通·嘎诺辛巴祖:《三世王时期，瓦琪拉央的佛教改革》,（泰）《佛学研究》2006年第 13 期，第 59 页。

住持期间，统一修订了法宗派佛教仪轨。为了与时俱进，跟上时代步伐，他与法宗派僧人还从理性主义哲学的角度运用佛陀教法中解脱之道的理论，重新诠释了佛法是如何适应当代社会的，并将这些内容逐渐推广到其他法宗派寺院。

瓦琪拉央比丘的僧团，非常强调巴利文的学习，特别是要精通戒律。为了保证僧团持戒精严，他规定在家信众需要履行一些为僧团服务的必要义务，诸如供养僧伽食物、清扫居住空间、洗涤僧衣及照料僧伽的共有物等。法宗派的僧众大多来自中上阶层的家庭，为了与曼谷其他寺院所见到的暹罗传统派有所区分，瓦琪拉央比丘改变了曼谷若干寺院的修行方式。他引进了新的僧袍穿着方式（孟人着僧袍的方式是用袈裟遮覆双肩）、新的出家仪式、新的巴利经典语言的发音、新的作息（包括日常课诵）与新的宗教节日，坚称这一切改变是为了让法宗派更真实，更接近真正的佛陀教法。[1]

3. 制定佛教仪轨与戒律

瓦琪拉央所制定的佛教仪轨与戒律如下。

（1）用巴利文书写早晚课念诵的内容，规定比丘、沙弥必须每天定时参与早晚课。

（2）为了让大众了解法宗派的教义，瓦琪拉央在瓦德寺设立了印刷处，专门印刷佛法、教理教义方面的书籍。此外，他还规定在固定的佛日，四众弟子必须去寺院听闻佛法。在佛日，僧人要在凌晨3点念诵一部经文，下午3点再念诵一部经文。他本人亲自带领大众受三皈依五戒。在佛法开示环节，他用简单朴实的语言为大众进行佛法开示，而不是单纯念诵晦涩难懂的巴利文经文。其余僧人也纷纷效仿。

1　〔泰〕卡玛拉·提雅瓦妮琦：《消失的修行森林》，《香光庄严》，2000年9月。

（3）规定了卫塞节习俗，在佛历 6 月的卫塞节，举行巡烛礼，为大众开示佛陀传的内容。

（4）规定世尊荼毗纪念日习俗，佛历 6 月 23 日不但要念诵佛陀传，瓦琪拉央比丘还亲自书写念诵经文。

（5）规定敬僧节习俗，念诵巴帝摩卡。

（6）规定了供养僧衣的习俗，瓦琪拉央希望按照佛陀时代的习俗进行供养，当时泰国社会供养的僧衣是成衣，不符合佛陀时代戒律中对袈裟裁制的规定。但由于国王也供养这种袈裟，瓦琪拉央比丘就在部分佛寺范围内，接受信众供养的僧衣之后，又重新将成品袈裟拆开，按照规制重新裁剪、缝制、染色。在僧团中进行制袈裟仪式，由法宗派寺院僧人相互合作举行仪式。

（7）设立僧务执事，分工明确，分为饮食、用具、僧衣收取与发放、寺院房屋的管理与修缮几部分。此项增设不悖戒律，获得僧众们的认可。

（8）对不同时期做功德供养僧人物品的相关规定：按照不同时节规定功德供养内容，水果季节供养僧团食物、近雨安居期间供养浴巾、年中施行蜂蜜供斋、出雨安居供养袈裟。

（9）对僧人固定资产的相关规定：规定各寺院僧人固定资产（耐用品）属寺院所有。

（10）有关僧人出家的规定：瓦琪拉央比丘旨在采用佛陀时期如法的出家习俗。严格挑选戒师，规定能为他人授戒的戒师，必须是曾经如理如法按照佛陀时代出家习俗受戒的僧人。瓦琪拉央比丘个人则亲自为即将出家的王室子弟担任戒师。

（11）对袈裟穿着的规定：规定法宗派佛寺僧人以孟人僧团的袈裟穿着方式进行穿着，但此法于三世王末期被废除。

（12）念诵经文的仪轨，起先瓦琪拉央比丘认为孟人的念诵音

调最为标准，后来亲近了锡兰僧团之后，发现锡兰僧人的念诵更为
标准，便以锡兰的念诵方式为标准。在后面不断的探索当中，瓦琪
拉央比丘发现锡兰僧团所念诵的经文文字书写并非绝对标准，因此
从文本到念诵又进行了更改，最终形成了法宗派独具特色的经文念
诵与文本，制定了标准的课诵本。

（13）设置比丘与沙弥拜佛的专门区域，比丘与沙弥的拜佛仪
轨也需符合习俗规制。

（14）禁止僧团使用神通或巫术。[1]

瓦琪拉央缔造的法宗派僧团，符合佛陀的教导，所有相关的
规定都可从律藏中找到依据。该僧团戒律严明，他们以"戒"为核
心，以"戒"作为保持佛教纯净的重要标志。比如，僧团严格按
照戒律的规定穿着袈裟，不蓄金银，出家仪轨符合戒律规定，念诵
经文必须为巴利文，等等。法宗派主导思想认为，只有严明的戒律
才能最大限度地与原始佛教中的佛陀教导相吻合，保持佛教的纯
净性。

最重要的是僧团的传承，法宗派认为，他们的传承来自孟人佛
教与锡兰佛教大寺派，这种传承是正统、权威的。

4. 僧团管理

拉玛四世在僧团中增设两个僧伽职务。一个主管弘法事务，授
八等僧爵；另一个主管僧律，授七等僧爵。两个僧伽职务的增设，
使弘法与戒律监督有了清晰的责任划分。后又重新设立僧王，并设
立了副僧王的职务。拉玛四世时代，给许多僧伽加官晋爵，使僧伽
等级制度与世俗官员等级制度同步完善起来。

1　〔泰〕素超·博重：《法宗派的诞生：邵法师传》，曼谷印刷股份有限公司，2003，第
205~217页。

拉玛四世还颁布了很多告示，与僧伽和宗教相关的就有 14 项。在众多的告示中其一再强调僧伽戒律，还规定了不允许 24~70 岁的男子出家。沙弥到 24 岁时就必须做出选择，或继续出家为僧，或还俗。拉玛四世一方面要严肃僧伽戒律，保证僧伽队伍的纯净；另一方面则要控制僧伽人数，避免僧伽集团膨胀而导致大量的劳动力和技术工人流失。

5. 四世王佛教改革的原因

泰方史料中关于瓦琪拉央进行的佛教改革尚有疑点。首先，四世王在出家为僧期间由于看到当时僧团戒律松弛、佛法衰落，曾向守护神祈祷：发愿自己能够得遇正法僧团，若未能达成愿望宁愿还俗。[1] 而当他登基后，这位传统佛教文化的捍卫者与复兴者却极为推崇西方科学技术，被尊称为泰国的西学之父。其次，为何戒律严明的正法僧团是孟人僧团，在当时暹罗众多的大众派僧人中，戒律严明、精通佛法的正法僧团是否真的不存在？四世王很肯定，在暹罗大众派僧人中，确实没有精通佛法、戒律严明的僧人，暹罗僧团已然衰败，即使是当初为自己授戒的戒师也不例外，正法僧团已于前朝没落。然而事实上，当时暹罗尚有不少德高望重的高僧，诸如普塔占僧长。这位僧长恪守戒律以及高深的佛学造诣，一直被人们广为传颂，直至今日。作为当时著名的高僧，其并未受到四世王的重视。纵然当世有不少高僧，但当时佛教界是一盘散沙，无法凝聚人心，更无法护持有心于王位者的正统性。[2]

因此，四世王另辟蹊径，独尊孟人僧团，创立法宗派，是为其以后继承王位做重要的铺垫，有着很深厚的政治原因。他独创法宗

1　《四世王记》，泰国国家档案馆档案，1787 年（佛历 2331 年），第 77 页。

2　三世王即位后，王室最名正言顺的继承人，首选就是瓦琪拉央比丘。

派，力图保持佛教的纯洁性，包含了要用新的宗教文化传统来为自己的王权铺路的政治意图。在东南亚传统的法王伦理观念中，佛教的兴亡与国运息息相关，佛法兴、佛法净，国家才会兴。[1]

四世王同时以他个人对巴利经典、注释与律藏的诠释为基础，建立了一个僧伽教育系统，现代佛教奉四世王所印行的经典为权威法典。此系统至今仍沿用，所依据的是学位、考试与僧伽制度中的层级化。模范比丘应严守戒律、精通瓦琪拉央法典、以曼谷泰语教授、履行行政责任、采纳以曼谷习俗为基准的神圣节日与宗教仪式。[2]

以拉玛四世时期为节点，泰国佛教成了强调戒律、中央集权、官僚政治与阶级的宗教，视头陀僧（云游僧人）为离经叛道、反传统的异端。泰国佛教从此分为以皇家僧伽集团为代表的法宗派僧团和其余被笼统归类在一起的大众派僧团。从一定程度上来说，这客观制造了泰国南传上座部僧伽的分裂，这种分裂为暹罗在随后一统泰国中埋下了隐患。

（四）曼谷王朝五世王、六世王的僧伽制度改革

五世王的僧伽制度改革是四世王改革的延续。四世王所发动的现代化改革在五世王时代几乎已经完成。在这个时期，殖民主义的威胁加大了，五世王延续了四世王的改革精神，对全国进行了行政、经济、宗教、教育方面的全面改革。其中僧伽制度改革是宗教教育改革中的核心部分。1885 年，拉玛五世下令让佛寺办学，此项事务由五世王之王弟、蒙固王之子僧王瓦琪拉央瓦洛罗亲王主导

1　〔泰〕彭撒通·嘎诺辛巴祖：《三世王时期，瓦琪拉央的佛教改革》，（泰）《佛学研究》2006 年第 13 期，第 69 页。

2　〔泰〕卡玛拉·提雅瓦妮琦：《消失的修行森林》，《香光庄严》，2000 年 9 月，第 7 页。

进行。

那时西式学校尚未普及，而全国上下从城市到乡村都有不少佛寺。普及佛寺办学，相当于将基础教育进行普及，家长都会把孩子送入佛寺里念书。当时每座佛寺，无论是皇家寺院还是普通佛寺至少配备 5 名有文化的僧人充当教员。如果僧人数量不够，就请普通人充当教员，但要支付工资。每隔 6 个月举行一次会考，如果考试成绩优异，教员和学生都可获得奖励，佛寺住持需要十分重视教学工作。[1] 当时，学校教育的行政划分以各地行政区划为标准。五世王时期，内务部将全国行政区划分为六大区域：中部省、北部省、东北部省、东南部省、南部省及西部省。每部省的学校教育由教育部统管，但具体到每部省的各级佛寺学校则由该部省的僧伽进行管理。由于各部省僧伽都在僧王管辖范围内，僧王还有培养僧才的责任。培养出来的僧才则派送到各个部省的各级佛寺去担任教员。这个培养僧才的学院，就设在皇家寺院波文尼维寺。它就是摩诃蒙固佛教大学的前身，当时这个学院所开设的课程全部都是世俗教育课程，如科学、文化文字等基础知识普及课程。学院每年为各地寺院学校培养为数众多的僧才，这些僧才返回各地寺院之后又在各地寺院担任教员，肩负重任。[2]

在普及基础教育之后，僧王与教育部又召开了几次会议，最终决定将学校教育分为两个级别即初级教育与高级教育，高级教育包括中学教育与大学教育。初级教育针对绝大多数平民，旨在对平民进行最基础的文字、文化普及。此项决议最终由五世王、僧王、丹隆亲王及另外几位亲王表决通过，并首先在曼谷及其周边各勐进行

1　〔泰〕巴统·达卡那南：《五世王时期僧团救世》，大众出版社，2007，第 99 页。

2　〔泰〕巴统·达卡那南：《五世王时期僧团救世》，第 165 页。

推广，具体的执行者就是受过培训的各级僧人。另外，拉玛五世时期，下令开办佛教大学。他非常注重教育的发展，认为教育不应仅局限于基础教育，还应该有高等教育。1889 年，他在玛哈塔寺创办了玛哈塔学院，1896 年更名为摩诃朱拉隆功佛学院，1893 年又在波文尼维寺创办摩诃蒙固佛学院。他甚至希望将这两所佛学院办成像西方神学院一般的水平，可惜一直未能如愿。1946 年，摩诃蒙固佛学院开始开设大学课程。到了 1947 年，摩诃朱拉隆功佛学院才正式成为大学。这两所佛学院一所代表的是法宗派学风，另一所代表的是大众派学风。以僧伽为首推动文化教育在平民中的普及，逐渐扩展到了曼谷及其周边以外的区域，泰国对教育的改革，是通过对佛教改革来推动的。对教育、宗教的改革，同时也加快了泰国国家统一的步伐。另外，推广教育是由法宗派僧伽代表五世王王弟所倡导。当时的法宗派由于是皇家宗派，更注重的是国家利益，轻实修；重视通过僧伽向广大民众推广文化教育、宣扬佛法，从而净化人心、稳定社会。法宗派的教育推广，尤为强调僧团及信众对佛教戒律的严格遵守。

1902 年颁布的 121 号《僧伽法》是泰国僧伽制度改革中的重要突破，是僧伽官僚结构系统化的首次尝试。该法令的实施标志着泰国佛教基本被纳入了政府的行政轨道。通过这份文件，全国上下的僧伽被统一管理，全部纳入了中央的管辖之下，整个僧团结构与中央的行政机构并行。在僧伽制度中最高权力机构为以终身任职的僧王为首的大长老会，它由 8 名左右的大长老组成。其中有法王（或称僧王、僧伽总长，是僧伽行政的最高权威）、四议长及四副议长。大长老会事务部设于文化部宗教局内，大长老会的秘书长同时是宗教局局长。他们都是国王在宗教事务和僧伽管理方面的臣僚。大长老会在商量有关僧伽行政事务时，依据国王敕令，至少得有五人到

场；一旦决定就有最终效力，不容反驳。大长老会议的长老议长和
各级僧侣首长并不实际负责统治僧伽。公共指导部（后来发展为教
育部）是以国王名义督导僧伽行政，事实上是国王通过其臣僚在严
密地指导僧伽的行政活动。[1]

全国分中央、北部、南部、法宗派四大教区，各教区设僧伽尊
长一名，各教区僧伽尊长都在大长老会的领导之下。各地的僧伽组
织则有省、县、乡的僧伽僧长和乡村佛寺一级的住持僧人。[2]

从拉玛一世的佛教法令到 1902 年《僧伽法》的颁布，佛教在
泰国基本上已经被纳入了政府的行政管理体系，从国家角度看，王
室对僧伽的控制包含三个方面的努力。[3] 首先，依据传统，振兴佛
教是国王的责任，佛法的兴盛说明国王的贤明，但僧伽规模不能过
度膨胀，不可以超出社会供养能力范围，因此需要建立有关僧伽的
具体制度。其次，在拉玛一世之前，泰境僧伽等级结构没有发展起
来，而且各派基本上处于分裂状态。接近政治中心的僧伽与远离政
治中心的僧伽之间实际上也是脱节的。但对跨入近现代社会，面临
着殖民主义威胁，亟须稳固政权、统一领土的曼谷王朝而言，只有
一个统一而严密的、受王权支配的僧伽等级制度才能有效地整合社
会，统一中央集权，推动国家统一。从拉玛一世开始，曼谷王朝就
致力于打造一个统一的受王权掌控的僧团。最后，为了不使僧侣因
教义争论而分裂，使僧伽对社会的道德表率作用更加明确，有必要
统一佛教的教理。随着僧伽等级制的形成，僧伽的地位提升，相关
的物质待遇取决于个人的学术知识水平（每年一度组织的佛学等级

1　宋立道：《神圣与世俗——南传佛教国家的宗教与政治》，第 105 页。

2　〔泰〕尼达雅·翁维瓦：《五世王与佛教的振兴》，硕士学位论文，诗那卡琳纳大学，1981，
　　第 250 页。

3　宋立道：《神圣与世俗——南传佛教国家的宗教与政治》，第 106 页。

考试，最高为九级）。由于僧伽更加依赖国家，所以由政府来统一教理已经成为可能。[1]

泰北僧伽制度改革的背景与内容

（一）暹罗对兰那的逐步控制

16 世纪中后期，在经济方面不断积蓄力量发展壮大，在军事方面不断扩张，使得缅甸东吁王朝迅速崛起。在统一了缅甸的大部分地区之后，东吁王朝转而向其他国家和地区进行军事侵略。泰庸人的兰那王国就是被侵略的对象之一。兰那在政治方面的弊端，以及将大量的财力投入建造佛寺佛塔中，使国库空虚，导致国家在当时整个东南亚地区经济发展前景一片大好的情况下，反而出现经济衰退。政治制度上的弊端还引发国内统治阶级之间的冲突和争斗，使国家陷入动荡不安的局面。局面的混乱导致周边邻近邦国趁乱入侵，国家迅速衰落。最终，缅甸东吁王朝的入侵使得这个曾经有过辉煌历史并对周边地区产生深远影响的王国在内忧外患当中灭亡了。

在统治泰庸人的 200 年间，缅人从一开始就尊重当地习俗，并在第一阶段给予泰庸人充分的自治权。到了第二阶段，缅甸各级官员被派驻进入兰那地区，泰庸人统治阶层及各级官员对兰那地区的

1　宋立道：《神圣与世俗——南传佛教国家的宗教与政治》，第 106 页。

统治权力被架空，兰那地区的统治中心也有所变更，缅人进一步加强了对兰那地区的控制。在第二阶段中，缅人对泰庸人进行了更为残酷的经济、人口掠夺，严重破坏了泰庸人的生产、生活和社会经济的发展。虽然在缅甸统治兰那地区的 200 年间，泰庸人各阶层从未放弃过对缅甸侵略者的反抗，但是泰庸人各阶层为了各自的政治、经济利益，出现分歧、冲突，互不团结，使得这些反抗均未获得成功。

　　18 世纪中期，东南亚的局势较之从前有了很大的变化，缅甸成了国力最为强盛的国家。1767 年，中部泰人在阿瑜陀耶沦陷之后，又迅速地恢复，并建立了新的政权吞武里王朝，紧接着是曼谷王朝。中部泰人意识到缅甸的威胁，并清楚地认识到兰那的重要性——兰那处于缅甸与暹罗之间的重要通道上。无论是缅甸还是暹罗，任何一方控制了兰那，都能在军事进攻中占得先机，因为得兰那者即可将兰那作为人力及物力的供应基地。因此兰那想要恢复独立，不从属于缅甸或是暹罗任何一方是根本不可能的。而缅甸在对兰那统治的后期，实行了残酷的压榨和剥削，泰庸人在反抗缅甸侵略者的斗争中屡屡失败，遭到缅甸的残酷镇压，被掳掠了大量人口。单纯依赖自身的力量来复兴兰那已不再可能，因此，泰庸人的统治者只能选择与中部泰人结盟。依靠中部泰人赶走在兰那地区的缅甸侵略者，而兰那也就此成了暹罗的藩属国。

　　从吞武里王朝到曼谷王朝拉玛五世之前，泰庸人与中部泰人的关系为松散的藩属关系，泰国把兰那作为泰国与缅甸之间的屏障。泰庸人享有较高的自治权，依照他们原有的习俗、方式继续统治兰那。19 世纪中期以后，兰那的局势发生了变化。1855 年，英国迫使暹罗签订了《鲍林条约》，英国商人、传教士深入兰那地区活动。第二次英缅战争之后，下缅甸沦为英国殖民地，兰那与掸邦有着传

统的贸易关系，这使英国开始插手兰那的事务。尤其是兰那从曼谷
王朝拉玛三世时期就开始的伐木事业，在这一时期得到了迅速的发
展。因为租赁森林及开采森林可以获得巨额利润，森林拥有者（兰
那召勐）与英国人之间的矛盾日趋尖锐。兰那的森林拥有者为了获
得更多的利润，往往将柚木林同时租给多人，或者在同一片柚木林
还没有到期的情况下又将其租给另外的人，导致关于柚木林的纠纷
增多，英国人因此向英国领事及曼谷王朝中央政府提出控诉，英国
领事要求曼谷王朝保障英国人的利益，否则"将把清迈当作一个独
立的国家"。最终判决结果是，1873 年兰那召勐偿还了英国的损失，
共 466015 卢比。[1] 另一个问题，是兰那与英属缅甸的边境问题。当
下缅甸沦为英国殖民地之后，缅甸与兰那接壤的边境地区纷纷独
立，并经常与兰那地区的人产生摩擦，缅人还会跨越边境将兰那地
区的人抓去缅甸协助作战。边境局势异常混乱，还时常发生克伦人
抢劫、杀戮到兰那一带进行商贸活动的英国人的情况，导致木材贸
易不得不暂时停止，英国人损失较大。英方不断要求暹罗政府保护
在兰那一带的英国人，并要求兰那统治者赔偿损失。[2]

　　由于英国人的利益受损及人身安全受到威胁，英方多次与暹
罗政府交涉，最终于 1874 年、1883 年签订了《清迈条约》[3]。为
了阻止英国人干涉泰北事务，1874 年，曼谷派首任专员帕纳林
（PhraNarin）到清迈，加强对泰北财政、司法和外交的管理。1877 年，
曼谷授予驻清迈的中央"特派专员"为"永久总督"，负责泰北清

1　〔泰〕萨宛·镯素腊:《北部泰人》，白象出版社，1999，第 289 页。

2　〔泰〕萨兰萨瓦迪·王素恭:《兰那的文化与政治》，东乌出版社，1999，第 19 页。

3　在《清迈条约》中，英国人借口应以萨尔温江为国界线划分缅甸与泰北的疆界，使兰那失去
　　了曾经属于兰那边境萨尔温江以东地区的 13 个勐，这些勐的居民大部分为缅甸和掸族。英
　　国人之所以要将 13 个勐划归缅甸，作为自己的势力范围，主要原因是这 13 个勐有着极为丰
　　富的柚木林资源。

迈、南邦、南奔、普叻的事务。1883 年，第三任专员披耶叻讪帕腊孔到达清迈，采取措施进一步加强了对泰北的财政管理。[1] 曼谷王朝对兰那地区的干涉，最初是由国际形势特别是避免英国人干涉、插足清迈事务的愿望所促成的。后来拉玛五世对兰那藩属性质的看法也起到了推动作用。他在给 1883~1885 年驻清迈、南邦和南奔的专员披耶叻讪帕腊孔的一封信中，承认"清迈仍然不属于王国本土，因为它仍然是一个藩属，但是我们要使它成为一架按照我们意愿运转的机器……但是，这样做必须用脑，用智谋，而不是用权力和武力"。因此，1883 年以后，用策略干涉泰北各邦的事务，就成了曼谷王朝的政策。[2] 中部泰人通过各种政策，进一步从政治、经济、司法、外交等方面控制兰那。

　　1884 年，中部泰人对泰庸人的控制有了真正实质性的进展。曼谷王朝计划将兰那纳入暹罗的版图，取消兰那作为藩属国的地位，将兰那地区划分为暹罗的一个省——西北（帕亚）省，并派驻总督，取消兰那藩王。另外，还计划整合泰庸人，让他们在政治上对泰国产生国家认同。[3] 为了以上计划的成功，暹罗政府对兰那地区进行了循序渐进的改革。

（二）泰北僧伽制度改革的内容

　　在暹罗政府对兰那进行的一系列改革中，教育、僧伽制度方面的改革是一项重要内容。对教育与僧伽制度的改革是曼谷王朝具有

1　黄素芳：《从兰那泰王国到泰国北方诸府——历史上泰北与曼谷王朝的关系及内务部对泰北的改革》，《东南亚》2004 年第 1 期。

2　〔泰〕卢乍亚·阿帕空：《1884~1908 年间泰国北部各邦同曼谷王朝的关系》，贺圣达、何平编译，《东南亚》1984 年第 2 期。

3　〔泰〕萨兰萨瓦迪·王素恭：《兰那的文化与政治》，第 21 页。

重要意义的改革。对教育及僧伽制度的改革，增强了兰那对中央王朝的认可，特别是加强了对泰国的政治认同，并在将泰北进一步整合到泰国的过程中起了关键性的作用。

从前泰北地区延续了数百年的传统教育是以佛寺教育为主，没有固定的标准，教师是佛寺僧侣，教育的主要目的就是宣扬佛教，而且教育的对象仅限于男子，普及程度不高。为了适应改革的需要，瓦集拉尹亲王打算用佛寺教育和僧人来普及世俗教育。由于泰北僧人只会讲北部方言，还要将负责教育的部分僧人送到曼谷去培训，学习回来后再在泰北开展教育，因此泰北教育的发展速度较为缓慢。

曼谷王朝一开始在泰北进行教育改革的目的主要是为泰北地区培养官员，解决泰北公务人员稀缺的问题。为了将泰北成功转化为泰国的一部分，在拉玛五世改革的时代，需要大量接受过西式先进教育、掌握各方面专业技术的人才来担任国家公务人员。虽然从曼谷委派了不少官员到泰北地区担任要职，但是一些重要职位还是极度缺乏人才，需要当地受过专门培训的泰庸人来担任。因此，披耶颂素叻迪 1894 年在清迈建立了一所专门培训公务人员的学校，后来在南邦、难也分别建立了一所。学校的建立主要是为了适应行政改革，培养行政官员，学习的内容主要是法律、法规、地方政府建制以及中部泰语。[1]

1903 年之后，随着泰国改革步伐的加快，泰北的教育也需要适应改革的步伐。另外，还要防止泰庸人因民族、语言的不同而与中部泰人产生离心力。中部泰人也要从文化、思想意识上进一步同化泰庸

1　Vachara Sindhuprama, "Modern Education and Socio-Cultural Change in Northern Thailand, 1898-1942", PhD diss., University of Hawaii, December 1988, p. 66.

人，才能完成真正意义上的国家统一。曼谷王朝加紧在泰北地区推广
中部泰语。推广初期，为了不激化矛盾，中部泰人对泰庸人采取了一
定的妥协政策，虽然规定泰庸人要学习、使用中部泰语，但是仍然允
许其继续学习兰那文，并规定但凡要为官者必须懂得中部泰语。政府
也不干涉学习兰那文的人，但是如果不懂中部泰语则不能成为国家公
务人员。这一规定使得学习兰那文的泰庸人数量减少了，泰庸人为了
为官，争相学习中部泰语，人数比曼谷王朝预期的还要多。[1]

　　曼谷王朝通过这一举措，迅速在泰北地区推广了中部泰语。在
拉玛五世末期，泰北各地开始建立泰语学校，男女皆可接受教育。
在披耶苏腊西的鼓励下，上至地方统治者下至平民百姓纷纷捐钱、
捐地来修建学校。[2] 除了公务人员培训学校、泰语学校之外，泰北
还有教会学校，这些教会学校在曼谷王朝于泰北建立学校之前就已
经有了，只不过数量很少，如王子学校、达拉技术学校及麦肯西学
校。教会学校的学生大多是贵族子弟，其从前的教学语言以英文
和兰那文为主，自从曼谷王朝在泰北推广中部泰语之后，中部泰语
就替代了兰那文作为教学语言。[3]1910 年之后，拉玛六世时期的政
策着重于意识形态的统一，要让全民都忠于国家、佛教、国王。因
此，这一时期规定在泰北地区的教学中，中部泰语与泰国概况是学
生的必修课。在学校里，教师与学生必须讲泰语。在泰语教学中，
教师要训练学生达到听、说、读、写流利掌握的程度。而在泰国概
况的教学中，学生需要学习泰国地理、历史方面的知识，目的是培
养学生对泰国的热爱与作为泰国人民的自豪感。另外，为了培养学
生对泰国王室的尊崇，必须歌唱国王颂歌。在教室的墙上还贴上了

1　〔泰〕萨兰萨瓦迪·王素恭:《兰那的文化与政治》，第 74 页。

2　〔泰〕萨兰萨瓦迪·王素恭:《兰那历史》（第四次修订），第 469 页。

3　〔泰〕萨兰萨瓦迪·王素恭:《兰那历史》（第四次修订），第 469 页。

泰王国国家象征的标志——泰国国王画像及泰国国旗。[1]1922 年，泰北开始实行《义务教育法》，虽然无法在每个地区都推广执行，而且教学质量也存在问题，[2]但是曼谷王朝通过推广义务教育及学校教育的培养模式使泰庸人从小耳濡目染，逐渐培养起了对泰国的国家认同。1941 年之后，在泰国王室的支持下，曼谷王朝开始在泰北建立大学。曼谷王朝通过各种教育改革举措将泰北的教育体制纳入了全国的教育体制中。

南传佛教是泰北的主流意识形态，自古以来对泰北政治、文化、价值观的塑造至关重要。要彻底从意识形态上使泰北接受泰国，使泰北民众完成对泰国的国家认同，还得依赖泰北佛教。因此，除了对泰北教育进行改革外，曼谷王朝还对泰北僧伽制度进行了改革。泰北僧伽制度改革的内容如下。

1. 僧伽教育的改革

首先，统一规范泰北僧伽的语言为中部泰语。要求泰北僧伽学习中部泰语，用中部泰语进行日常交流，用中部泰文书写，甚至在念诵佛经时都要使用中部泰语。另外，还在泰北各个佛寺统一规范了早晚课使用的课诵本，所有读本用泰文书写，有统一的念诵内容。在正式场合诵经，必须采用官方规定的诵经读本。这一措施使中部泰语在佛寺教育的协助下更普及了，逐渐从佛寺扩展至各学校。

拉玛五世时期就开始下令普及寺院办学（1885），即以寺院为中心将基础教育普及给大众，由家长把孩子送入佛寺里念书。当时每座佛寺，无论是皇家寺院还是普通佛寺至少配备 5 名有文化的僧

1　〔泰〕萨兰萨瓦迪·王素恭:《兰那的教育改革》,《教育学》1982 年第 2 期, 第 29~45 页。

2　Vachara Sindhuprama, "Modern Education and Socio-Cultural Change in Northern Thailand, 1898-1942", PhD diss., University of Hawaii, December 1988, p. 203.

人充当教员。如果僧人数量不够，就请普通人充当教员，但要支付工资。每隔 6 个月举行一次会考，如果考试成绩优异，教员和学生都可获得奖励，所以佛寺住持十分重视教学工作。在泰北地方僧伽中选拔优秀僧才到曼谷波维文尼寺进行统一学习培训，培训结束之后，授予一定职位，再将地方僧伽送返原地并委以重任。

2. 僧伽等级制度的改革

曼谷王朝还对僧伽等级制度进行了改革。1902 年颁布的《僧伽法》，废除了泰北原有的僧伽管理体系，将泰北的僧侣也纳入国家的统一管理中，建立僧伽等级制。[1] 泰北原有的僧伽结构体系中，也包含传统的等级制度。僧伽僧阶的晋升有自身一套完整的系统，而且要经过传统的神圣仪式方能完成。

兰那僧伽僧阶晋升仪式（也称升座仪式）需要在神圣的空间进行，一般都在戒坛举行。兰那传统的册封升座仪式原本属于婆罗门教中的仪式，始用于国王继位大典，改良之后用于僧人册封升座。升座仪式需由身着白衣、持戒严格的资深婆罗门沙门主持。受册封的僧人坐于戒坛法坐之上，背对释迦牟尼佛像，面向东方，接受婆罗门沙门滴水礼。[2] 正式受礼之后，僧伽才能晋升为相应僧阶。

根据兰那棉纸及贝叶经的记载，19 世纪，兰那的高级僧伽僧阶等级可以划分为两类，第一类属于官方与佛教界僧伽共同认可授予，第二类则属于民间认可。第一类由低到高可分为六个等级，具体划分如下。

1　Somboon Suksamran, "Buddhism and Politics in Thailand: A Study of Socio-Political Change and Political Activism of the Thai Sangha", Institute of Southeast Asian Studies, Singapore, 1982, pp. 30-32.

2　《上座部升座：兰那僧伽僧阶升座仪式》，摩诃朱拉隆功佛教大学清迈分校，邻国佛教研究项目结项报告，2010，第 43 页。

（1）大长老：已被民间及教内认定为祜巴的，资深僧伽的阶位，需年满 40 岁，戒腊超过 20 年。

（2）沙瓦密：沙门统长老。僧伽中等阶位，需年满 30 岁，戒腊满 10 年，且严守戒律、严格修行、佛学修养高。

（3）僧伽罗阁：僧主长老。资深僧伽的阶位，需年满 40 岁，戒腊超过 20 年。

（4）拉查祜：有王室血统的僧人。

（5）松列：僧正长老。

（6）松列拉查祜：大僧正长老。僧王，僧伽阶位最高等级，也是兰那僧伽领袖。多由拥有王室血统的僧人担任。

以上六个等级属于受爵僧阶，即拥有僧爵，是民间、教界、王室共同认可的祜巴，都需要官方认可，通过仪式最终才可获得。

第二类由低到高分为四个等级，具体划分如下。

（1）沙弥新曼：持戒、修行，受人尊重的沙弥。

（2）督召新袒：沙弥新曼受比丘戒后。

（3）祜巴新袒（曼）：持戒严、修行好的祜巴。

（4）召东奔：发愿行菩萨道度众的祜巴。

第二类僧阶只被民间大众认可，并未被佛教界及王室认可，也没有任何升座晋升仪式，但是拥有这些僧阶的僧人在民众中享有很高的声望。

在兰那，统治阶层的正统性需要僧伽的认可。国王没有直接或间接指导僧伽的权威，但是国王是佛教最大的护法，也是平衡僧伽的重要力量，僧伽的发展、佛教的繁荣需要依赖国王的护持，尤其是有影响力的僧伽部派。当僧伽部派之间由于意见相左、利益冲突走向不和之际，兰那国王会采取平衡僧伽部派的方式使部派僧伽重新走向和谐。如三界王时期，三个主要的佛教部派为哈里奔猜孟人宗派、花园寺派、红林寺派。三大部派僧伽也产生过摩擦与冲突，三界王通过结集的方式，使三大部派求同存异，利益均衡，僧团和合。[1]

然而在兰那，国王与僧伽的互动却没有民间与僧伽互动频繁，关系也不如民间与僧伽关系那么紧密。这可能与兰那传统僧伽等级制度有一定关系。兰那佛教僧伽重视长幼尊卑秩序，重视师徒关系。在他们的理念中，不同的僧伽等级源于前世所积累功德的大小及年龄长幼。因此，兰那僧伽制度是以师徒制（戒师制）[2]为核心，即僧伽长者为僧伽统领，而年轻僧伽则应居于僧伽长者治下。史料中在描述泰北早期佛教（占玛黛薇女王国时期佛教）时并无国王亲自册封僧王或册封其他僧阶的记载，兰那僧伽等级是按照戒师制来划分的，遵循佛教传统，僧伽当中年龄长、戒腊长或最受僧伽认可的僧人，被认定为僧伽领袖。因为上座部佛教遵循经典，以律藏作为经典依据来统治僧伽，以经藏及论藏作为教导及修行实践的依据，继而依赖于教内师徒关系的亲疏来维持僧伽的统治。

兰那早期佛教中，僧伽管理按照原始佛教中佛陀的训示由僧伽成员分工进行，分成各种不同的僧伽执事。如袈裟执事负责保管及分发袈裟。负责挂单、僧伽僧舍的执事还负责僧伽的居住及资具的管理。负责僧伽戒律的僧人还负责监督净事。[3]在芒莱王时期，也没

1　〔泰〕阿伦腊·维先考：《曼谷王朝初期清迈社会研究——基于对泰北贝叶经的调查研究》，硕士学位论文，朱拉隆功大学，1977，第259页。

2　师徒制体现在师父与弟子的关系上，佛教《四分律》认为：和尚看弟子，当如儿意；弟子看和尚，当如父意。相敬，重相瞻视，如是正法便得久住。以上经典说明，初入僧团的僧侣应当在师父的指引下进行修行学习，应尊重师长。转引自刘华《法文化视野下傣族南传佛教运行制度探析》，《云南大学学报》（法学版）2013年第2期。

3　《上座部升座：兰那僧伽僧阶升座仪式》，摩诃朱拉隆功佛教大学清迈分校，邻国佛教研究项目结项报告，2010，第31页。

有国王册封僧阶的事例。然而在其之后的帕裕王时期，帕裕王曾经
延请帕阿派亚朱拉长老及其十位弟子到黎清帕寺入雨安居，并册封
帕阿派亚朱拉长老为僧王，统领清迈僧伽。到了格那王时代，格那
王曾经延请素可泰的苏摩那长老到花园寺常驻，并册封其为沙瓦密
长老（沙门统长老），管理花园寺，并统领清迈僧伽。三界王曾经
册封帕梅唐功长老为松列普沙密大长老，随后又册封自己的亲教师
法深长老为僧伽波利那悦（僧正长老）。

芒莱王朝时期，兰那僧伽有三大部派，曾经册封过僧伽罗阇
（僧主长老）、沙瓦密长老（花园寺派沙门统长老）、沙密长老（红
林寺派沙门统长老）及松列拉查祜（僧王）等。三大僧伽部派各自
为政，都有各自的僧王统领该部派僧伽，并有自己的佛寺。如果国
王支持哪个部派，哪个部派的发展就更为昌盛。[1] 对僧王、僧正长
老、沙密大长老的册封，两大部派——花园寺派与红林寺派有微细
的差别。花园寺派册封的沙门统长老被称为沙瓦密大长老，而红林
寺派的则被称为沙密大长老。这种微细的不同若追溯至斯里兰卡，
则是由于花园寺派与红林寺派分别来自斯里兰卡的阿兰若系与大寺
系。僧伽的僧阶只有国王或统治者才有资格册封。在缅甸统治兰那
200 年的时间里，其僧伽制度沿袭了芒莱王朝时期的僧伽制度，各
种僧阶也得以延续。

在兰那复兴时期，为了恢复生产力，兰那王披耶戛维拉派人至
景栋、勐勇及湄公河沿岸地区掳掠人口，实施“拾菜入篮，掠奴入
城”的政策，共掳掠人口 5 万~7 万。[2] 掳掠人口政策的实施，使兰
那族群构成更加多元化，僧伽来源也越发多样化。据 1897 年清迈僧

1　〔泰〕智宝尊者：《胜者时鬘》，第 151~152 页。

2　Volker Grabowsky, "Forced Resettlement Campaigns in Northern Thailand during the Early
　　Bangkok Period", *Journal of Siam Society*, Vol. 2, p. 66.

伽教育局召南温勐所做的统计,清迈共有 18 个不同宗派,且均拥有各自的中心佛寺。虽然宗派众多,但并不意味着各宗派在教理学习与修行上有太大差别。该时期的僧伽行政统治以中心佛寺为主来进行。中心佛寺的住持统辖其势力范围内的僧伽,僧伽波利那悦为教区僧伽最高领袖。

后来在帕召因他维差亚农时期(1873~1897),在素贴山双龙寺册封了石峰寺祜巴索帕为僧伽那悦,另外六位僧伽罗阇为副手。这个时期,兰那已成为暹罗藩属。1902 年 121 号《僧伽法》颁布后,到了 1906 年,曼谷王朝派法宗派长老玛哈宾尊者到兰那弘法。玛哈宾到兰那弘法一开始就遭到了兰那传统僧伽的反对,法宗派的介入代表兰那传统僧伽制度将面临巨大变化。[1] 玛哈宾长老一开始就请僧伽那悦与僧伽罗阇议会着手整肃传统僧伽制度,并计划建立新的僧伽制度。这一计划未得到兰那僧伽的认可与支持。

为了向中央大长老委员会证明兰那传统僧伽制度自古有之,并反对 121 号《僧伽法》对兰那的僧伽制度改革,僧伽那悦索帕长老于 1906 年 6 月向北部各个佛寺发布了一道《僧伽公告》,要求北部各寺院必须遵循。这道公告还被翻译为中部泰文(公告原文为兰那文),呈递给曼谷王朝僧王。《僧伽公告》陈述的主要内容如下。

(1)各寺院遵循传统诵经读本进行诵经。

(2)教授子弟、沙弥学习兰那文字,并以传统语言文字学习三藏经典及其他三藏经典注疏。

(3)比丘、沙弥依循传统戒律进行修学。

(4)佛事活动的主要组织者为戒师,戒师有义务进行监督。

---

1 《上座部升座:兰那僧伽僧阶升座仪式》,摩诃朱拉隆功佛教大学清迈分校,邻国佛教研究项目结项报告,2010,第 130 页。

（5）以戒律为中心进行内部管理；戒师在自己所管辖的寺院范围内有权任免僧团管理执事，对寺院事务、仪式进行分管负责。

（6）僧人出家、舍戒还俗，必须向负责其所属中心佛寺戒坛的僧长事先通报。必须严格管控在中心佛寺戒坛辖区居住的外籍人士。

（7）戒师有义务在辖区内按戒律严格教导比丘、沙弥。督促其按照传统修学方式认真学习戒律、诵经、修行，最终达上。[1]

从僧伽那悦索帕长老所发布的《僧伽公告》来看，兰那僧伽拒绝承认中央僧伽的领导，坚持实践原有的以戒师制及佛教戒律为核心的僧伽制度，并坚持原有的宗教习俗及僧伽管理方式，也拒不履行宗教教育改革中关于语言文字一体化由佛寺向平民推广的政策。

所以在 20 世纪初期，兰那僧伽并不认可中央僧伽的改革，僧伽那悦索帕长老甚至亲自到曼谷去觐见僧王与五世王以示抗议。僧王与五世王协商后，认为"北部僧伽改革不可操之过急，可暂缓实施"[2]，并请僧伽那悦索帕长老继续回北部统领清迈僧伽。五世王还命僧王提请大长老委员会册封僧伽那悦索帕长老为清迈府僧伽尊长，并赐僧爵"帕阿牌耶散塔僧伽巴摩"。索帕长老获得了泰北僧伽的核心统治地位，反对声渐小，五世王与僧王的让步使北部僧伽改革得以继续推进。随后，大长老委员会派帕达摩瓦洛东尊者到泰北巡视、检查僧伽事务，进一步在泰北推行 121 号《僧伽法》。

按照 121 号《僧伽法》的规定，改革后的僧伽等级如下（由高到低）。

1　宋立道：《神圣与世俗——南传佛教国家的宗教与政治》，第 107 页。
2　《上座部升座：兰那僧伽僧阶升座仪式》，摩诃朱拉隆功佛教大学清迈分校，邻国佛教研究项目结项报告，2010，第 137 页。

（1）常任僧王松列帕僧伽罗阇（往往由法宗派担任）：全国仅一位。国王册封，赐法扇。

（2）松列帕罗阇迦纳尊长（僧伽议会成员）：全国共8位，大宗派4位，法宗派4位。国王册封，赐法扇。

（3）帕罗阇迦纳副尊长：全国共20位，大宗派13位，法宗派7位。国王册封，赐法扇。

（4）一等帕罗阇迦纳：全国共45位，大宗派30位，法宗派15位。国王册封，赐法扇。

（5）二等帕罗阇迦纳：全国共86位，大宗派56位，法宗派30位。国王册封，赐法扇。

（6）三等帕罗阇迦纳：全国共189位，大宗派135位，法宗派54位。国王册封，赐法扇。

（7）四等帕罗阇迦纳：全国共477位，大宗派348位，法宗派129位。由国王或僧王册封，赐法扇。

（8）帕祜

帕祜一级：由国王册封，赐法扇。

帕祜二级：由中央僧伽册封，无法扇。

帕祜三级：由地方僧伽册封，无法扇。

法扇，是僧阶高低的象征，僧阶越高，法扇的花纹就越华美。从最高一级僧阶一直到帕祜一级，都要经过国王册封。这些僧阶属于受薪僧阶，享此僧阶的僧人，一般都经过了巴利文佛学九级考试，在僧团组织中担任相应的职务，在地方宗教界也很有威望，受到僧众及信众的认可与推崇。改革后的僧伽等级制度更加严密，而且每晋升一级僧阶都要经过严格的考试与考核。每级僧阶都对应了僧团组织中相应的僧伽管理行政职务，与行政区划结构也是相对应的。[1]

3. 僧伽结构的改革

曼谷王朝初期即 1902 年之前，僧伽结构划分为四部分，即北方、南方、中央教区和蒙固王自己建立的法宗派管辖教区。此时仍由国王指导僧团，凡有无法形成决议的事宜需以国王敕令为准。

由拉玛四世开启的泰国现代化改革在拉玛五世时几近完成。1892 年，曼谷王朝开始建立官僚制度，使泰国从一个政治松散的王国变成现代国家，改变了传统东南亚的曼荼罗式政治结构。1902 年，按《僧伽法》规定组织僧伽行政组织时，已经将其置于较完善的政府机构控制之下了。法令的前言说道："今天王权所及四方，承陛下旨意，实行改革，统治组织在许多部门均获完善，较以前有甚大发展。""观佛教界，僧伽之统治不仅增进佛教，对世间之进步亦甚有益。僧伽统治整然进行之时，则佛教繁荣兴旺，由是对佛主教诲信仰笃深。若世人效法实行，依从僧伽，遂生勤勉学习之风。"[2]

1902 年的《僧伽法》是使僧伽官僚结构系统化的首次尝试，也是僧伽等级结构划分的重要依据。僧伽的组织层次按照行政结构被并行划分为区、省、县、乡级和村寨佛寺。泰国僧伽结构形成于泰国封建主义时代，是以不同层次的国家行政机构作为蓝本逐步完善起来的。

对泰北僧伽结构的改革旨在建立等级严明的僧伽官僚制。这种僧伽等级制，分为区级僧伽、省级僧伽、县级僧伽、乡级僧伽、寺院主持，与泰北的行政区划相对应。每个寺院的僧侣由其所属的僧伽管理集团管辖。中部泰人在泰北地区推行中部的僧伽制度改革，

1　〔泰〕农帕纳·阿努鹏帕：《121 号僧伽法令对僧伽统治的影响》，朱拉隆功大学出版社，2003，第 197 页。

2　宋立道：《神圣与世俗——南传佛教国家的宗教与政治》，第 104 页。

后来又引发了部分僧侣的反抗。最有名的就是兰那祜巴西维猜长老
（KhrupaSiwichai）反对中部泰人推行的《僧伽法》。

泰北僧伽制度改革中祜巴西维猜的主要宗教实践活动

（一）泰北佛教重要信仰——东奔信仰

东奔是被泰北民间认可的最高僧阶等级，召东奔意为愿行菩
萨道度众的祜巴。东奔有着极高的功德及修为，虽未被官方僧伽认
可，也没有任何升座晋升仪式，但是在民众中享有很高的声望。东
奔信仰也是兰那佛教信仰中的重要组成部分，即前世积累了巨大的
福报，是菩萨转世，行菩萨道，由于发慈悲心要救助众生，所以仍
不愿意前往极乐世界，东奔信仰有着明显的大乘佛教的痕迹。

东奔出现的时代，往往为末法时代、国家发生动乱时期或战争
时期。祜巴西维猜，19世纪中后期出生于泰北南奔，自幼出家，曾
拜泰北许多高僧大德为师，学识渊博，并恪守戒律。祜巴西维猜在
泰北四处拜师求学、行善的经历，使他与当地民众，包括泰北各少
数民族关系密切。当时泰北佛教宗派众多，多达18个，但各宗派僧
团与信众都对祜巴西维猜极为尊崇。他严守戒律、发愿追随佛陀、
恪守佛陀教导，每天只吃一餐，坚持吃素、行菩萨道、复兴佛教及
传统文化。他还将发愿文写在自己所刻写的每一卷贝叶经的最后一
部分，得到了泰北信众的信服与敬仰。除此之外，他还按照《佛祖
巡游记》当中记载的众多佛教圣地去朝圣，并号召当地人募捐修缮

重要佛教寺院，如花园寺、红林寺、普叻府的崇乐佛塔寺、南奔大佛塔寺、南邦大佛塔寺等。他最大的功绩是修通了通向素贴山顶双龙寺的道路。在素贴山山脚下，有个祜巴西维猜的纪念真身像，终年香火不断。作为救世圣僧的祜巴西维猜更受人们依赖和拥护，人们相信他能救苦救难，拯救众生。因此，祜巴西维猜的所有善举都有人全力拥护、支持。例如他带人修复基础设施或是修建佛寺，都会得到民众的倾力支持。

（二）121 号《僧伽法》与地方宗教的冲突

1902 年，根据 121 号《僧伽法》在北部推广的僧伽制度改革旨在将原本各个地区权力分散的僧伽制度转变为权力集中的有严格等级的僧伽官僚制，最终由大长老会统一领导，将泰北地方僧伽纳入中央的管辖之内。121 号《僧伽法》中有一条规定："自此法颁布日起，取消与此法相冲突的一切习惯法。"《僧伽法》要求每个比丘都要依止一个具体佛寺和一位监护的戒师，并要随身携带证明文书，注明其巴利文法名、所依止佛寺及戒师姓名、出家年岁，并盖有佛寺所在地区僧伽统领官员的印章。各佛寺的住持都要到宗教事务所登记说明自己负责管辖的所有僧人的情况。这种措施以及关于住宿登记的规定不单表明政府不赞成"游方僧"及其流动行为，实际上也使当局有可能控制国内全部比丘的来往流动。[1] 除此之外，1902 年《僧伽法》中将泰国佛寺分为王立寺及私立寺，私立寺若没有戒坛，便无权授戒，需向地方行政长官申报，经教育部批准，并知会有关部门。

祜巴西维猜活跃的年代，正值 19 世纪末 20 世纪初，曼谷王朝

1　宋立道：《神圣与世俗——南传佛教国家的宗教与政治》，第 97 页。

需要将泰北兰那王国并入暹罗版图。为了进一步控制泰北，加强中央集权，曼谷王朝对泰北佛教的改革成为改革当中的重要内容，重点是对僧伽制度进行改革，加强国家对泰北僧伽的统一管理。

从前泰北佛教僧团除了教育百姓、弘扬佛法、执行佛教仪式、履行宗教职能之外，还执行一些民间信仰的宗教仪式。在兰那王国时期，僧团还具有特殊的社会功能，即协调统治阶级内部的矛盾，如协调群臣与王室之间的矛盾，认可兰那统治者的合法性，以及在社会动荡之时安抚民心、解决局部问题。因此，僧团在社会上非常重要，是民众的精神领袖，与各阶层民众之间的联系极为密切。他们不仅是宗教权威的代表，也是政治权威的代表。

在 16 世纪后兰那的僧伽制度中，僧团管理组织较为松散，相对自由灵活。僧团最高统治者为僧王，接下来为七大祜巴，他们辅助僧王管理僧团。戒师制即师徒制度，为兰那僧团管理组织的核心，这种僧团管理组织模式没有严格的等级之分，在一定区域内，一个戒师可以管辖一定数量的佛寺，戒师由民众推举德高望重的僧侣（祜巴）来担任，推选出来的戒师可以根据实际情况为他人出家授戒，从而拥有众多的弟子。这些弟子成为戒师的重要支持力量，进行相关的佛教活动，比如修缮、修建佛寺，甚至为民间修建基础设施。这种佛教传统使僧团内部、僧团与民众之间关系亲密和谐。

松散的僧团管理组织模式及族群的多样性，使兰那佛教分为众多宗派，曼谷王朝五世王时，调查发现兰那佛教共有 18 个宗派。众多的宗派，根源于兰那各地的戒师制与族群的多样化。各宗派的分类、名称与统治阶级的等级高低、血统有关，还与民族的族称有关，比如清迈派、昆派。高僧祜巴西维猜就属于清迈派僧人。

虽然兰那宗派众多，各宗派宗教仪式在细节上也不尽相同，但从未有过冲突。信徒们参加哪个宗派的仪式，取决于各自的宗教习

俗，并遵从戒师制。在寺院的组织管理中，一位受戒超过 20 年德高
望重的戒师可以管辖 10 座以上 30 座以下数量的寺院，被称为总长
老。被选为总长老的僧侣必须是众僧侣拥戴敬重、民众认可的祜巴
一级的僧人，祜巴虽然不需要官方的册封仪式，却需要由僧团与民
众共同推举，并受到兰那王室认可，比如祜巴西维猜。总长老可以
为任何弟子授戒，包括名门子弟、兰那王室子弟。

兰那僧团组织与寺院管理相对自由、独立，即使是各宗派的僧
长也无权过问、管辖其他宗派的寺院。各寺院只听命于其所属部派
的总长老。总长老也不是由官方册封的，而是由信众与众僧侣所推
举的。这样的宗教传统，使僧团组织松散、相对自由，寺院管理方
面也是各自为政，虽然如此，在履行宗教功能、执行宗教仪式或一
些传统宗教习俗之时，每个地区的寺院之间都会相互帮忙、互相扶
持，这样的习俗至今仍然屡见不鲜。

这种自由、松散的僧伽制度，不利于国家对地方的控制，造
成僧伽制度与政治制度之间的矛盾。因此，对泰北的僧伽制度进行
改革势在必行。针对泰北的实际情况，曼谷王朝开始了对该地区佛
教的改革。改革后的佛教成为强调戒律、中央集权、官僚政治与阶
级的宗教，视地方僧伽为离经叛道、反传统的异端。曼谷上座部佛
教崇尚经典、教戒与正统思想，轻视、贬抑地方性佛教传统。佛教
改革使得全国的僧伽制度更为规范、统一，但是它破坏了兰那原有
的传统，使兰那原有的宗教、文化传统从多元化走向单一化和集权
化，削弱了泰北的地方宗教势力。[1]

1　龚浩群：《佛与他者：现代泰国的文明国家与信仰阶序的建构》，《思想战线》2010 年第 5 期，
　　第 69 页。

（三）祜巴西维猜的抵抗运动

1853~1892 年，兰那还是曼谷王朝的藩属国，虽然要进贡，但曼谷王朝没有实际统治兰那，兰那统治者仍有实权。兰那在政治、经济、传统文化方面都是独立的。从 1897 年开始，曼谷王朝加强中央集权，清迈统治者的权力逐渐被削弱，曼谷王朝规定清迈大小藩王、臣僚都要接受曼谷王朝册封。这一举措削弱了地方权力，也损害了兰那旧统治者的经济利益，兰那旧统治者与曼谷王朝之间展开了明争暗斗。曼谷王朝的改革同时也损害了兰那民众的利益，新的税收政策要求民众必须上缴更多的税款，使得民众生活越发贫困，最终于 1889 年在散塞县爆发了起义。除税收之外，曼谷王朝还向民众征劳役修建基础设施，更有甚者将私人田地征为公共用地，更激起了民众对曼谷王朝的愤怒。曼谷王朝加强中央集权的改革，引发了兰那从上至下对曼谷王朝的不满。

另外，由于《僧伽法》当中的很多规定打破了泰北僧团原有的僧团组织管理模式与寺院管理模式，削弱了泰北僧团在泰北社会当中的宗教权威与政治权威，因此，他们拒绝被纳入制度化的僧伽组织中，回避与曼谷王朝国家意识形态紧密联系的僧伽权威。在新的《僧伽法》颁布之后，祜巴西维猜坚持原有的戒师制，为人授戒，也从不参加官方僧伽组织的任何会议，纵然被无数次拘禁，但他坚持认为自己所行之事从未违背佛陀的教导及佛陀制定的戒律。他通过遵循佛教传统而否认中央僧伽的领导，来抵抗曼谷王朝的佛教改革。

兰那传统的师徒制，是宗教与民众联系的重要纽带，寺院与民众之间的紧密联系并非取决于僧长。总长老也不是由官方册封的，而是由信众与众僧侣所推举的。作为东奔的祜巴西维猜拥有众多弟子，这些弟子也成为他重要的支持力量，尤其是在对抗曼谷王朝的时候。祜巴西维猜的崛起与兰那传统习俗及传统的僧伽制度是分不开的。他的崛起是在泰北社会变迁的时期。他不仅受到兰那农村民众的认可，也受到城市民众的认可。祜巴西维猜在各方民众心目中不可动摇的东奔地位，使得他在随后的 30 年间，成为兰那精神领袖及社会运动的重要力量，他与民众齐心协力致力于兰那的宗教事务。

　　1904~1922 年，祜巴西维猜从南奔到帕尧，修缮了数座寺院，每到一处都受到当地百姓的拥戴，百姓请他住到家中，并请他为家中男子授戒，这使祜巴西维猜拥有了众多弟子。不仅在佛寺修缮地有人护持他，远在数百里之外的信众听说祜巴西维猜在某地修缮佛寺，都会前去资助他。支持祜巴西维猜的群体，上至兰那王室贵族、政府官员，下至平民百姓，这就是祜巴作为东奔的影响力。1923 年，清迈藩王派了一名王室成员率众到勐帕尧，邀请祜巴西维猜到清迈修缮清迈王都最重要的两座皇家佛寺——花园寺和帕信寺。修缮两座佛寺历时三年，得到了清迈著名商人的资助，在此期间，祜巴还在清迈其他地方修缮了当地著名的佛寺，如中通佛塔寺。[1]

　　30 年间，因为修缮佛寺、注重传统文化的保护与传承、给各阶层的子弟授戒，祜巴西维猜成了维护兰那传统文化的标志性人物，赢得了民心，受到了爱戴，他已经不只是宗教权威的代表了。由于在泰北社会各阶层中的崇高地位以及作为东奔的影响力，他被视作威胁中央统一地方的政治权威的代表，遭到了中央统治集团的猜忌。在 1908 年至 1936 年近 30 年间，他数次遭到曼谷王朝统治僧团的圈禁与批捕，然而他依然回避、抵抗中央的僧伽权威，因此

1　〔泰〕索帕·卡那蒙：《兰那救世圣僧祜巴西维猜》，博士学位论文，法政大学，2003，第 71 页。

每一次的圈禁都使他在民众心目当中的形象更加高大，影响力也越来越大。他作为兰那东奔的形象得以流传后世，直至今日。

第一阶段的圈禁是在 1910 年，他违反了 1902 年《僧伽法》中第 121 条有关为王室子弟授戒的规定：必须先通过中央僧团的批准，再由中央僧团委任地方僧团选拔有资格为王室子弟授戒的地方僧长，最后上报中央僧团，获得中央僧团的认可与批示之后，选拔出来的僧长方可为王室子弟授戒。作为僧界与民间共同推举的泰北僧界总长老，按照兰那的传统宗教习俗，只要受戒人父母首肯，祜巴西维猜就有权为王室子弟以及平民百姓授戒。在 1902 年《僧伽法》颁布之后，他并未遵从新的《僧伽法》，依然遵循传统为王室子弟及平民子弟授戒。由中央委任的区级僧长及县长得知此事之后，认为祜巴西维猜僭越，不遵守《僧伽法》，将其圈禁 4 天之后交由南奔府僧长审问后才释放。

第二阶段圈禁是在第一次圈禁审问之后不久，南奔区级僧长要求祜巴西维猜召集弟子开会学习并认真贯彻区级僧长及县长新颁布的法令。祜巴西维猜没有出席，他所管辖区域内的几个佛寺的僧侣也坚决支持他，都没有出席。祜巴因此又被圈禁了 23 天。不久类似的事件又发生了，根据法律条例规定，佛寺住持要定期参加区级僧团组织的集会，从一开始祜巴西维猜就拒绝出席，同一区域内的其他住持也没有出席。县长和区级僧长就向南奔府僧长参奏祜巴西维猜，并将其囚禁了 1 年，还召开了南奔府僧团大会，撤销他住持的职位，不再让其担任戒师。

第三阶段圈禁源于百姓中有关祜巴西维猜具备超自然神通的传言，传言使他影响力倍增。南奔府区级僧长将其圈禁，并勒令其 15 天内离开南奔境内，却被祜巴西维猜以没有违反佛教戒律为由反驳回去。在圈禁期间，清迈有名的商人及王族子弟来到他身边侍奉左右，清迈及周边的民众也纷纷来参拜他。这使得清迈府僧长对其更加忌讳，又怕事态更加严重，因此将其送至曼谷交由僧王审理，并给他罗列了八大罪状。

一是自封为总长老，未经上级僧伽许可为他人授戒。

二是不遵从区级僧长管理。

三是召集僧团会议，组织僧侣学习《僧伽法》新规章，祜巴西维猜不列席。

四是官方规定寺院定点敲锣鼓，祜巴西维猜不遵守。

五是怂恿各级寺院不遵从南奔府僧长管理。

六是不配合户口调查。

七是区级僧长召集管辖之下的寺院开会，由于祜巴西维猜的授意，各寺院未遵从列席。

八是自命为天神，彰显神通，使民众盲目迷信。

中央僧伽后来鉴于清迈民众反对曼谷王朝圈禁祜巴西维猜的呼声及日益高涨的反对情绪，才不得不将他释放。祜巴西维猜回来之后，声望达到了顶点，更多的人支持并加入祜巴西维猜修缮佛寺的善举中来，从而推动了兰那文化复兴运动，"东奔"也成了一个伟大的、复兴兰那传统文化的标志。祜巴西维猜得以继续他的宗教活动，直至 1932 年，泰北由原来的藩属国正式被并入泰国的版图，成了泰王国领土的一部分。

第四阶段圈禁发生于祜巴西维猜修建通往素贴山的道路时，清迈统治僧团对其不满，因为他所做之事项都是独自进行，比如在修路之前念《吉祥经》，他只允许自己门下弟子参与，尽管遭到其他祜巴反对，认为应当让清迈僧团共同参与，但他不曾应允。在修路期间，原属清迈僧团辖下的 10 个区 50 座佛寺的僧侣纷纷脱离清迈僧团的管辖追随祜巴西维猜。除此之外，被官方正式

勒令还俗的僧人，祜巴西维猜再次为他们授戒，而且他拒绝依照
《僧伽法》的规定来念诵戒律、执行佛事。他的行为招致清迈统治
僧团的不满，清迈僧长报告给北部教区尊长，认为祜巴西维猜在
教界的权力、影响力过大，长此以往，势必将取代省级僧长。而
且他的行为还影响到了曼谷王朝治下的其他藩属区，使各个府多
达 90 座佛寺要效仿清迈，脱离省级僧团的管辖。为了遏制僧团脱
离运动，他们将祜巴西维猜送到曼谷圈禁，所有要求脱离省级僧
团控制的僧人均被控制起来，那些由祜巴西维猜授戒的僧人也被
勒令还俗。

　　除以上被统治阶级僧团罗列的罪名之外，他修建素贴山公路
也成为一条罪状，统治阶级僧团认为该路的修建属于蓄纳金银、
启用物资，而且没有通过交通部的审批。祜巴西维猜在这期间的
反抗行为，不仅是统治僧团与地方僧团之间矛盾冲突的体现，而
且由于他特殊的身份及巨大的影响力，统治阶级认为他的行为已
经影响国家政权的稳定，将其上升成了政治问题。由于祜巴西维
猜深受各阶层爱戴，各阶层民众纷纷给曼谷王朝施压，最终双方相
互妥协。

　　1932 年，祜巴西维猜承认了《僧伽法》的所有规定，并答应执
行，但并未付诸实践，因为他后来又答应了俗家弟子，要在曼版寺
举行一次大型的受戒仪式，不过这次仪式未能来得及执行，他就于
1938 年圆寂了。

　　泰北高僧祜巴西维猜在泰北佛教改革中的抵抗运动事实上反
映的是国家在对地方整合的过程中，中央政治权威、宗教权威与
地方政治权威之间的博弈过程。另外，也反映了边缘地区的多元
宗教文化与中央单一、集权化的宗教文化之间的矛盾。兰那传统
文化蕴含了佛教、婆罗门教、万物有灵等多元宗教文化元素，这

些多元宗教文化元素体现为一系列的信仰、仪式与文化象征。被
称为救世圣僧东奔的祜巴西维猜就是其中的一个重要象征。

祜巴西维猜本身的身体力行，使他不负东奔的称号，东奔因此
拥有强大的群众基础，形成了威胁中央的地方宗教势力。他一呼百
应，其抵抗运动受到若干人支持。虽然他的行为一直被统治僧团否
定，然而作为东奔的影响力及其执着的佛教实践精神深入人心，直
至今日他仍然受到泰北人民的普遍崇拜。[1]

泰北僧伽制度改革对泰北的影响

（一）僧伽结构、僧伽统治模式变化

从前的泰北僧伽制度是以佛律为核心的戒师制，僧伽结构、统
治模式非常松散。1902 年的僧伽制度改革，将原本松散的泰北僧伽
纳入中央僧伽统辖之下，以僧王为最高宗教权威，以国王为最高政
治权威，依照行政结构层次分层，通过册封及委任各级僧伽来管理
及运行各项僧伽事务。僧伽结构与政府机构对应并行，如图 3-1 所
示。僧伽等级森严，权力分层清晰，且有行政监督机制。佛寺戒师
丧失了以往的实际管理功能，需要受制于上层管理僧伽，传统的僧
伽结构、管理模式被彻底打破。

1　饶睿颖：《泰北佛教改革中高僧祜巴西维猜的抵抗运动》，郑筱筠主编《东南亚宗教研究报告：
　　东南南亚宗教的复兴与改革》，中国社会科学出版社，2014，第 114 ~ 123 页。

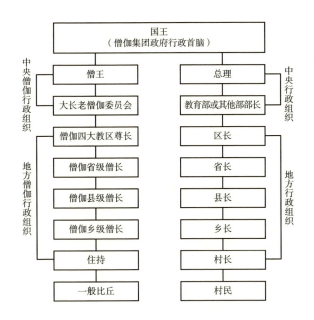

图 3-1　僧伽结构与政府机构

资料来源：参照〔泰〕卡玛拉·提雅瓦妮琦《消失的修行森林》(《香光庄严》，2000 年 9 月）进行改编。

（二）对泰北语言、文字等传统文化的影响

对泰北僧伽制度的改革，还包括向民众普及文化教育，即通过佛寺教育和僧伽向民众普及世俗教育。由于泰北僧人只会讲北部方言，因此将负责普及世俗教育的僧伽送到曼谷去培训学习，归来后担任教员，在泰北普及教育。要求泰北僧伽普及中部泰语，用中部泰文书写经文，念诵早晚课时也需要用中部泰语。另外，还在泰北各个佛寺统一规范了早晚课的诵经读本，所有读本用泰文书写，有统一的念诵内容。在正式场合诵经，必须采用官方规定的诵经读本。中部泰语在佛寺教育的推动下更加普及，逐渐从佛寺扩展至世俗学校。该举措进一步统一了泰北的语言文字，曼谷的语言文字成

了统一标准。对语言文字规范统一使用曼谷泰语的规定，使泰北原有语言文字（兰那文）的作用日趋衰微。佛寺中的许多年轻僧人不再学习兰那文，也不用兰那文念经。甚至许多佛寺的经书由原来刻写着兰那文的贝叶经变成了印刷体（中部泰文）牛皮纸仿贝叶经。而兰那文曾经是佛教传播的重要载体，兰那文化的重要标识，也是泰北与湄公河周边傣 - 泰民族区域进行佛教文化交流的重要工具。在提倡学习中部泰语之后，泰北与周边地区的官方交流减弱，只有民间层面的官方交流被保留了下来。

现在泰北许多佛寺的贝叶经大量堆积于各佛寺藏经楼或博物馆中，无人问津，缺乏保护整理，仅仅成为一种"文物"，在需要的时候展示给来访者或研究者。整理成册又进行归类的贝叶经非常少。目前整个泰北只有三个地方在做正规、系统的贝叶经典籍的保护、整理、归类，分别为清迈皇家大学贝叶研究中心、清迈大学图书馆和社会研究院以及普叻府松明寺。

图 3-2　随意放置于经柜中未经整理的贝叶经（笔者摄于泰北南邦石峰寺）

图 3-3　用中部泰文印刷的仿贝叶经——佛本生经（笔者摄于清迈堆萨盖县南王村佛寺）

图 3-4 泰北松明寺内经过整理分类的贝叶经卷（笔者摄于松明寺）

四世王推行的宗教改革以致 1902 年 121 号《僧伽法》在泰北的全面实施，对泰北本土文化产生的影响巨大。有些宗教仪式被取缔，消失不见。中央僧伽甚至下令禁止地方僧伽预言国运，不许地方僧伽运用神通和进行占卜、巫术活动。许多泰北传统的佛寺因为擅长巫术、占卜而负有盛名，禁令一下，一些寺院失去供养来源，只得秘密转入民间。另外，政府还明令禁止地方僧伽自诩救世圣僧，借救世圣僧之名鼓惑当地信众，进而影响僧团和合与国家统一大业。因此，北部僧伽制度的改革，间接使泰北多元地方文化丧失了不少本土化特征，主流佛教文化逐渐向曼谷中部地区佛教文化靠拢。原本多元的宗派在僧伽制度改革中被简单地划归法宗派与大众派两大派别，泰北本土主流三大佛教派别哈里奔猜孟人宗派、花园寺派、红林寺派均未能幸免。如今只有同一文化圈内的其他区域如景栋、西双版纳等地还保留了兰那古代所传承的花园寺派与红林寺派。

（三）对泰北普通佛寺教育的影响

从前，泰北地区延续了数百年的传统教育是以佛寺教育为主，没有固定的标准，而教师则为佛寺僧侣，教育的主要目的就是宣扬佛教。而且教育的对象仅限于男子，普及程度不高。为了适应改革的需要，瓦集拉尹亲王打算用佛寺教育和僧侣来普及世俗教育，接受了中部教育培训的僧人回到泰北后开始在泰北普及中部泰语、文字与世俗教育。在语言文字逐步得到普及之后，驻泰北的官员又在当地建立了公务员培训学校，旨在为当地培养行政官员，以尽快实现将泰北整合为泰国的一部分的目的。随着拉玛五世改革的推进，各种世俗学校纷纷涌现，数量越来越多，从贵族到平民子弟，为学到一技之长纷纷到世俗学校进行学习。世俗学校的普及打破了佛寺作为唯一教育机构的格局，也打破了女性无法接受教育的困境。僧人在泰北社会不再是独一无二的知识分子与社会精英。由于佛寺教育的单一性，人们更愿意将子女送入世俗学校接受多元化的世俗教育。佛寺教育的生源锐减，出家人数也大幅减少，许多泰北人由于有了其他受教育的渠道，已不再到佛寺去出家，即使选择短期出家，也不过是为了遵从当地的传统习俗与传统的功德积累观念。泰北当地的佛寺不得不主动"走出去"，以捐助贫苦山地民族的名义到泰北山区去弘法，吸引山区贫困子弟到佛寺接受佛寺教育、充实出家人数量。这种做法，虽然短期内缓解了佛寺出家人数锐减的问题，然而从佛教长期僧才培养角度而言，却未解决根本性问题。山区贫困子弟在佛寺接受佛寺教育，有了基本识文断字的能力后，绝大多数会选择舍戒还俗，外出打工以养家糊口，或通过几年的供养积累后，转入世俗学校继续学习。普通佛寺教育留不住本地僧人，因为佛寺学习内容单一，未与时代接轨，更无力培养杰出的僧才。许多佛寺出现本地僧才流失现象，泰北不少佛寺的僧人，尤其清迈佛寺的僧人，都是来自周边地区如缅甸景栋或泰国东北部地区。一直到 20 世纪 30 年代之后，普通佛寺教育中分化出了佛教义务制学校，从初中到高中都有相应的课程设置，且与世俗教育同步，20 世纪 30、40 年代后摩诃朱拉隆功佛教大学与摩诃蒙固佛教大学在清迈建立分校，并且开设了普通高校的课程，佛教义务制学校与两所佛教大学实现了无缝对接，僧才短缺的现象这才有一定程度的缓解，也相应地为本地培养了一些杰出僧才。[1]

（四）对佛教与国家认同思想的影响

传统的兰那佛教，包含了万物有灵信仰与婆罗门教信仰。早在 14 世纪之前曾经盛行的大乘佛教也对兰那佛教有影响。而曼谷王朝对各地的宗教改革就是为建立统一的民族国家做准备。

民族国家的概念是五世王时代提出的，在此之前，四世王蒙固王推行佛教改革，独创法宗派，也是在为推动统一国家的建立而做努力。独创法宗派的举措就是四世王迫切希望巩固他认为已经走向衰弱的佛教，他认为以学术与戒律为主的法宗派，优于遵奉其他佛教常规与习俗的教派，是正统而纯洁的佛教教派，可助力他兴国。受到王室支持的皇家宗派法宗派入驻泰北之后，打破了泰北多元佛教教派的格局。原本百花齐放的泰北多元佛教宗派，被统一纳入了大宗派的范畴，与法宗派并行，原有的多元宗派受到了前所未有的贬抑。无论是法宗派还是大宗派都被纳入新的僧伽制度中，而僧伽制度服务于国家政体。对僧阶的认定册封以及五世王王弟所提倡的由寺院推广普及平民教育，并将地方僧伽送至曼谷佛学院接受培训后返回原地担任教员的举措，使接受过曼谷统一僧伽教育的僧伽在

1　来自 2017 年 5 月至 2019 年 12 月在泰北的田野调查。

返回原地为泰北当地民众普及教育时，促使原本多元的佛教文化趋于单一，而僧伽作为泰北人重要的精神领袖及教育普及者，他们对中部佛教的态度及对佛学、道德观的解读，也会在一定程度上影响当地民众对佛教的态度及对佛学的理解。

从四世王开始到六世王，曼谷王朝一直致力于统一国家的建立。从收归各藩属国开始，一直到把这些藩属国正式并入泰国的版图。对各藩属国从"收归"到"并入"，除了政治、经济层面的各项举措之外，宗教意识形态的统一同样重要。泰北与中部虽同是南传佛教信仰地区，却有着不同的宗教习俗与修行方式，佛教形态是不同的，与各自政治相结合的程度也不同。泰北宗教多元、松散、不完全受王权掌控，而曼谷王朝要统一国家需要的是一个统一严密、受王权支配的僧团，这样才能有效地整合社会，加强中央集权。对僧伽制度的改革是"泰学为体，西学为用"，泰学为体，也是形塑国家认同思想的重要手段。19世纪末20世纪初，当僧伽制度改革伴随着政治经济改革逐步完善时，北方泰人开始逐步认同泰国，在僧伽的带动下，泰国国家认同感在中上层人士当中首先建立起来。

第四章　中国车里与泰国兰那的佛教渊源及关系

车里与兰那族群构成相似，地缘关系密切，在历史上共属兰那佛教文化圈范畴，因此法乳同源，双方语言文字相通、在佛教上交往密切。车里的佛教由兰那经景栋传入，兰那佛教重要宗派建立之后，也会随后传入西双版纳。双方的佛教交流史，延续着传统的经典交流、高僧弘法交流。在彼此佛教式微之际曾经相互扶持，以复兴南传佛教的宗教文化传统。由于两地民族迁徙频繁，车里傣泐人迁入兰那，也成了兰那多元地方宗派的一部分。

佛教传入车里

（一）佛教传入车里的时间

中国的西双版纳地区曾经出土部分佛教文物，上面刻写的时间较早，早于学术界所公认的佛教传入西双版纳的时间。勐海大佛寺重修时，在大殿柱脚底部发现一块银片，上面刻有傣文"建于珠腊历 9 年（647）"；重修勐海曼喷佛寺时，在大殿柱上发现用傣文书写该村佛寺建于珠腊历 16 年（654）。

1986 年 10 月，景洪曼广龙等寨群众自筹资金建造"九塔十二城"时，在第四座塔的塔基下出土了一块长 2.5 厘米、宽 2.5 厘米的银片。上面刻有傣文佛历 1000 年（456）捐建结束。勐海县佛教学会傣族知识分子康郎庄介绍，在勐海县勐海傣族城子村原总佛寺大殿柱上发现了用傣文记载的该寺建筑年代——771 年。曼拉闷村佛寺的大殿柱子上所记载的时间则是 671 年。1986 年群众翻修佛寺的时候，该寺佛爷在旧瓦片中发现刻有傣文的两块瓦片，一块表面无釉，另一块上釉。无釉的瓦片上分别刻有老挝、泰国、傣泐三种文字，年代记载为 708 年。而上釉的瓦片上半部是老挝文，下半部是傣泐文，年代记载与另一块相同。

1989 年底，勐腊县文化馆发现了一尊唐代中期的铜佛像，通高 37 厘米，座高 13 厘米。基座是镂空的卷草束腰须弥座。佛像基座后面用傣泐文记载"智慧佛爷赎于公元 755 年"。勐海县勐混乡城子后山的塔景恩是西双版纳地区最早建造的佛塔之一，此塔旁边有两块未经加工的石质塔碑，碑面刻有傣泐文，记载的时间为 781 年。庄列塔塔基地宫出土的 31 件文物中有一块刻着傣泐文的银钣，也记载了"佛历 1000 年捐赠"的字样。勐海县曼南嘎村旧佛寺遗址中出土的一片银片上面也刻写了建塔立碑的时间"公元 972 年"。还有景洪嘎洒镇曼沙村重建佛寺时出土的一尊铜佛像，佛座上用傣泐文记载的时间为 755 年。[1]

以上出土文物证明早在 5~8 世纪时，以 8 世纪时期最为突出，西双版纳范围内就已经有佛教的踪迹了。南传上座部佛教在 4、5 世纪的时候传入东南亚，但今天东南亚的上座部是很久以后，即 11 世纪前后才在缅甸成为主流教派，且在 13、14 世纪才在柬埔寨、老挝和泰境占据统治地位。佛教在泰北与西双版纳的传入情形也与上述情况类似，即进入的时间可能很早，那个时候还有大乘佛教教派传入。

佛教传入西双版纳及周边地区初期，7、8 世纪，是佛教初传期，然而初传的佛教，尚未被人们理解及接受，而且没有佛经，佛教并未广泛流行。因为当时居住在泰北、西双版纳地区的人们信仰的是原始宗教，只有经过佛教徒长时间的宣扬、弘法和统治阶级的大力提倡，佛教才可能为大众所接受。[2]

（二）佛教传入车里的路线

印度文化（包括南传上座部佛教文化在内）对东南亚各地影响的过程是非常复杂的，并非直线传接式、一次性就完成的，而是多线、反复多次、递进传接式的过程。这些地区表现出的印度文化因素往往并非与印度直接接触的结果，常常是经历多种途径、多条线路、多个"中转站"，经过本地文化的吸纳融合之后，才有了今天

1　征鹏主编《西双版纳佛教》，云南民族出版社，2012，第 80~82 页。
2　杨玠：《西双版纳的佛塔》，王懿之、杨世光编《贝叶文化论》，第 484~485 页。

的表象。

佛教传入中国西双版纳的过程，是先传入东南亚地区，而后才逐步传入西双版纳地区的。从佛教传入泰北的过程来分析，既有蒲甘至泰北的路线，也有从缅甸毛淡棉至泰北的路线。《佛教传入景栋》曾载，873~1138年，"佛教不断从清迈传到景栋"。景栋与西双版纳接壤。从兰那佛教文化圈覆盖的地域范围来看，13世纪后，这片区域主要是傣－泰民族的聚居区，其中包括今天中国西双版纳的傣泐人（傣族）、缅甸的泰艮人、老挝的泰老人以及泰北泰庸人。他们不仅有着相似的语言、习俗，且相互之间互通有无，未曾中断。这种往来和联系必然会将南传佛教带入西双版纳地区。

傣文资料中曾载："释迦牟尼成佛前，其师兄阿祖达腊西就带着3个弟子从印度出发，经海路到斯里兰卡，通过泰国、缅甸进入我国西双版纳，在此传教一年，之后沿澜沧江北上，最后从德宏出境；释迦牟尼成佛后10年，曾带500弟子出游，从印度到缅甸，最后进入景洪大勐龙。"公元前115年，西双版纳首次派代表前往缅甸景栋和仰光两地迎接佛像和佛经。公元76年，西双版纳首领帕雅格那派12名僧侣途经缅甸、泰国，前往哈里奔猜观摩取经，后到斯里兰卡大寺学习了6年。公元82年，他们学习期满升为佛爷后，带着三藏经典，由斯里兰卡取道泰国、缅甸景栋，经过大勐龙，最后回到景洪。

傣文《佛祖巡游记》中记载召苏扎多将引达帕雅升为佛爷，并对他说："佛教在我们景迈已经得到发展，应该让景栋人也懂得佛教。"过后，他率领引达帕雅携带佛经桑比打戛去景栋传教，又去景列建佛寺、升和尚。事毕，召苏扎多返回景迈，引达帕雅留在景栋。于是景迈、景栋、景洪人之间彼此来往，升和尚、拜佛四时不绝。后来，有一个名叫召帕友的派佛爷西维苏坦麻书那自景栋到景洪宣扬佛法，经过这个佛爷和他的门徒反复多次的传教后，佛法在西双版纳地区逐步传播开了。[1]

以上傣文资料提及的时间、地点虽然存在偏误与混淆，却为我们描述了佛教从东南亚地区传入西双版纳的过程与路线，即清迈—景栋—小勐拉—打洛—勐混—勐海—大勐龙—景洪。从山水相连的地域来看，南传佛教从泰北清迈向北传播，每一次的传播都以景栋为中转站再传入西双版纳。

早期传入车里的佛教受泰北影响较大，晚期则受到缅甸的影响。兰那在历史上曾经沦为缅甸藩属达 200 年之久，景栋被划归缅甸，深受缅甸文化影响，西双版纳部分地区也曾被划入缅甸。这也是西双版纳佛教在佛寺、佛像造像上与缅甸较为相似的重要原因。当地民众称呼佛寺为缅寺也与西双版纳佛教和缅甸佛教有一定的相似性有所关联。佛教在传入西双版纳之后，又从西双版纳经陇川等地传入了德宏地区，这也是南传佛教传入德宏地区的重要渠道。

另外，大勐龙地区非常值得关注，它是西双版纳的佛教重镇。第一，在地理位置上它很靠近景洪，在西双版纳十二个版纳中，大勐龙地区历史上曾经是一个完整的版纳，面积较大，且靠近政治权力中心。第二，在佛教方面，大勐龙拥有众多杰出的祜巴并保存了很多较为完整的贝叶经。目前，大勐龙祜巴的数量仍然比较多，佛教权威地位比较突出，且其与缅甸勐勇接壤，双方的宗教交流一直未曾间断。尤其是在 20 世纪 80 年代国家宗教政策恢复之后，大勐龙引进了许多勐勇的佛教仪轨。从古至今，大勐龙与勐勇两地的人们互相帮扶，在文化上交流互鉴，有非常密切的联系。

大勐龙当地的地方志对大勐龙佛教发展的状况有过记载，《佛祖巡游记》中也记载过不少大勐龙的佛陀圣迹。另外，民间流传一种

1　转引自征鹏主编《西双版纳佛教》，第 84~86 页。

说法，西双版纳历史上曾经进行过一次三藏经结集，就是在大勐龙完成的。19 世纪末 20 世纪初曾有学者见过并有所记载。[1]

在兰那复兴时期，兰那王曾经数次到勐勇掳掠勐勇泰人到泰北恢复生产生活。迄今为止，泰北已有勐勇泰人 10 万余人，成为北部重要的傣－泰民族支系，他们当中许多人从事纺织业与种植业，对北部的经济文化发展起到了较大推动作用。泰北的勐勇泰人百年来不曾间断与勐勇的联系与交流，而勐勇与大勐龙接壤，因此大勐龙与泰北在宗教文化上的交流也是相当密切的。

车里佛教与兰那佛教的渊源

（一）摆孙派的建立

14 世纪下半叶，泰庸人的国家已经形成了较为统一的兰那王国。国家的稳定发展和经济的进步使泰庸人的意识形态也有所变化，原来从哈里奔猜传承的佛教已满足不了泰庸人社会的变迁。热衷于佛教的格那王从素可泰接受了锡兰教派（阿兰若派）。1369 年，格那王延请高僧苏摩那携佛骨舍利到哈里奔猜（南奔），在南奔建立了锡兰教派。两年后，格那王有意将清迈打造为北部的佛教中心，替代原有的佛教中心哈里奔猜，遂于 1371 年建立了花园寺，成立了花园寺派，并将供请的佛骨舍利埋入了花园寺佛塔及素贴

1　来自 2017 年 4~7 月团队成员在大勐龙的田野调查。

山佛塔中。自格那王之后，泰北的佛教中心逐渐由哈里奔猜移到了清迈。格那王支持兰那各勐僧伽到清迈研习佛法，学习阿兰若派戒法。

1369 年及 1373 年兰那比丘弘法使团两次到西双版纳传法。这段时间正好是兰那花园寺派建立和发展的时间。由于兰那与车里是兄弟之邦，两地上至王室贵胄下至平民百姓，相互之间交往频繁，兰那重要佛教教派的建立与兴盛，也会在第一时间北传至西双版纳。新教派传入西双版纳后在当地扎根立足、普及，仍然需要一段时间。第一个从兰那传入西双版纳的教派，被称为"摆孙"（花园寺派），以景洪及周边地区为代表。

（二）摆坝派的建立

花园寺派逐步在兰那发展壮大，得到了格那王与披耶三纺更（三慧王）的支持。在三慧王时期，一部分僧伽开始对这派教法的正统性产生怀疑，遂于 1430 年到斯里兰卡学习大寺派佛法，后返回清迈，建立红林寺，成立了新锡兰教派，又称僧伽罗派，在当地被称为红林寺派。[1] 三界王即位后转而支持红林寺派。晋升红林寺僧人为兰那僧王，他自己也在红林寺短期出家，将红林寺派的地位推向了前所未有的高度。正是在三界王时期，红林寺派从清迈经由景栋传入了西双版纳。红林寺派从清迈传入西双版纳之后，被称为"摆坝"，即森林派。

红林寺派或森林派，更强调巴利文学习及恪守佛陀戒律，在森林中修行。三界王的举措促使兰那当时的僧伽非常努力地研习佛法，即使是与红林寺派相对立的花园寺派也开始努力研究佛学。在

1　〔泰〕萨兰萨瓦迪·王素恭：《兰那历史》（第五次修订），第 110 页。

三界王时代，出现了很多巴利文佛学大师，并促成了泰北历史上一次重要的三藏经典结集。这一时期的兰那僧伽，无论是花园寺派还是红林寺派的僧人都积极到兰那以北的西双版纳、景栋、勐勇、勐乃等地区弘法，促成了兰那佛教在这些地区的再次传播与普及。

从 14 世纪初至 16 世纪，随着锡兰教派和新锡兰教派的传入与发展，上座部佛教在泰北的发展进入黄金时期，这期间不但出现了许多巴利文佛学大师，还涌现了许多著名的佛教文学作品，对西双版纳佛教文化与文学作品的产生与发展起到了重要的推动作用。这一时期重要的佛教文学大师与文学作品主要有菩提光尊者的《占玛黛薇传》与《帕信佛的传说》；智宝尊者的佛教传记《胜者时鬘》，这部佛教传记对研究泰北的佛教及历史有着重要的价值。妙吉祥尊者对佛本生经故事《维先达腊》《长部》《吉祥经》所作的注释，对后世影响深远，尤其对西双版纳影响很深。西双版纳佛本生经故事中描述了佛陀在成佛之前最后一世——维先达腊王子的故事。这部佛经在西双版纳不但被刻写在贝叶经中，成了重要的佛教文学作品，在雨安居期间也成了佛寺念诵巴利文佛经中最重要的部分。僧人、信众也纷纷刻写《维先达腊》的贝叶经卷供养佛寺。佛教徒认为，信众在雨安居期间，供养《维先达腊》贝叶经，或是僧人为信众念诵《维先达腊》，不论听者还是诵经者都将会积累巨大的功德，诵经往往从黄昏开始一直到第二天早晨，持续十多个小时。念诵《维先达腊》需要僧人声情并茂，在抑扬顿挫的念诵中惟妙惟肖地展示出释迦牟尼成佛之前最后一世的故事。念与听的过程，拉近了圣与俗的距离，使布施供养的理念深入人心。

《维先达腊》也成为一部家喻户晓、深受信众喜爱的文学作品。这部文学经典故事情节曲折动人，作者还巧妙地提及维先达腊的前世今生，把许多有代表性的行菩萨道事迹都善巧地勾勒出来，作为警

图 4-1　景洪总佛寺殿内维先达腊题材的壁画（笔者摄于景洪总佛寺）

示教育。[1] 此外,《维先达腊》还被创作成佛寺壁画。西双版纳许多佛寺壁画都是以《维先达腊》作为重要的创作题材，因此南传佛教的传入，极大丰富了西双版纳的文化、艺术与文学创作。

在兰那佛教鼎盛时期，佛教文化融合了泰庸人本身的民族文化，形成了具有泰庸人特色的兰那佛教文化，并向其他地方传播，形成了以清迈为中心，以中国西双版纳地区、缅甸掸邦南部及老挝部分地区为覆盖点的兰那佛教文化圈。在三界王时代，佛教达到了极盛，通过清迈，佛教被进一步传播到了兰那以北地区。传入西双

版纳的摆孙派与摆坝派佛教，在西双版纳一直沿袭、传承了下来，直至今日。

西双版纳的材料曾记载，花园寺派僧侣曾经到景栋建立了瓦法叫、瓦法岗等佛寺，后又以景栋为中转站，向景洪、勐罕、勐腊、勐捧、勐旺等地区传播锡兰教派。而红林寺派于1446年以景栋为中转站，派僧侣到勐混、勐海、勐遮、布朗山等地建立佛寺，传播新锡兰教派。[1] 从兰那向西双版纳传播佛教的路线来看，每一次的传教都是以景栋为中转站，最后才传入西双版纳的。传入西双版纳的这两派佛教，都被称为润派。"润"源于 /Thai Yuan/ 的发音，就是泰北的主体民族泰庸人，由于这两个佛教教派传承于兰那泰庸人，因此才被称为润派。

摆坝派，传入西双版纳被称为山野派或森林派，后来勐海县布朗山上仍旧坚持在山林中修行的，都属于这一派。而居住在村寨中的被称为摆孙派，是"田园派"。由于这一派立足民间，生活不如山野派清苦，戒律不如山野派严格，所以得到很大发展。[2] 摆坝派与摆孙派分别脱胎于泰北的红林寺派与花园寺派。事实上，无论是脱胎于花园寺派的摆孙派，还是脱胎于红林寺派的摆坝派，若追根溯源，同属锡兰大寺派，都属于林居派。花园寺派在泰北的传播要先于红林寺派，而红林寺派的僧人更注重巴利三藏经典的学习与林居修行，持戒也更为严格。当花园寺派与红林寺派传入西双版纳之后，由于时空的差异、本土化、当地人的不同解读等因素，摆孙派被理解为园居派，摆坝派被理解为林居派。

1　谢远章：《泰傣学研究六十年》，第134页。
2　张公瑾：《傣族文化》，吉林教育出版社，1989，第71页。

（三）老傣文的产生与普及

由于佛教的传播，文字作为宗教传播的重要载体也随即产生。泰北佛教的传播和发展，兰那文就是载体。据考证，兰那文字最迟在 13 世纪末就已经创立。[1] 这种文字又称"达摩文"（佛经文），后来还被人们称为"堪勐文"，最主要的功能就是记录佛经，因为凡与佛经相关的内容基本上记录在贝叶经上，所以兰那文是佛教传播的重要载体及传承媒介。1400 年后，兰那僧侣赴锡兰学习佛法后回到兰那，兰那的上座部佛教得到空前的发展，僧人及其弟子们将新锡兰教派传播到了老挝的琅勃拉邦、缅甸的景栋和中国云南的西双版纳。因此，这些地区也开始使用兰那文。直至现在，这些地区刻写在贝叶经上的文字，仍然在使用兰那文，只是因为地域和时间的差异，原本的兰那文产生了一定的变异，有了各种变体，但还是有 80% 以上的文字是基本相同的，所使用的兰那文的变体多数也是相通的。传到了西双版纳的兰那文就发展变化成了老傣文，老傣文与兰那文最为相似，几乎没有差异，只有手写体字迹的微小差别。

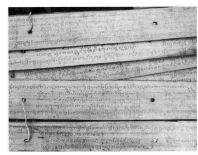 

图 4-2　用兰那文刻写的贝叶经　　　图 4-3　用老傣文刻写的贝叶经
　　（笔者摄于清迈帕信寺）　　　　　（玉儿罕摄于曼春满）

1　谢远章:《泰傣学研究六十年》，第 139 页。

除了兰那文之外，还有一种文字是素可泰文传入兰那后与兰那文相接触产生的变体，被称为"法堪文"，俗称豆荚文或酸角体。这种文字在兰那并没有如兰那文那样的流行，目前只是在清迈帕信寺大殿后面、清曼寺及南邦銮拍塔寺的碑铭上发现了法堪文的铭文，现在已经基本失传。[1] 法堪文也曾经传到了西双版纳，同样未能逃脱失传的命运，傣泐王宫的一块石碑上留有唯一的痕迹，后来这块石碑被大象踩坏。[2]

兰那文及老傣文是佛教传承的重要载体，用于抄录佛经，记载重要佛事活动，甚至用来记载地方志，并且大部分被刻写于贝叶之上。也就是说，这两种文字是佛教传承的媒介。通过这些文字，佛教经典之作被刻写在贝叶上供奉给了佛寺，因此它们多被储存于佛寺、王宫及贵族家中。傣－泰民族对佛教的虔诚信仰是兰那文及老傣文得以保存、传承下来的重要原因。而法堪文，又被人们称为世俗体，并不被广泛运用于佛教的传播中，因此其受重视程度远不及兰那文、老傣文。这也是其最终没能够保存、传承下来的重要因素。

兰那文与老傣文的创造，使得泰庸人与西双版纳傣泐人普及了识字教育，对他们的文化、教育、社会发展及行政管理的改进等方面起到促进、推动的作用。兰那文的产生，还成为兰那佛教文化圈的重要标志，在这个文化圈内，人们语言、文字相似，文化相近。由于文字相近，便于佛教文化交流，因此从古至今这个文化圈内的僧人便相互参学、供养三藏经典，没有任何语言文字上的障碍。

1　来自2015年9月对南邦大佛塔寺僧侣巴扎帕功的采访。

2　谢远章：《泰傣学研究六十年》，第141页。

佛教自兰那传入及老傣文的普及和传播，使西双版纳佛教自 14 世纪开始迅速传播与普及，西双版纳佛教虽然深受兰那佛教文化影响，属于兰那佛教文化圈中的一部分，但是佛教在西双版纳也必然经历了本土化的过程，并非兰那佛教的复刻。一种外来文化对本土文化产生影响的过程中，占主导地位的是接受方，并非输出方，尤其是接受方掌控领导权的精英们更能起到举足轻重的作用。一种文化的影响状况不是输出方文化的简单移植或易地再生，而是接受方根据自己的意愿、需要和条件主动选择吸纳和融合的结果。[1]

1326 年，西双版纳的大小酋长全部归顺元朝，元朝在西双版纳建立的政权才得到稳定。中央政府对西双版纳的完全控制，使得西双版纳从 14 世纪中叶开始深受中原文化的影响。西双版纳傣泐人在文化发展当中既吸收了兰那佛教文化，同时也改造了佛教文化，使它更符合自己的需要，更具有傣族的特点，加之傣泐民族原有的文化元素，形成了既有兰那佛教文化特色，又有当地文化特征，并且融入中华文化影响因素的多元文化特征。

因此，笔者认为西双版纳佛教文化的内涵也很丰富，不仅包含佛教文化的因素，而且是以佛教文化为主流，其他文化因素为基本组成部分的具有傣族特征的佛教文化。从总体上来看，西双版纳的傣泐人与泰北的泰庸人之间的文化比其他傣－泰民族文化更为相似。他们的语言、文字、艺术风格、生活习俗及原始宗教信仰都很相近。出现这种现象可能是这两个民族在迁移的过程中较之其他傣－泰族群分化较晚，居住地距离较近，而后又有相互间不间断的联姻与交流，且西双版纳傣泐人深受兰那泰庸人影响，使得这两个民族更容易相互融合、融洽相处。这有可能是历代兰那国王在兰那人口

1　李谋：《析印度文化与古代东南亚》，《东南亚南亚研究》2009 年第 3 期。

稀缺的时候都会到西双版纳掳掠傣泐人将其迁入兰那境内作为兰那
居民的重要原因。

18 世纪后，两地归属于不同的国家，各自的文化也因为不同的
政治归属而受到了各自国家民族文化的影响，形成了自己别具特色
的民族文化。但是他们在文化上仍然有很大的相似性，因为他们有着
共同的文化认同，即认同傣－泰民族的传统文化及佛教文化。

车里佛教与兰那佛教的交流

（一）经典交流

随着佛教在西双版纳的进一步传播，西双版纳傣泐人根据兰
那文创造了自己的文字老傣文，双方语言文字相通，为相互间
的交流带来了很大的便利。在兰那佛教文化繁荣鼎盛的三界王时
代，即 15 世纪时，两大佛教派别花园寺派与红林寺派已发展较
为成熟。两派僧人针对戒律问题及部分教义的解释、注疏问题有
过激烈的争论。三界王为了平息争端，促进佛教和谐发展，专门
重修了七塔寺（WatJetYod），以该寺院作为结集地点。这是泰
北历史上重要的一次结集，这次结集重新整理了兰那现存的所有
三藏经典。三界王甚至邀请了其他地区的南传上座部佛教僧侣参
加了此次结集。这次结集规模宏大，人数众多，时间长达一年之
久，被泰北人誉为"南传上座部佛教的第八次结集"。在结集之
后，花园寺派与红林寺派的僧人更加积极到兰那以北的西双版

纳、景栋、勐勇、勐乃等地区弘法布道。在结集后的 100 年中，博学的僧侣们用巴利文撰写了大量的佛教文学作品，其中包含大量的巴利文佛学经典，这些佛教经典与佛教文学作品，随着兰那与车里的频繁交流以及僧侣们的弘法布道，源源不断地传入西双版纳。这些著名的文学作品在交流中对西双版纳巴利文文献的创造起到了重要的作用。

14 世纪初至 16 世纪重要的佛教文学大师与文学作品主要有菩提光尊者的《占玛黛薇传》与《帕信佛的传说》；智宝尊者的佛教传记《胜者时鬘》；16 世纪兰那僧人难陀（Nanda）所著《摄心义》（Sāratthasaṅgaha，综述佛典中的若干论题），以及妙吉祥尊者对佛本生经故事《维先达腊》《长部》《吉祥经》所做的注释，均对后世产生了深远影响，尤其对西双版纳影响很深。目前，可考的从兰那流入西双版纳的佛教经典，除了巴利文版的《长部》《吉祥经》，最著名的巴利文文学作品就是《维先达腊》。西双版纳傣族南传上座部佛教巴利文文献由三个部分构成，一是傣族巴利三藏与三藏注疏；二是傣族从巴利三藏中遴选、编写而成的傣族常用巴利文佛经，以《出家业经》《比丘业经》为代表；三是傣族创作的南传上座部佛教经典，以《本生经》为代表。[1]《维先达腊》流传到西双版纳之后，傣族僧人用经典傣文将巴利文版的《维先达腊》翻译出来，通俗易懂。《维先达腊》，是本生经傣族化、通俗化的有力佐证。[2] 每逢重要佛教节日，僧人都会念诵《维先达腊》本生经，以此作为获取功德的重要途径之一。信众也会将自己刻写或请人刻写在贝叶上的

1　姚珏：《对云南西双版纳现存傣族南传上座部佛教巴利语文献特殊价值暨研究方法的几点认识》，《宗教学研究》2006 年第 4 期。

2　姚珏：《傣族本生经研究——以西双版纳勐龙为中心》，《世界宗教研究》2006 年第 3 期，第 48 页。

《维先达腊》本生经在赕经书的时候，供奉给寺院，这也被视为重要的功德积累。通过傣文史籍记载与口述史资料可知，从泰北传入西双版纳的经典虽然不够完整，但基本涵盖了经、律、论巴利三藏的内容。[1]

　　除了佛教经典、巴利文文献的交流之外，兰那的《芒莱法典》也随着佛教的传播流传到了兰那佛教文化圈的其他地区。《芒莱法典》创制于芒莱王朝时期，是由兰那王国的开国国王芒莱王主持制定的，针对各个阶层都制定了详细的法律依据。法典内容详尽，几乎面面俱到，细致到对佛教供养及鬼神祭拜都有相关的规定。如《芒莱法典》中规定，百姓要捐献自己的土地给佛寺，必须经过召勐的同意。如果有荒芜的土地，谁开垦为良田后都不能据为己有或私自捐献给佛寺，必须经过召勐的同意方可拥有土地或捐献给佛寺。[2]

　　《芒莱法典》中也有对冲撞鬼神者及藐视鬼神者做出惩罚的规定，"若有人烧毁、破坏神龛者，罚以 110 银钱。损坏神龛中的祭坛者，罚以 33000 贝币。破坏神柱者，罚以 330 贝币……"[3]

　　《芒莱法典》成了兰那佛教文化圈内流传的一部奠基性法典。在西双版纳，很长一段时间内以《芒莱法典》作为当地重要的法律依据。《芒莱法典》成为西双版纳社会规范准则及法律基准，数百年来被统治阶级用来治理当地的人民及所辖区域，对傣族社会影响深远。

1　郑筱筠、染晓芬：《世界佛教通史》第 8 卷《中国南传佛教（从佛教传入至公元 20 世纪）》，中国社会科学出版社，2015，第 54 页。

2　〔泰〕布拉塞·乃那空：《芒莱法典》，第 109~110 页。

3　〔泰〕阿伦腊·维先考：《古代兰那法典研究》，清迈大学出版社，1981，第 14 页。

（二）高僧弘法交流

高僧弘法交流，在兰那与车里之间几乎从未间断过。兰那是西双版纳佛教重要的发源地，因此历史上的高僧弘法交流，高僧从兰那前往西双版纳弘法的情况更多一些。兰那高僧到西双版纳的弘法交流可以分为三个阶段。

第一阶段，花园寺派弘法时期。1369 年，格那王延请素可泰高僧苏摩那到兰那传统的佛教中心南奔传教，在南奔建立了锡兰教派。两年后，格那王考虑到清迈是兰那王国的王都，应将清迈打造为北部的佛教中心，替代原有的佛教中心哈里奔猜，遂于 1371 年建立了花园寺，成立了花园寺派。花园寺派又称阿兰若派，属于林居派，主张僧团应在远离城镇之地修行。随着兰那与泰北交流的日益密切，花园寺派在创建之初就通过高僧弘法交流传入西双版纳。1369 年，清迈派出由 700 名僧人组成的弘法使团到景栋弘法，后来弘法使团又经由景栋到西双版纳。1373 年，兰那比丘弘法使团再次从清迈到西双版纳弘法。[1] 通过花园寺派高僧的弘法布教，西双版纳最终确立起了摆孙教派。

第二阶段，红林寺派弘法时期。三慧王时期，兰那一部分僧伽对花园寺派教法的正统性产生怀疑，遂于 1430 年到斯里兰卡学习佛法后返回清迈，建立了红林寺派。[2] 红林寺派僧人也属于林居派，且持戒比花园寺派僧人更严格。另外，红林寺派僧人对巴利文的掌握程度有较高的要求，包括巴利文唱诵以及对巴利三藏经典的研习。

红林寺派由于三界王的扶持，成了皇家宗派，地位达到了前所未有的高度，在三界王时期，红林寺派高僧从清迈经由景栋到西双版纳

1　邓殿臣：《南传佛教史简编》，中国佛教协会，1991，第 127 页。

2　〔泰〕萨兰萨瓦迪·王素恭：《兰那历史》（第五次修订），第 110 页。

传法。1446 年，清迈红林寺高僧率弘法使团，以景栋为中转站，派僧侣到勐混、勐海、勐遮、布朗山等地建立佛寺，传播新锡兰教派。[1]

第三阶段，西双版纳僧人到泰北弘法布教。文化的交流具有双向性，在 16 世纪之前，兰那佛教处于鼎盛时期，宗教交流以兰那高僧到西双版纳弘法布教为主。但是 16 世纪以后，兰那先后沦为缅甸、暹罗的藩属，20 世纪初期彻底被并入泰国版图。兰那佛教的影响力逐步减弱，不复当年的辉煌。由于连年战乱，许多著名的佛教寺院被战火损毁，逐渐被废弃。作为同一个文化圈内的兄弟之邦，本就有高僧相互参访、弘法交流的宗教传统。在兰那佛教式微时期，其他区域的高僧到兰那帮助其修葺寺院、弘法布道、振兴佛教也是常有之事。

19 世纪中叶以后涌现出以泰北高僧祜巴西维猜为代表的僧人，他们开始大规模地对泰北佛寺进行修缮。在修复兰那佛教寺院的高僧中，除了本地僧人之外，西双版纳的僧人也在与兰那弘法交流的过程中，帮助兰那部分地区重新修葺寺院，教导僧众，为兰那佛教的复兴做出过一定的贡献。

笔者通过在泰北进行长期的田野考察发现，西双版纳高僧曾于 19 世纪到泰北进行弘法交流，帮助泰北部分地区重建寺院。南奔孟人聚居区散巴东（Sanbadong）地区碧眼佛寺周边村民讲述了中国西双版纳与缅甸交界一带的一位高僧祜巴格玛到泰北修缮佛寺、弘法布道的事迹。

1852 年，西双版纳高僧祜巴格玛云游至清迈、南奔一带。他在云游期间，发现这些地方许多佛寺衰败之至，无人修葺，

1　谢远章：《泰傣学研究六十年》，第 134 页。

遂带领当地信众募捐、修缮佛寺。散巴东碧眼佛寺，就是其中之一。传闻散巴东碧眼佛寺在重修之前，杂草丛生，到处残垣断壁，人迹罕至。祜巴格玛花费极大心血带领信众重修大殿、碧眼佛像及佛塔。在修缮完碧眼佛寺之后，祜巴格玛于雨安居期间驻寺修行，应当地百姓请求，代理佛寺住持。周边僧人听闻祜巴格玛佛学造诣精深，尤以禅修见长，纷纷拜于祜巴格玛座下，追随其修行。追随祜巴格玛修行的僧人中，甚至还有当地较为著名的祜巴。由于祜巴格玛的慈悲、福德，一些比丘、沙弥纷纷来到寺中常驻修行，碧眼佛寺重现昔日辉煌。祜巴格玛为了满足当地信众的宗教需求，一直长驻寺中，直至 1868 年圆寂。[1]

笔者认为，类似西双版纳高僧祜巴格玛到泰北进行弘法交流的事迹并非个案。随着今后有关宗教交流方面相关调查的展开，一定还会发现更多类似的事迹。这样的事迹也从侧面印证了西双版纳与泰北由于地缘、亲缘和同处一个宗教文化圈的关系，从古至今互相弘法交流、相互扶持、复兴彼此南传佛教的宗教文化传统，宗教文化的纽带是天然的，是双方民心相通的重要体现。

（三）民族迁徙中的宗教交流

兰那佛教文化圈在历史上有过几次圈内民族相互迁移的情况发生。族群的迁移必然会带来宗教交流。族群迁徙流动，较早的是在16 世纪披耶盖尔时代。一部分是因本地生产、生活资源匮乏而主动迁入泰北的傣泐族群，另外一部分是规模最大且有据可考的属于被

1　来自 2017 年 12 月笔者及团队对孟人村寨碧眼佛寺波章波隆的采访。

图4-4　碧眼佛寺内祜巴格玛真身像　　图4-5　碧眼佛寺内祜巴格玛舍利塔
（笔者摄于碧眼佛寺）　　　　　　　（笔者摄于碧眼佛寺）

图4-6　碧眼佛寺碧眼佛（笔者摄于碧眼佛寺）

动迁入泰北的族群。200 多年前，兰那为了脱离缅甸统治，投靠暹罗，成为暹罗的藩属。在此期间，统治者为了恢复兰那核心区域的生产、生活，曾经数次到兰那以北的地区进行人口掳掠，以充实兰那核心区域的人口，来复兴兰那，这一掳掠人口的政策，历史上称为"拾菜入篮，掠奴入城"。[1]

1805 年，兰那王帕召戛维拉到勐勇、勐腊、勐育（Mueng Yu）、勐累（MuengLui）、景栋、勐清康（MuengChiangkhang）、勐瓦（MuengWa）等地进行大规模的人口掳掠，几乎将以上地区的人口掠光。之所以采用如此策略原因有二：一是为了解决兰那地区人口稀缺的问题；二是为了防止缅甸再以这些地区为基地对兰那进行侵扰。

1807~1815 年，由于掳掠人口充实地方的策略取得了一定的成效，缅甸对兰那的威胁也解除了。兰那人口稀缺的局面得到缓解，基本已经渡过了危机。整个兰那社会的状况开始复苏，并稳步发展。1808~1813 年，帕召戛维拉又到景栋、勐勇及湄公河沿岸地区掳掠人口。兰那以北地区因为帕召戛维拉的数次掳掠而成了一座座空城。在"拾菜入篮，掠奴入城"的政策下，帕召戛维拉时代共掳掠人口 5 万~7 万。[2] 帕召戛维拉时代结束后（1813 年之后），其继任者清迈王坎凡（Khanfan）及披耶蒲塔翁（PhayaPhuthawong），也曾到勐布、勐萨等地区掳掠人口到清迈。[3] 除了被掳掠的人口之

1　"拾菜入篮，掠奴入城"的政策是指通过战争将战败方的人口掳掠到战胜方，来增加战胜方的劳动力，以此种方式来促进当地的生产力。在掳掠人口的同时，还说服当地山民移居到山下建立村寨，重建家园。参见〔泰〕萨兰萨瓦迪·王素恭《兰那历史》（第四次修订），第318 页。

2　Volker Grabowsky, "Forced Resettlement Campaigns in Northern Thailand during the Early Bangkok Period", *Journal of Siam Society*, Vol. 2, p.66.

3　〔泰〕萨兰萨瓦迪·王素恭：《兰那历史》（第四次修订），第 322 页。

外，还有一部分人是由于不堪忍受战乱而随着被掳掠的人口迁移出去的。

在被掳掠的人口及主动迁移的人口中，有相当一部分为西双版纳的傣泐人。这些傣泐人虽然迁移到了异国他乡，但是仍然保留了自己族群的历史记忆。他们以宗教文化的传承来重塑自己的族群历史。因此，族群迁移中，宗教文化的传承也是相互间宗教交流的重要途径。本族群宗教文化传承的形式主要以佛教仪式或一些掺杂了佛教色彩的民俗活动呈现。

在田野调查中，笔者及团队走访了泰北帕尧府清堪县裘栋猜社区的傣泐族群。这个社区傣泐人的祖先就是从西双版纳勐乌地区迁入泰北清空的傣泐人。他们迁入的时间较早，约在 16 世纪披耶盖尔时期，是为了生计迁入泰北的。该社区傣泐人代代相传，保留了不少祖先的宗教习俗。在供养僧伽方面，村中傣泐人并不像传统泰国人一样，等候僧人行脚托钵再施斋供养。他们保留了祖先传统的习惯。每天清晨在上班劳作之前即 4 点左右，村民们就会做好食物，亲自拿到佛寺去供养僧人，因为在傣泐人的观念中，亲自入佛寺供养食物给僧人，所获功德要比等候僧人托钵时再供养更大。等候僧人托钵供养成了佛日或其他佛教节日的供养仪式。[1]

为了开发地方经济、发展旅游，这个社区还挖掘了不少民族历史记忆，其中有一些就是与宗教仪式相关的。目前这个社区已经举行了十一届"团结嘎提那衣（袈裟）"供养活动，所谓"团结"是指在一个晚上天明之前所有善信团结一心，共同缝制好袈裟，准备第二天上午供养给在三个月雨安居（Vassa）期间学修精进佛法的僧侣。除了袈裟功德主以外，还有来自世界各地的游客参与和体验傣

1　来自 2018 年 11 月团队成员的田野调查。

渱的传统纺织工艺，这个区域的傣渱服饰纺织品也颇具特色，精致古朴典雅，色彩搭配鲜明。

　　第二天清晨，人们带着缝制好的袈裟到寺院去供养，恭送袈裟的队伍沿街游行，到了佛寺门口，全村老少都在佛寺门口抛撒鲜花和米花，恭候奉送袈裟的队伍，恭迎四方宾客。鲜花与米花具有特别的佛教寓意。传说摩耶夫人在生悉达多太子时，上天现祥瑞之象，天空中散落不少奇异的香气四溢的花朵。在供养袈裟的仪式中抛撒鲜花与米花就是为了模拟祥瑞之象，寓为吉祥、功德圆满。而米花则还有另一层意义，即"随喜功德、随喜赞叹"。

　　在活动中，宗教传统仪式与地方文化艺术结合起来，成了民族传统文化的展示及发展旅游经济中的卖点。

　　笔者团队成员作为西双版纳勐海县傣族学术研究会代表团中的一员，受邀前往泰国帕尧府清堪县进行文化交流时了解到，泰国帕尧府清堪县是中国西双版纳傣渱后裔聚集程度最高的地方，他们先祖迁移的时间为两百多年前兰那王掳掠人口的时代，其是被兰那王帕召夏维拉部下从勐腊掳掠到帕尧府清堪县的。当时掳掠的不止一个傣渱村寨，但都来自勐腊。我们采访了其中一个村寨曼塔寨。该村对自己作为傣渱

图 4-7　缝制袈裟仪式（一）
（团队成员摄于清堪县西东猜社区）

图 4-8　缝制袈裟仪式（二）　　　　图 4-9　缝制袈裟仪式（三）

（团队成员摄于清勘县西东猜社区）　　（团队成员摄于清堪县西东猜社区）

图 4-10　供养僧人袈裟游行仪式

（团队成员摄）

图 4-11 傣泐妇女在佛寺门口抛撒米花恭迎袈裟及宾客（团队成员摄）

民族的认同比较强烈，村寨中有专门的傣泐织锦展示中心，从织布到自然有机染色、织锦纹样都有详细的展示。工作人员共有 20 人，目前他们正与帕尧大学合作，推广"复兴傣泐织锦纹样文化"项目。重点复兴佛寺佛幡中的纹样。中心工作人员告诉团队成员："之所以要复兴织锦佛幡纹样及织锦手法，一来供养佛幡可以获得功德，二来傣锦纹样有不同的文化含义。现在许多人为了商业用途、经济利益，只注重纹样的绚丽多彩，全然不顾各种傣锦纹样所代表的文化符号。有些人甚至把佛幡中用到的纹样织成桌布来卖，这是对圣物的玷污，是对佛教的扭曲。我们的祖先从西双版纳迁来之前就信仰佛教，我们应当把本民族纯净的信仰正确延续下去。"[1]

村寨佛寺还有一个历史博物馆。博物馆的墙上展现了傣泐从西

---

1 来自 2018 年 11 月团队成员对织锦艺人的采访。

图4-12　曼塔傣泐历史博物馆
（团队成员摄）

图4-13　傣泐织锦展示中心老人展示织锦
（团队成员摄）

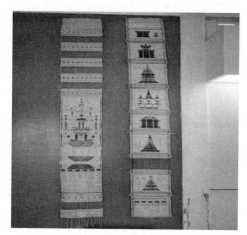

图4-14　傣泐佛教织锦纹样（团队成员摄）

图4-15　僧人带领参观代表团绕塔（团队成员摄）

双版纳迁徙于此的过程，包括勐泐首位召片领帕雅真以及其余四十
多位召片领。除此之外，宗教活动中所用的用具、祭品，在博物馆
中都有展示。这个傣泐村寨是以具体的佛教象征物、供养圣物来传
承佛教文化。这种模式的宗教文化交流，使傣泐文化在泰北凸显其
区别于主体民族泰庸人的宗教文化形式。

　　笔者在泰北难府做实地调查的时候发现，勐难府（今难府）有
个农波寨，也是个傣泐人村寨，他们的祖先在兰那王帕召夏维拉实
施人口掳掠政策时从云南迁来。该村老人讲述，他们的祖先在数百
年前从云南勐腊迁来，到泰国以后分成两部分，一部分在景罕县曼
纳弄建寨，一部分在英勇的召銮勐腊领导下来到勐难。勐难的召勐
也曾经为恢复勐难的生产生活而到其他地方掳掠人口，西双版纳在
兰那王人口掳掠政策下形成的人口迁移正好满足了勐难召勐充实人
口数量的愿望，因此他收留了召銮勐腊所带来的傣泐人并对其做了
妥善的安置。村寨寨名沿用了以前西双版纳家乡的寨名"农波寨"。
农波寨的村民每年都会在村寨竜林祭祀祖先，在祭祀中，南传僧众
会回避牲祭环节，在末尾参与念诵吉祥经，并做功德回向。村寨村
民一直以来与西双版纳的亲戚保持着联系，每逢祭祖时节，双方都
会相互走访。

　　笔者调查走访的另一个村寨泰北南王村的傣泐人，其祖先当中
的一部分人是 14 世纪末第一次从西双版纳迁到该地，而其他绝大多
数人则是在 1804 年，由于"拾菜入篮，掠奴入城"的政策而被掳掠
至清迈的。

　　在这次掳掠的人口当中还有大批擅长傣泐织锦的傣泐工匠，他
们及其后代为该村寨傣泐织锦的传承和发展做出了重要的贡献。南
王村的傣泐织锦也是泰北远近闻名的，展示中心就在佛寺旁边，由
于僧人与村民的共同推动，织锦技艺也得到了推广，傣泐织锦成了

图4-16　寨神召銮勐腊塑像　　图4-17　巫瓦寺外壁画泰泐人秋收时节春
　　　　（笔者摄于难府）　　　　　米的场景（笔者摄于难府巫瓦寺）

村中的支柱产业。中心所产织锦不仅受到泰国游客的喜爱，还远销到了国外，尤以西双版纳傣族购买居多。展示中心收入中的很大一部分用于供养佛寺，应付寺内僧人的日常花销。除了传统织锦之外，村寨还有不少傣泐传统技艺传承人及展示点，涉及竹编、青苔制作、慢轮制陶等。

　　该村佛寺还是每年一度傣泐文化节的主要承办方。另外，佛寺中还有公众健康中心，定期会举办一些培训班，由专业人士给村民们普及健康知识，包括艾滋病的防护以及登革热、疟疾等疾病的预防。

　　每逢泼水节，村寨都会举行向寨神帕亚栾献祭的重要仪式。村民要带上丰盛的供养品前往佛寺参加滴水仪式，供养佛陀、寨神，把供养佛陀、寨神所获功德，又回赠给自己已故的亲人。仪式将傣泐人的祖灵信仰与佛教信仰相融合并代代相传。傣族的传统道德、家庭伦理观，也在佛教仪式中悄无声息地传递给了后人。

　　泰北南邦地区也有几个傣泐人村寨，几个村寨地域相连，本

图 4-18　南王村傣泐织锦中心

（笔者摄于清迈南王村）

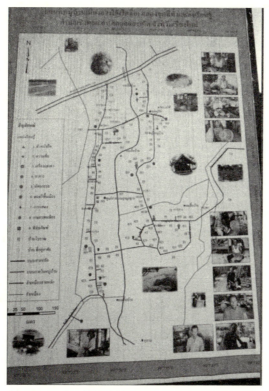

图 4-19　南王村传统技艺展示点示意图（笔者摄）

图 4-20　南王村佛寺（笔者摄）

是一个寨子，被称为曼桂村，村中的村民无法确定从西双版纳迁徙过来的具体年代，只记得两百多年前，祖先被迫从西双版纳迁入南邦，整个村的人都被泰庸人掳掠一空，在西双版纳只剩下一座空寨子。从迁入泰北至今，他们再也没有和家乡的人有过往来，从此也就断了联系。这个村寨的人刚来时非常排外，而且民族历史记忆比较淡薄。村寨才迁来之际都是族内通婚，一直到20世纪初才逐渐与泰庸人或其他民族通婚。笔者推测，该村寨傣泐人大规模迁入泰北的历史原因与农波寨及南王村情况相似，都是因为兰那统治者为充实本国人口而对兰那以北其他地区进行人口掳掠。

　　在调查中笔者重点走访了该村的重要佛寺金芒寺。金芒寺历史悠久，建于13世纪末，起初并不是这个傣族村寨的佛寺，傣泐人迁入之后，准备在村中建寺时发现周围山上有座废弃的佛寺，登高望远，风景甚是优美，因此放弃了在村中修建佛寺的计划，将废弃的金芒寺修缮，并重绘壁画，延请傣泐僧人入驻，从此金芒寺才成了该村的村寨佛寺。[1]值得关注的是，佛寺内的壁画与绝大多数傣泐佛寺壁画所绘制的主题佛本生经故事《维先达腊》有所不同，这个佛寺壁画所绘制的并非《维先达腊》的内容，而是佛本生经故事中一个关于感恩的因果传说故事。

　　传说从前有个傣泐农民在山下种植棉麻，养了一只金色毛母狗，有一天母狗喝了附近象脚印洼中的水就怀孕了，并生下了两个人类的女儿。为了养育女儿们，母狗经常跑到傣泐村寨中去偷村民的食物、衣服，回去给两个女儿吃、穿。后来，两个女儿长大了，出落成两个漂亮的姑娘，到林中去游玩，巧遇了国王。国王迷恋其美貌便将两个女儿带回宫封为妃子，并盖了两座寝宫供她们居住。母狗回家找不到女儿，就到处找，没办法只能求助梵天，祈求梵天让它能开口说话，以便寻找女儿。后来母狗到处询问，历尽千辛万苦，终于在王宫找到了女儿。最先找到的是大女儿，结果大女儿为了荣华富贵，担心他人得知自己母亲是狗而毁了自身前途，立即命人追打狗母亲。狗母亲被打得浑身是伤、奄奄一息，挣扎着找到了小女儿。小女儿心地善良，将狗母亲接到自己宫里，找来食物和水，并为它治伤，她把狗母亲藏在一个箱子里，但狗母亲由于伤势过重最终离世，梵天感念小女儿的善心，用神通将狗母亲的尸身化作一箱子财宝。尽管获得了财宝，但失去母亲的小女儿伤心欲绝，跑到树林中去冲撞食人夜叉，希望食人夜叉将自己蚕食，好追随母亲赴死。食人夜叉当时正生疮毒，深受病痛折磨，小女儿在阴差阳错之下不但没有被夜叉吃掉，反而治好了夜叉的疮毒。夜叉为了感激她赠送了她无数珍宝，并安

1　来自2013年8月笔者对佛寺波章提拉坤老人的采访。

慰她，要为了自己的母亲勇敢地活下去。

小女儿就用这些珍宝建了一座佛寺来纪念自己的母亲。大女儿听说小女儿获得了很多财宝，心生嫉妒，就问小女儿获得财宝的方法，小女儿如实相告。大女儿想用同样的办法去获得财宝，就到森林中去冲撞食人夜叉，最后被食人夜叉吃掉。小女儿后来获得国王青睐而被封为王后。[1]

壁画故事所呈现出的教育意义，除了因果报应的佛教伦理之外，还有傣泐人最重视的家庭伦理道德，即对父母长辈及有恩于自己之人的尊重、孝顺以及感恩。该村至今保留有"苏玛"仪式。每逢泼水节、入雨安居、出雨安居期间，村民们都要到佛寺、在家中进行"苏玛"。"苏玛"是傣族对佛教三宝、师长、长辈、父母表达感恩与忏悔之心的一种传统宗教仪式。在佛寺中进行的苏玛仪式，是集体仪式。首先是对三宝、佛陀圣物和圣迹苏玛，以表达对佛陀的感恩，感恩佛陀给予世间的法雨甘霖、解脱之道及心灵皈依。其次是对僧人们进行苏玛，感恩僧人们的法布施，并向僧人们忏悔自己过去身、口、意的不当之处。最后是对长辈、师长及父母的苏玛，感恩父母给予生命，感恩师长给予知识、教诲，感恩长辈们的照顾，并向长辈们忏悔自己过去一年中身、口、意的不当之处。苏玛的时候要带上献给三宝、长辈、师长、父母的礼品（多为生活用品）。在家中的苏玛仪式由一家之主来主持，属于家庭仪式或个体仪式。仪式中家中所有的晚辈都要向父母、老人表示感恩并进行忏悔，首先要献上给父母、长辈的礼品，祝愿父母、长辈身体健康、万事如意，其次要对自己及家人在平时生活中不当的行为、言语向长辈们忏悔、道歉，请求原谅。长辈则会拿起两根蜡条放于晚辈头

1　金芒寺壁画内容，由笔者收集整理，2013 年 8 月。壁画内容见附录。

上，表示原谅，并向晚辈表达祝福。

　　村寨保留了傣泐人传统的尊重长者、感恩孝悌的家庭伦理道德，还保留了崇尚集体主义、轮工互助的社会道德。每逢村寨有大型活动诸如佛教节日庆典或人生礼仪，都会举办宴会。除了宴会所

图4-21　曼桂村一户人家举行葬礼请僧人诵经场面（笔者摄于南邦曼桂村）

需材料的采买由各自负责,其余的操办都由村民们互助完成,如帮厨、清洁、开车、搬运等。笔者在调查时,恰逢一户人家在办葬礼。葬礼所有环节都由全村村民共同协助完成,从请僧人诵经祈福到宴请宾客,最后到火葬,每个环节全村村民都积极参与其中。在佛教节日及人生礼仪中,佛教融合着傣泐人的传统道德伦理观,体

图4-22 葬礼宴请宾客及宴请食物(笔者摄于南邦曼桂村)

现在各种宗教仪式当中，成了傣泐人存在于当地社会未被当地人同化的重要象征。

除了大量的傣泐人从西双版纳迁居至泰北，族群的迁徙也带动了宗教文化的交流，人们以继承传统仪式的方式来保存族群记忆。

图4-23　僧人及全体村民将亡者灵柩从亡者家用一根粗的白绳牵拉至竜林火葬处火葬（笔者摄于南邦曼桂村）

在泰北与西双版纳的族群迁徙中，西双版纳傣泐人迁移至泰北的现象较多，但也有从泰北迁移至西双版纳的情况。

笔者在实地调查中确实找到了由泰北迁移至西双版纳的泰庸人群体。西双版纳景洪嘎洒地区曼勐寨就是由泰北迁往西双版纳的例证。据寨中老人回忆：这个寨子是 19 世纪从泰北清盛地区迁来的，他们称自己是勐人（勐人，是泰庸人在 1804 年之后对本民族的自称），所以将村寨取名为曼勐，并自称是芒莱王的子孙后代。直至今日，整个寨子都将芒莱王奉为勐神，每三年的 2 月份都要进行大规模的祭祀，每户人家贡献一只鸡，整个寨子还要杀一头牛来祭祀勐神芒莱王。寨中每逢重要时节也会祭拜勐神。该村寨 19 世纪从泰北清盛迁移到西双版纳也是由于清迈王在 19 世纪初期对清迈以北清盛地区的人口掳掠，在很大程度上破坏了清盛地区的正常生产、生活，使原来居住在清盛的泰庸人无法继续生活，这些泰庸人由于种种原因，不愿意随被掳掠的人口迁移到清迈等地去生活，才逃到了西双版纳。这些人在迁移到西双版纳之前就已经称呼自己为勐人了，所以他们的子孙后代才一直沿用勐人这一称呼。每逢泼水节前后，还会有一些来自泰北清盛的家乡人到寨子里走访。由于"勐人"的称谓是在 1804 年之后才出现的，因此可以推断，这些泰庸人迁移到西双版纳地区的时间应该是在 1804 年之后。

综合以上调查，泰北与中国西双版纳之间族群交错迁徙的现象绝大多数发生在兰那复兴时期，统治者实行的人口掳掠政策导致了族群迁徙。其中，泰庸人迁移到境外的人数较少，而大量的傣泐人被泰庸人从中国西双版纳地区掳掠到了泰国境内。据泰国政府所做的调查，现在泰国境内的泰泐（泰国政府将迁移到泰国的傣泐人称为泰泐）人口总共有 50 万之众。这些留在泰国境内尤其是泰北境内的泰泐人，其祖先大部分是在兰那复兴时期被掳掠或迁移到泰北

图 4-24　西双版纳曼勐寨门口（笔者摄于西双版纳曼勐寨）

图 4-25　用老傣文记录的有关曼勐迁移到西双版纳历史的手
抄本（笔者摄于西双版纳曼勐寨）

图4-26　西双版纳曼勐寨勐神芒莱王　　图4-27　西双版纳曼勐寨一隅（笔者
　　神龛（笔者摄于西双版纳曼勐寨）　　　　　摄于西双版纳曼勐寨）

的。大量掳掠西双版纳的傣泐人到兰那，是因为傣泐民族在语言文字、文化、风俗习惯方面与兰那泰庸人非常相似，比其他傣－泰民族更容易与泰庸人相处、融合。在掳掠及迁移的人口当中，还有大量拥有一技之长的手工业者。这些人对兰那统治者战后重建地区的手工业和技术的进步产生了积极的影响。比如从西双版纳流入的傣泐织锦工匠，他们精湛的傣泐织锦技术推动了兰那织锦工艺的发展。

　　族群迁移带来了宗教交流，傣泐人的大量迁移也将其民族宗教文化特征带入泰北境内。后世的人们通过族群历史记忆，记录下了这些历史上的交流。西双版纳傣泐人南传佛教在泰北流传的主要特征有如下几方面：首先是传统南传佛教仪式与传统技艺相结合的传承，如制作及供养袈裟的仪式；其次是通过民族传统技艺傣泐织锦来传承正统的佛教文化符号；再次是南传佛教与原始宗教紧密结合体现在祭祀勐神、寨神或祖先的仪式中；最后是通过佛教艺术（壁画）来传递民族伦理道德，以及佛教仪式与传统社会伦理道德相结合的传承。

（四）地方宗派的形成

　　泰北是山区，各地区被山脉所阻隔，差异较大，加之族群迁徙现象较为频繁，使泰北的民族文化构成多样、地方文化多元。民族宗教文化的多元性是导致地方宗派多元发展的重要因素。据 19 世纪末的宗教状况调查，泰北佛教宗派就有 18 个之多，其中就有属于傣泐人的"勇派"。[1]

随着从西双版纳迁徙来的傣泐人在泰北扎根、发展，他们别具特色的宗教文化也在这片土地上传承了下来，他们所尊奉的南传佛教虽然形成于兰那佛教文化圈中，但是也并非与主体民族泰庸人的南传佛教完全相同。傣泐人的佛教更加入世，佛教仪式与原始宗教仪式相互融合程度较高，且还与家庭伦理道德相结合。此外，傣泐人的佛教强调长者权威，强调佛教教理教义与生活的相互结合，但并不强调精研教理教义以及严守戒律。傣泐人的佛教教派"勇派"在泰北持续了半个世纪之久，最后才在泰北僧伽制度改革中被统一整合到大宗派当中。

1　"勇派"的称呼，源于大批迁移自缅甸掸邦勐勇的傣泐人，19 世纪中期他们因逃避战乱大批迁入泰北。勐勇与西双版纳的傣泐人几乎没有差别，属于同一民族，但由于勐勇傣泐人数量较多，就将傣泐人所尊奉的佛教教派统一称为"勇派"。

第五章 19 世纪末 20 世纪初中国西双版纳地区僧伽制度与泰北僧伽制度改革的关系

　　泰北在 19 世纪末 20 世纪初开始推行曼谷王朝僧伽制度改革，改革对社会、佛教造成深远影响。在同样的时代背景下，中国的西双版纳地区也面临着剧烈的社会变迁，有着王室血统的西双版纳高僧召勐玛哈祜选择到泰北参访学习，在泰北著名高僧祜巴西维猜门下学习数年，将其所学因地制宜运用于西双版纳，在西双版纳推行僧伽制度改革，他的部分改革思路及改革措施对后世有宝贵的历史借鉴意义及一定的影响。

19 世纪末 20 世纪初西双版纳社会背景与佛教状况

（一）殖民主义的威胁

从元代到清代，虽然中央王朝已在车里设置土司制度，但势力并未深入其腹地。中央王朝所实行的仍是"以夷治夷"政策，当地傣族依然按照以土司制度为纽带的民间政治制度管理车里。西双版纳傣族土司一直视其地为中国的一部分，并以纳贡、征调等方式保持与中央王朝的联系，这种关系一直持续到清朝末年才有改变。[1] 19世纪末，清朝在经历了中日甲午战争以后，在列强的环伺之下，面临着土崩瓦解的局面。随后各国毫无顾忌地在中国划分势力范围。中国云南与东南亚国家历史上交往时间很长，已经形成了传统的贸易通道。从 19 世纪开始，英法入侵缅甸、老挝、越南等东南亚国家，为殖民主义寻求商品市场、矿产和商业通道。他们一度认为云南是中国物产最丰富的地区，有着广阔的市场，蕴含着无限的商机，[2] 并强迫清朝将部分领土划给英属缅甸或法属越南。光绪二十一年（1895），刀承恩任宣慰使时，清廷与法国签订《中法续议界务专条附章》，其中规定："允将勐乌、乌得两地让与法国，以效睦谊。"其中第三款中还规定："其东边之勐乌、乌得、化邦、哈当、贺联、盟勐等地各处归越南。"[3] 除了勐乌、乌得之外，清廷还将磨丁、磨别、磨杏、盐井割让给法国殖民地老挝。车里各勐百姓继续

1　杨筑慧：《清末民初对西双版纳的开发》，《云南民族大学学报》2012 年第 6 期，第 94 页。

2　聂迅：《清代滇东南边疆民族地区国家治理的区域演进与历史进程研究》，博士学位论文，云南大学，2016，第 182 页。

3　王彦威、王亮辑编《清季外交史料》第 10 册，湖南师范大学出版社，2015，第 114 页。

开展保土护界斗争，乌得土司召晚纳捧在百姓的支持下，联合勐乌土司和驻勐乌得汉族陈玉成、李华庭等人领导百姓与法军进行斗争，并得到尚勇、勐腊、勐捧、易武等各勐的支持和援助。后来，召晚纳捧被法军缉拿。解送途中，百姓伏击押送法军，打伤法国军官，救出召晚纳捧，但在战斗中乌得土司身受重伤死于途中。法军对勐乌、乌得百姓进行残酷杀戮。迫使两地百姓移居勐腊。[1]

（二）局势动荡，王室纷争不断，土司政权削弱

19 世纪末 20 世纪初第三十九世土司刀承恩在位期间（1878~1926），局势动荡，王室纷争不断。刀承恩年幼时即位，即位后由族人刀耀宗协理宣慰使司政务，直至 1884 年，年方 21 岁的刀承恩得以正式袭职治世。1889 年，刀承恩娶景栋土司之女为后，不久勐腊土司召勐遮阴谋反叛，还与勐笼各勐土司联合行动，后被刀承恩获悉，遂让妻修书景栋土司派兵保护。景栋土司派勐乃土司发兵景永保护宣慰城，最终勐腊土司未敢行动。[2]1891 年，勐遮土司组织力量准备攻打刀承恩，刀承恩派兵进驻勐海，形成对峙局面，后经调解劝阻才未开战端。

1908 年，勐海土司召雅迈与召应勐等叔侄之间争夺土司位而发生战争，勐遮土司与宣慰使双方介入，战争持续八个月，不分胜负。后来，思茅道台于 1910 年派兵增援宣慰使一方，在柯树勋的指挥下，打败对方，战争先后持续了三年之久，于 1911 年方才结束。[3]勐遮战争结束后，思茅同知黎肇元以勐遮土司叛乱为借口，欲将勐

---

1 《版纳文史资料选辑》第 1 辑《车里宣慰世系简史专辑》，中国人民政治协商会议西双版纳傣族自治州委员会文史资料工作委员会，1987，第 83~84 页。

2 《版纳文史资料选辑》第 1 辑《车里宣慰世系简史专辑》，第 75 页。

3 《车里宣慰使世系集解》，云南民族出版社，1989，第 195 页。

遮、景真、勐混、勐海、勐阿改为五区，设一厅三县，但遭到宣慰使刀承恩的反对和抵制。1912 年，黎肇元死于瘟疫，柯树勋继任思茅同知。柯树勋鉴于宣慰使反对五勐改流，便于同年在车里设善后总局，以"观其顺逆"，并派幕僚刘宏回到缅甸孟艮考察英国人治理孟艮的办法。后来柯树勋又将刘宏调回思茅，并撰写《治边十二条陈》，主张"土流并治"，并为当局采纳。这样做既满足了刀承恩保留土司制度的要求，又实现了让柯树勋等两广军人统治车里的目的，"从轻征输，不事重剥"。

　　1913 年，车里正式设立普思沿边行政总局，柯树勋任总局长，他将十二版纳划为八个区，自己兼任第一区区长，驻车里；李谭为第二区区长，驻勐遮；陈铖为第三区区长，驻勐混；周国华为第四区区长，驻大勐笼；何树堃为第五区区长，驻勐腊；何光汉为第六区区长，驻易武；何瑛为第七区区长，驻普文；石云章为第八区区长，驻关房。1924 年，裁行政总局，改设殖边总办，仍以柯树勋为总办局长，柯在各区设"殖边公署"。[1] 抗战前，该地区既存在宣慰、土司政权，也存在国民党的县政府，实行"双轨制"。国民党县政府的政令要到农村，需要通过土司、宣慰传达，同时土司政权也要听从国民党政府的命令。随着中央政府对车里控制的加强，宣慰使及各地土司的地方权力逐渐被削弱。

（三）整体经济发展落后，部分地区经济发展较快

　　西双版纳地广人稀，土地荒芜现象严重，封建领主制经济保留比较完整。最高统治者为召片领，召片领之下有召勐、家臣属官分封土地，但是召勐和家臣属官并无土地所有权，分封土地

---

[1]　柯树勋:《普思沿边志略》，兰州大学出版社，2003，第108页。

不过是统治阶级内部瓜分地租。最高所有者或唯一所有者是召片领。领主经营土地是把大土地所有制和小农经济结合起来，原来村社集体所有的土地被封建领主强占，但封建领主仍以"集体所有"形式，通过农村公社的外壳，把土地分配给农民，保留原有土地使用制度。农民对土地的占有形式有寨公田、家族田和部分私田，领主直接经营的土地主要有宣慰田、土司田、波朗田和头人田。领主阶级主要有孟和翁，农奴阶级主要有负担非农业性专业劳役的滚很召、负担农业性劳役的傣勐和作为贵族后裔的召庄。[1]西双版纳傣族社会以农业生产为主，手工业与农业密切结合，商品交换不十分发达，自给自足的自然经济是傣族社会经济的显著特点。西双版纳农业的发展得益于水利灌溉事业的发展和"原始互助"的习俗。在西双版纳，很早就有相当完整的水利组织和灌溉系统，上自召片领和勐的官署，下至各个火西和村社，修理沟渠和分水灌田，都有严密的制度和专管人员。但庚恩旸在巡视思茅地区时认为"思茅出产以花茶为大宗，贫贱之家倚此为生活者甚众……于农业反漠然视之，已成一种习惯……亟宜设坝建闸，造堰筑塘……"[2]从庚恩旸的描述中可见，当时傣族地区水利事业需要重振，农业经济亟待提升。

西双版纳傣族的手工业基本上没有从农业生产中分离出来，作为农业的副业常见的有纺织、榨糖、酿酒、制醋、造纸及制铁、制竹、制陶等十余种。傣族社会中没有专职的手工业者和商人，转运食盐、茶叶、樟脑等半商业化经营几乎为土司所垄断。另外，转运队伍还有严格的礼仪规范限制（赴盐井运盐的经

1　肖志云：《柯树勋改革与西双版纳的近代化》，《文教资料》2016年第26期，第74~75页。
2　庚恩旸：《云南普防巡阅管见录》，云南大学图书馆藏，1915，第12页。

商牛队受宣慰土司严格规定，途中还有敬神事务等），农村中有称为"街子"的定期交易集市，这类集市交易尚处于简单商品交换阶段，在个别地区还存在以物易物的现象，而且商品交换是以农副业产品为主，但这些农副产品并不是以商品生产、交换为主要目的来生产的。傣族封建领主制经济下，当地百姓负担沉重，在赋税和劳役压榨中艰苦度日，很难放开手脚从事工商业，只能承袭世代恪守的自然经济体系默默耕耘。其实西双版纳地区很早就有汉族商人往来，但商业剥削和高利贷随同外来的汉族商人一起来到西双版纳。汉族商贩与政府官员、土司头人相互勾结，低价收购茶叶，转运谋取暴利。除了汉族商人的巧取豪夺，近代以来帝国主义国家的经济侵略也极大地破坏了当地经济。1908 年以来帝国主义国家全部或部分套购景洪、勐海、勐遮所产的樟脑、紫梗。英国侵占缅甸后，普洱茶的贸易中心逐渐由普洱移到勐海，英商利用汽车把从勐海茶厂驮运来的普洱茶运到仰光，然后再转运到西藏。这就改变了普洱茶的运销路线，损害了中国边疆各族人民的经济利益和边疆与内地的商业联系。加之滇南地区地形崎岖，交通不便，庚恩旸巡阅时还在强调征捐修大道和桥梁以改善交通，便利商旅。以上诸多原因造成西双版纳地区工商业发展迟缓。

西双版纳整体的经济发展较为落后，但部分地区经济发展较快。当时的勐海是整个西双版纳的商业中心。思茅、普洱、勐腊易武的茶叶都运到勐海加工，马帮也将内地的水果、萝卜丝、饰品等运到边境售卖。茶商用马帮将茶叶运到缅甸景东，再用汽车运到仰光，之后用轮船运到加尔各答，转火车运到印度的噶伦堡。这个地方商业很发达，货物运至此处后，可再用毛驴送至中国西藏。这比从普洱运到西藏更近，利润也更大。鹤庆、腾冲的茶商来勐海建茶厂，加尔各答也有他们的茶号。依靠茶厂，加尔各答有好几个华侨成了大资本家。除了云南的产品，还有四川的丝绸运至边境地区。本地的马帮、牛帮最多驮茶叶到思茅、普洱，再往北，就至大理、石屏、蒙自一带。国民党的中茶公司（勐海茶厂前身）属于国有企业，那时就有了。以茶叶加工为龙头带动商业，勐海成为西双版纳的商业中心。云南的富滇银行（云南龙云政府的地方银行）那时也已经存在了。邮电局、电报局、私人诊所、西餐厅，以及牛奶、饼干、西装、皮鞋、缝纫机都有了。从泰国、新加坡等地来的华侨有很多，属于较为富裕的阶层。那时勐海有省立小学、简易师范学校，景洪宣慰街、勐腊也相继办了小学。国民党远征军第 39 师师部就在勐海，师长是吕国权，勐遮有一个大机场，勐海还有一个简易机场。由于汽车的使用与推广，西双版纳与周边国家的交流更频繁，交流范围也更大，如与泰国、缅甸（掸邦地区）的交流更为便捷、频繁。[1]

（四）教育落后，以佛寺教育为主，逐步普及汉文教育

该时期西双版纳的教育比较落后，唯有男性可以入寺学习，柯树勋曾描述"子弟仅入缅寺，学和尚，读缅书，全不懂汉语汉文；将来出身办事，诸多隔阂"。[2] 李拂一曾经描述第四十世宣慰使刀栋梁时代傣族青年的生活状态，"除衣食物劳作之三四小时之时间而外，青年辈大都消耗于恋爱生活之中，致社会仍蒙昧无由进步。今也恶势四逼，旧有社会组织大有日趋崩溃，岌岌不可终日之势，若再不自振作，而尤希望将来有三四小时之写意生活，为事实所不许矣……"[3]

1　来自 2014 年 1 月团队成员对中国佛教协会副会长、云南佛教协会会长刀述仁先生的采访。

2　《西双版纳傣族社会综合调查》（一），民族出版社，2009，第 75 页。

3　李拂一：《车里》，商务印书馆，民国 22 年，第 89 页。

可以看出，19 世纪末 20 世纪初，西双版纳教育状况是比较落后的。只有男性有接受教育的机会，佛寺是人们接受教育的唯一机构，教育与佛教合二为一，男孩子七八岁就要去寺里通过诵读经书学习傣文，称为"科永"，年满二十岁可以升为比丘继续出家修学，比丘还俗后称为康南，是傣族社会中的知识分子。傣族社会虽然有自己的文字，但长时间没能设立学校，在清朝科举制度下，傣族社会私塾得到发展。1892 年后，倚帮、易武设私塾一所，但是私塾教育"教授无术，学科不全"。[1]

西双版纳汉文学校的创立是在柯树勋到来之后，鉴于西双版纳地区主要通行傣泐文，政令、文告难以通晓，遂于 1912 年在车里设学堂一所。柯树勋上呈省府的《治边十二条陈》中的"学堂"一条载："现于车里建设学堂一所，收听颖子弟三四十人入堂诵习汉字。如简易识字，教法藉通语言，随字讲解，用土音翻译，半年来稍著成效，将来经费充裕，每猛各设一堂，俾教育普及，开其知识，化其狋（犬泰）。"[2] 但是车里的汉文学校使用的只是简易识字课本，不能将其视为正式的国民学校，省款的拨付受到时局的影响时断时续，加上师资力量的缺乏，学校经常面临停办的境况，得不到持续性的发展。庾恩旸在巡视时还发现，联合中学的设立较为缺乏，不利于小学毕业升阶，学校教育体系不完善。柯树勋在车里设立学校的初衷已达到，这开启了车里汉文教育的新时代，对于促进民族之间的交流起到一定作用。但他在其他各勐设立学堂的构想因为经费不足，难以顺利开展。[3] 柯氏所设立的学堂，李文林到车里时，所见并非学堂，而是柯氏祠堂。柯氏执政西双版纳有 15 年，却"百中

1　《西双版纳傣族自治州概况》，民族出版社，2008，第 349 页。

2　柯树勋：《普思沿边志略》，第 95 页。

3　肖志云：《柯树勋改革与西双版纳的近代化》，《文教资料》2016 年第 26 期，第 76 页。

难找一二识得汉字者"。西双版纳仅有车里宣慰司所在地学校一所，美国教会办的学校一所，以及南峤两所，佛海（勐海）一所，共五校八班，多为 1927 年以来所办。一直到抗战前，勐海才有了省立小学、简易师范学校，景洪宣慰街、勐腊也相继办了小学。因此，当时西双版纳现代学校教育尚处萌芽时期。

在那时傣族对教育有一个特殊的观念，称学生为小兵，认为现在上学，是为了将来去当兵。而当兵打仗是他们最害怕的事情，自然更不愿意让子弟进学校了，被政府强迫时，宁愿出钱和谷子请汉人的小孩代读，或是把女孩子送去，读一两年，家长就来要求停学。理由是女儿大了，应该成家了。当小学行毕业典礼时，操场上排队的全校学生，有半数以上是女孩。这样的教育不仅不利于边民，反成为一种负担，甚至招致反感。[1]

因此，19 世纪末 20 世纪初，虽然政府有意在傣族地区推广汉文教育，但由于教育体系、经费、力度的欠缺，以及傣族自身根深蒂固的"在佛寺接受教育"观念的影响，现代教育在西双版纳地区的推广困难重重，该时段西双版纳的教育仍然处于一种封闭落后的状态。

（五）佛教状况

19 世纪末 20 世纪初，时局动荡，但是对佛教界影响并不大，李拂一曾描述当时西双版纳佛教的状况。"车里固佛教国，佛寺金塔顶耸立，弥望皆是分官缅寺，与普通缅寺。在村寨者曰普通缅寺，在城市与土司驻在地者为分官缅寺。官缅寺庄严灿烂，佛皆金身饰以宝珠琉璃，充塞殿宇。普通缅寺则简陋不足道也。改流

1　杨筑慧：《清末民初对西双版纳的开发》，《云南民族大学学报》2012 年第 6 期，第 97 页。

后，政府惟取经济、政治实权。对于宗教信仰则仍取放任主义以羁縻之。故佛教尤盛行。男子皆须经一次之剃度，数年或数月而后得还俗受室。为僧时出家驻寺，服黄袈裟，父母见之亦当膜拜，受之者，第以袈裟障面而已。僧正曰帕竜（大佛爷）终生为僧，不得授室。有淫行则民众集薪焚杀之。帕竜握教育全权，为智识阶级之中枢。然守旧性成，迷信深中五衷。牢不可破。阻破社会之进化，一因也。比丘沙弥平日沿门抄化，盐柴肉食，随施主所便，不事苛求，待入豪瓦萨期间则静修僧舍，不再出门抄化。饮食衣被皆民众赕奉之，每日于午前进食一次，一般人在此期间，亦可自由入佛寺进修持八戒。戒杀、戒淫、戒欺诈、戒烟酒、戒午后进食、戒歌舞作乐、戒好色。少年人则持前五戒，豪瓦萨期起经历三个月。其中，比丘沙弥不得寄宿他所，民间则禁婚娶停丧。"[1]

初入佛寺为僧的孩子，通称为小和尚，受沙弥戒之后称为沙弥。他们在佛寺中的主要任务就是学习傣文，所有佛经皆用傣文书写，因此要能念诵经典必须先学傣文。每当清晨及黄昏，大和尚便带领小和尚们高声朗读傣文，最初是字母、拼音、构句，进而诵读佛经，这是傣族男子一生中最重要的教育时期，也是傣文之所以能在民间普及的重要原因。[2]

19世纪末20世纪初，当时佛教处于自由发展的状态，无论是清末还是民国初年，对佛教并没有采取任何管控措施，属于放任自由的状态。政府只是在政治经济方面对西双版纳进行掌控。

西双版纳佛教与中央政府的关系不大，却由于宗教传统和宗教习俗与兰那僧伽制度、土司制度的形成有着密切的关系。自14世

1　李拂一：《车里》，第85页。
2　江应樑：《傣族史》，第532页。

纪接受了泰北花园寺派形成摆孙派，又接受了红林寺派形成摆坝派
之后，由于西双版纳佛教属于泰北古国兰那法统，其僧伽制度与泰
北僧伽制度有着很大的相似性。僧伽结构较为松散，僧伽统治是以
师徒制（戒师制）为核心，即僧伽长者为僧伽统领，而年轻僧伽应
居于僧伽长者治下。僧伽等级按照戒师制来划分。遵循佛教传统，
僧伽当中年龄长、戒腊长或最受僧伽认可的僧人，被认定为僧伽领
袖。因为上座部僧伽遵循经典，以律藏作为经典依据来统治僧伽，
以经藏及论藏作为教导及修行实践的依据。而僧伽管理则按照原
始佛教中佛陀的教导由僧伽成员分工进行，分成各种不同的僧伽执
事，从中心勐到一般勐，情况基本相同。从元朝开始，西双版纳就
被纳入土司制度当中，因此，僧伽制度与土司制度也有着密切的
关联。

元朝时在西双版纳设置"彻里军民总管府"，明朝设置了宣
慰司、宣抚司、长官司。宣慰司即召片领，管理整个傣族地区勐
泐。其下的议事庭[1]有升任及罢免各级僧阶的权力，若僧阶较高的
僧人犯戒或犯法，召片领与议事庭可以依照戒律、世俗法规对犯
戒、犯法僧人进行惩处，甚至勒令其还俗，连僧王都在其监管范
围内。[2]

宣抚司即各召勐，管理各大勐，而长官司则管理勐以下的区
域"陇"，统辖村寨头人，而村寨头人则管理最小的行政区域——

---

1 议事庭由召片领、召勐和他们的大小家臣（议事府长、叭诰、波郎）组成。议事庭通过大小
   波郎层层统治着各个"火西"（相当于乡）、村寨和山区少数民族。占全地区总户数 2% 的封
   建领主及家臣以及占总户数 6% 的火西和村寨的各级头人组成了封建领主集团。转引自李志
   荣《中国古典经济学理论辑要》，中国财政经济出版社，2017，第 77 页。议事庭还是十二版
   纳的最高立法及行政机关，各勐也有一个地方性的议事庭，近似地方议会，是地方的立法及
   行政机关。转引自江应樑《傣族史》，第 433 页。
2 来自 2015 年 5 月 13 日对末代傣王刀世勋随从刀文学的采访。

"曼"（村寨）。因此，土司制度的管理体系为：勐泐—大勐—陇—曼，共四级。

（六）佛寺组织制度

西双版纳南传佛教是在召片领及各级土司的护持下不断发展的，因此其僧伽制度中的佛寺管理组织与土司管理制度类似。

第一级为最高总佛寺大罗阁总寺（WatRatchathamluang），设在宣慰使所在地景洪，住持必须由祜巴以上级别僧人担任。管理西双版纳所有佛寺，领导组织整个傣族地区的佛教佛事活动，主持宣慰使的就职仪式或是宣慰使任命各级土司的宗教仪式。但各种相应制度尚未健全，其在教务中没有掌握实权，只在僧俗信众概念中被认为是最高一级总佛寺，有时也负责与各方协商、安排分配个别高级僧侣。[1]

第二级为勐级总佛寺，在召片领属下各勐土司所在地，负责管理全勐的佛寺佛事活动，任免或批准勐内各佛寺住持及僧人晋升。

第三级为陇级中心佛寺，俗称"告波苏"即（戒坛）中心佛寺，隶属总佛寺管辖。同时又管辖若干所属村寨佛寺。中心佛寺住持称"乌巴赛"，一般由佛爷担任。中心佛寺都建有戒坛，所属各村寨佛寺比丘，每月初一、初八、十五、二十三日都必须到中心佛寺集中，集体举行自恣仪式。中心佛寺比丘负责监督所属各寺比丘持戒情况，负责协助住持举办本区各寺比较大的佛事活动。考核和批准沙弥晋升比丘，也是中心佛寺的分内之事。

第四级为村寨佛寺，也是基层佛寺。负责本村寨佛事活动和僧侣修习，向学僧和青年僧侣传授佛学知识，安排文化教育、抄写佛

1　刀述仁：《南传上座部佛教在云南》，《法音》1985 年第 1 期，第 19 页。

经等。住持称都龙，由比丘担任。[1]

　　佛教界的组织管理都较为松散，各勐有一个大长老管理勐的事务。

　　西双版纳僧伽制度虽然与土司制度密切相关，但是也有自己的独立性，最显著的就是佛事活动的开展，不受宣慰使或各级土司的干预。然而佛教组织与统治阶层有相对较为密切的配合，[2]二者之间需要相互认可。例如，在西双版纳，召片领需要由总佛寺住持，即整个西双版纳最高宗教权威松列阿嘎牟尼（僧王）举行饮咒水的神圣仪式方可正式即位。而僧王往往只能由王室嫡系如召片领的兄弟或是儿子来担任，且总佛寺往往设在宣慰司的附近。佛教是各级领主的精神支柱，是他们得以施政的合法依据。

（七）僧伽等级制度

　　僧伽等级制度，也就是僧阶。僧阶是僧人晋升阶位的重要内容，也是僧伽得以为继的重要保证。西双版纳佛教润派僧阶，由低到高共分为八级。

　　第一级：沙马内拉（沙弥）。男童在升和尚之后，称为沙弥，要在寺院学习老傣文、经文、念经。还要在寺院承担劳动，服侍长老。做沙弥时间长短不一，随时可以舍戒还俗。沙弥在年满20岁时，受比丘戒，升为比丘。

　　第二级：督比（比丘）。受227条比丘戒律，成为比丘之后，必须严格遵守戒律，努力修持。比丘一级的僧人，已具备一定的佛学素养，可诵读大量佛经，不用从事劳动，还有教导沙弥的义务。

1　王海涛：《云南佛教史》，云南美术出版社，2001，第71页。

2　郑筱筠、梁晓芬：《世界佛教通史》第8卷《中国南传佛教（从佛教传入至公元20世纪）》，第157页。

　　第三级：都龙。教有修为和修持的比丘，或担任三、四等级佛寺的住持。也被当地百姓称为大佛爷。

　　第四级：祜巴。资深僧伽的阶位，需年满 40 岁，戒腊超过 20 年。只有戒律精严、深谙佛典的比丘才有资格成为祜巴候选人，当候选人产生之后，要由土司和众长老联合评审，确定祜巴人选。祜巴还有正式的晋升仪式，庄严神圣。各勐土司、头人、信众都会参加庆贺。祜巴的义父是其所属勐的土司，大佛寺、总佛寺、中心佛寺的住持多由祜巴担任。祜巴是寺院的实际管理者。

　　第五级：沙密（沙门统长老）。

　　第六级：僧伽罗阇（僧主长老）。

　　第七级：松列（僧正长老）。

　　第八级：松列阿嘎牟尼（大僧正长老），即僧王。僧伽阶位的最高等级，一般是召片领的血亲。

　　第四级到第八级僧阶的晋升，都需要举行庄严神圣的仪式。其是教界与西双版纳王室共同认可的僧伽阶位。僧伽僧阶的晋升，主要依赖于年龄、资历、佛学修养以及出身，并没有相对较为规范的佛学考试制度。

　　在 19 世纪末 20 世纪初这个局势动荡的时期，民国政府加强了对西双版纳土司统治地区的经营。然而西双版纳的土司统治基础仍然牢固，各勐土司反对改县，要求维护土司制度。[1] 僧伽制度基本延续了改土归流之后历史上传统的僧伽制度，即有较为完备的组织制度与僧伽等级制度，与中央政府关联不大，却与西双版纳各级土司关系密切，并且受到土司制度的影响。从宏观上来看，行政组织结构与佛教的组织结构几乎完全相同，均形成了"金字塔式"的组织

1　《傣族社会历史调查（西双版纳之一）》，云南民族出版社，1983，第 195 页。

结构。在傣族社会组织结构中，召片领对其治下各勐、陇及村寨进行分封，形成了从上到下的金字塔式结构的统治，相互间以血缘关系的亲疏远近来维持这个组织的运转。南传佛教组织结构与世俗的行政组织结构相配合，也形成了以大佛寺或总佛寺为最高佛寺的金字塔式的组织结构。[1]

　　另外，由于受兰那僧伽制度的影响，从该维度来看，西双版纳的僧伽结构较为松散。道光年间《普洱府志》载："缅和尚，宁洱、思茅、威远有之，以黄巾缠头，披黄布为衣，仿佛喇嘛。所诵佛经，皆蒲叶缅文。……如卑幼为缅和尚，虽其尊长，献食亦与凡人同其诚敬，若还俗，则依然卑幼也。"[2] 僧伽之间的卑幼、尊长，反映的不仅是年幼僧人要敬重年长僧人的伦理，也反映出以年长僧伽为尊的僧伽统领秩序。

　　另外，由于僧伽是西双版纳社会知识分子的代表与核心，僧伽的文化程度决定了社会文化的普及程度。当时的佛教僧伽沿袭传统佛教经典修学，并未接受过世俗的社会文化教育，虽然部分勐的中心佛寺也在民国初年推广过汉语学习，但是推广度并不高。民国教育在西双版纳社会的开展也并不成功，因为没有僧伽的带动推广，所以当地的世俗文化教育是较为封闭落后的。由于"入学堂是给当兵做准备"这种观念的影响，父母不但不愿意将男孩送入官办的学堂，为了避免男子今后被征兵，还将佛寺当成避难所，让男孩待在佛寺，以免去当兵。这导致寺院人数众多，宗教方面的开支较大。[3]在社会政治经济因素与僧伽制度特征等因素的交织下，西双版纳的佛

1　李杰:《西双版纳宗教生态系统与社会关系研究》，博士学位论文，中央民族大学，2016，第39页。

2　郑绍谦原本，李煦龄续修《普洱府志》卷18《土司·种人附》，咸丰元年刻本。

3　《傣族社会历史调查（西双版纳之三）》，云南民族出版社，1983，第119页。

教呈现寺院管理混乱、僧伽结构松散的局面，无法在社会上形成强有力的向心力及凝聚力。在当时的社会背景下，土司政权式微。如果没有强有力的僧团及严密的僧伽制度作为支撑，土司政权式微的状况会日趋严重。

西双版纳对泰北僧伽制度改革的借鉴

在 19 世纪末 20 世纪初，西双版纳社会面临着内忧外患，社会动荡不安，王室权力逐步被削弱，僧团戒律松弛、管理混乱，难以形成凝聚力及向心力来支持日益衰微的土司政权。服务于世俗的南传佛教也面临着变化和调整。那个时期，以召勐玛哈祜为代表的高僧，对西双版纳南传佛教僧伽制度进行了一定程度的改革，以此来稳定社会，保护、发扬傣族的传统宗教文化，以另一种形式来抵抗殖民主义的入侵。改革的原因首先是为了适应社会的变化，为南传佛教在中国生存发展寻求路径。其次是召勐玛哈祜在泰北学习过程当中获得了一些改革经验。他将这些经验借鉴于国内，凸显了中国与东南亚佛教文化相互学习交流的过程中对推动南传佛教本土化以及保护、发扬民族宗教文化的重要作用。

（一）西双版纳高僧召勐玛哈祜的生平与参访经历

召勐玛哈祜，傣族，生于 1891 年，卒于 1954 年，西双版纳景洪人。原名召栋孟捧玛，汉名刀栋臣，是西双版纳第三十九世宣慰使刀承恩第八子，末代宣慰使刀世勋之叔，母亲是刀承恩侧妃，名娴波。[1]召勐玛哈祜自幼聪颖好学，10岁在总佛寺出家受沙弥戒，16岁到老挝、泰国、缅甸等地参访学习，[2]20岁因学识修为突出晋升为比丘。召勐玛哈祜的整个青少年时期正好经历了西双版纳剧烈的社会变迁，这对他本人产生了很大的影响。他目睹佛教发展的滞缓，王室纷争，土司政权的衰落，殖民主义的入侵，以及基督教在西双版纳的逐步发展与渗透。[3]他曾深感无力，急切地想要尽最大的努力来改善当时的局面，因为他是佛门中人。佛教当时虽然发展缓慢，但毕竟在当地百姓心中占据着核心地位，佛教僧伽仍然是社会知识界的核心力量。因此，他想通过对佛教界的改革改善当时的状况。

20岁之后，他继续在琅勃拉邦、万象、仰光、清迈等地遍访佛教界高僧大德，虚心参学。他在清迈参学的时候，依止泰北著名高僧祜巴西维猜座下10余年。38岁时，他被授予召勐玛哈祜的荣誉称号，后来才回到西双版纳景洪总佛寺继续修行。[4]

召勐玛哈祜在清迈高僧祜巴西维猜座下参学的10余年，是他人生中最重要的时期，也正是由于这10余年的参学经历，在对比了泰北社会与西双版纳社会之后，他深刻认识到西双版纳佛教界迫

1　来自2014年8月笔者对刀世勋先生的采访。

2　西双版纳僧人到泰北、老挝琅勃拉邦、缅甸景栋等地区参学，是西双版纳佛教界的宗教传统。到夏安居以后，僧人都会向教内除师父以外的人学习，四处参学。这也是傣族的传统习惯，主要目的就是去外面开阔眼界、交流学习。因为所参学的地区都是南传佛教流传区域，也就是兰那佛教文化圈，这个文化圈，以傣－泰族群为主，以南传佛教为精神纽带，人们语言、文字、文化习俗非常近似，所以文化圈中的相互往来，要比傣－泰族群与汉地的交往更为便利。

3　来自2015年5月笔者对刀文学先生的采访。刀文学为刀世勋先生青少年时期的伴读，勐宽土司的女婿。

4　来自2014年7月团队成员对中国佛教协会副会长、云南省佛教协会会长刀述仁先生的采访。

切需要改革的现状，促使他在回到
西双版纳后着手进行僧伽制度的改
革。他出家戒腊长达 26 年，其间
曾晋升为帕召松列阿嘎牟尼桑卡拉
差（僧王），最后于 1954 年过世。

图 5-1　召勐玛哈祜照片
（转载自李拂一《车里》附录照片部分）

（二）泰北僧伽制度改革与泰北高僧祜巴西维猜对召勐玛哈祜的启发

召勐玛哈祜在 20 多岁的时候到泰北参学，结识了当地最有名望的高僧祜巴西维猜。当时，曼谷王朝正对泰北进行一系列的改革，其中佛教改革是很重要的部分。泰北推行的僧伽制度改革破坏了兰那原有的传统，使兰那原有的宗教、文化传统从多元化走向单一化和集权化，削弱了泰北的地方宗教势力。以泰北高僧祜巴西维猜为代表的地方宗教势力，于 1908~1936 年展开了对抗曼谷王朝的抵抗运动。祜巴西维猜拒绝被纳入制度化的僧伽组织当中，回避与曼谷王朝国家意识形态紧密联系的僧伽权威，因此数次遭到圈禁，有一次甚至还被带到了曼谷接受审讯。当时召勐玛哈祜正好在祜巴西维猜座下参学，使他成了此段历史的见证者。泰北僧伽制度的改革、祜巴西维猜的抵抗运动以及祜巴西维猜对自己的训示，给了召勐玛哈祜不少启示，对他产生了很大影响，主要集中在以下几方面。

1. 由僧伽教育普及平民教育

曼谷王朝对教育的改革及普及，从僧伽教育开始，由僧伽领衔，随后普及到平民之中。拉玛五世时期就下令普及寺院办学，是以寺院为中心将基础教育普及给大众。家长把孩子送进佛寺里念书。当时每座佛寺，无论是皇家佛寺还是普通佛寺，至少配备 5 名有文化的僧人充当教员。如果僧人数量不够，就请普通人充当教员，但要支付工资。每隔 6 个月举行一次会考，如果考试成绩优异，教员和学生都可获得奖励，佛寺住持非常重视教学工作。[1]

当时，学校教育被纳入教育部统管，但具体到各部省的各级佛寺学校则由该部省的僧伽进行管理。各部省的僧伽，每隔一段时间就要被送到曼谷去学习，培养出来的僧才则派送到各部省的各级佛寺去担任教员。培养僧才的学院就设在曼谷波文尼维寺（摩诃蒙固佛教大学的前身），学院所开设的课程全部都是世俗教育课程，如科学、文化文字等基础知识普及课程。学院每年为各地寺院学校培养为数众多的僧才，这些僧才返回各地寺院之后又在各地寺院担任教员，肩负重任。[2]

推广统一的标准泰文是僧伽教育中的重点。统一规范泰北僧伽的语言为中部泰语，再由僧伽向民众推广。要求泰北僧伽学习中部泰语，用中部泰语进行日常交流，统一规范的文字为中部泰文，甚至在念诵佛经时都要使用中部泰语。另外，还在泰北各个佛寺统一规范了早晚课的诵经读本，所有读本用泰文书写，有统一的念诵内容。在正式场合诵经，必须采用官方规定的诵经读本。这一措施使中部泰语在佛寺教育的协助下更普及了，逐渐从佛寺扩展至各学校。

在中部泰语逐步推广至平民之后，各世俗学校相继建立。

1　〔泰〕巴统·达卡那南：《五世王时期僧团救世》，第 99 页。

2　〔泰〕巴统·达卡那南：《五世王时期僧团救世》，第 165 页。

虽然规定泰北人学习、使用中部泰语，但是仍然允许人们继续学习兰那文。同时规定，但凡要为官者必须懂得中部泰语。政府也不干涉学习兰那文的人群，但是如果不懂中部泰语则不能成为国家公务员。这一规定使得学习兰那文的泰庸人数量减少了，泰北人为了为官，争相学习中部泰语，人数比曼谷王朝预期的还要多。[1]

曼谷王朝通过这一举措，迅速在泰北地区推广了中部泰语的学习。在拉玛五世末期，泰北各地开始建立泰语学校，男、女皆可接受教育。在北部特派专员的鼓励下，上至地方统治者下至平民百姓纷纷捐钱、捐地来修建学校。[2]除了公务员培训学校、泰语学校之外，泰北还有教会学校，这些教会学校在曼谷王朝于泰北建立学校之前就已经有了，只不过数量很少，如王子学校、达拉技术学校及麦肯西学校，学生大多是贵族子弟。从前的教学以英文和兰那文为主，自从曼谷王朝在泰北推广中部泰语之后，中部泰语就替代了兰那文成为教学语言。[3]

2. 僧伽组织管理与佛寺组织管理

在曼谷王朝于泰北推行僧伽制度改革之前，泰北僧伽组织管理自由、松散，各部派僧伽各自为政，不受中央王权掌控。泰北僧伽改革的重要标志，就是1902年121号《僧伽法》在泰北的实施。

1902年的121号《僧伽法》是使僧伽官僚结构系统化的首次尝试，也是僧伽等级结构的重要依据。僧伽的组织层次按照

1　〔泰〕萨兰萨瓦迪·王素恭:《兰那的文化与政治》，第74页。

2　〔泰〕萨兰萨瓦迪·王素恭:《兰那历史》(第四次修订)，第469页。

3　〔泰〕萨兰萨瓦迪·王素恭:《兰那历史》(第四次修订)，第469页。

行政结构被划分为区、省、县、乡级和村寨佛寺。这种僧伽结构，形成于泰国封建主义时代，是以不同层次的国家行政机构作为蓝本逐步完善起来的，僧团管理也是以行政管理的方式为蓝本。

首先按照地区行政层次来划分僧伽结构，分为僧王、四大教区僧伽、省级僧伽、县级僧伽、乡级僧伽、寺院主持。每个寺院的僧侣就由其所属的僧伽级别管辖。改革后的僧伽制度将原本松散的泰北僧伽纳入中央僧伽统辖之下，以僧王为最高宗教权威，以国王为最高行政权威，依照行政结构层次分层，通过册封及委任各级僧伽来管理及运行各项僧伽事务。僧伽组织与政府机构成了平行的单位，结构、等级严谨，各级僧伽所要履行的责任义务分明，僧团管理模式除了遵循佛陀教导的布萨羯磨传统外，还以行政管理为蓝本对各级僧伽进行管理。改革后的僧伽统治较之兰那以往的僧伽统治更易于掌控，僧团管理更加有序。

佛寺组织管理模式也是按照僧伽组织管理模式进行的，分为以下几级。

一级寺院：泰国僧王任住持之寺院，统辖全国僧伽及寺院。

二级寺院：僧伽教区（中央、北部、南部、法宗派）僧伽尊长任住持之各大寺院，管理各自所属教区的所有僧伽及寺院。

三级寺院：僧伽省级僧长任住持之各大寺院，管理所属省份所有僧伽及寺院。

四级寺院：僧伽县级僧长任住持之各大寺院，管理所属县内所有僧伽及寺院。

五级寺院：僧伽乡级僧长任住持之各大寺院，管理所属乡内所有僧伽及寺院。

基层寺院：各村寨寺院，各寺住持管理各自寺内沙弥及比丘。

乡级以上的佛寺都属于中心佛寺，有戒坛。中心佛寺之下，是众多的基层寺院及村寨佛寺。因此，改革后的佛寺组织管理模式与僧伽组织管理模式相同，属于金字塔式的管理结构。

3. 高级僧伽僧阶晋升制度

泰北在进行僧伽制度改革之前，僧阶的晋升主要依据年龄、资历、佛学修养、戒腊时间、教内教外的认可。高级僧伽属于受爵僧伽由王室及教内共同认可的，为佛教、国家做出过突出贡献的僧人，方可享此荣耀。晋升高级僧伽需要进行神圣庄严的滴水仪式。然而对于各级僧伽的晋升并无严格、标准的考核。僧伽晋升时只有口头考核，即考核内容除了日常背诵的经文及基本戒律外，初级以《经藏》、中级以《律藏》、高级以《论藏》进行口头考核，考核内容为口译以上经典的巴利文内容。

自从曼谷在泰北推行僧伽制度改革之后，巴利文考试也开始在泰北推行，且为笔试。考试被分成九个等级。由于初学者需要在第一年学习语法，而后第二年再练习翻译，因此第一、二级使用同一试卷考试，若通过则达到二级。教材用泰文字体的巴利书籍。语法改用《基础巴利语语法》，即用泰语教授巴利语语法的教材，但语法术语仍沿用素可泰王朝时期的《迦旃延语法》（Kaccāyana-vyākaraṇa）。并且除巴泰翻译之外，还增加了其他课程。每个等级的学习包含 2~3 门课。

第二级、第三级学习的内容为《法句经注释》（Dhammapada-aṭṭhakathā）上、下册［注释经藏《小部·法句经》，5 世纪南印度僧人觉音（巴：Buddhaghosa，梵：Buddhaghoṣa）所著］。

第四级学习内容为《吉祥义灯论》（Maṅgalattha-dīpanī）上册［注释经藏《小部·吉祥经》，16 世纪兰那僧人光荣吉祥尊者（巴：Sirimaṅgala，梵：Śrīmaṅgala）所著］。

第五级学习内容为《律摄义注》（Vinaya-saṅgaha-aṭṭhakthā 或 Pālimuttaka-vinaya-vinicchaya）[《律藏》的注释，12 世纪斯里兰卡僧人舍利弗（巴：Sāriputta，梵：Śāriputra）所著]，以及《摄心义》（Sāratthasaṅgaha）[综述佛典中的若干论题，16 世纪兰那僧人难陀（Nanda）所著]。

第六级学习内容为《吉祥义灯论》下册（16 世纪光荣吉祥尊者所著）。

第七级学习内容为《善见律毗婆沙》（Samantapāsādikā）（《律藏》的注释，5 世纪南印度僧人觉音所著）。

第八级学习内容为《清净道论》（Visuddhimagga）（阐释戒、定、慧三学，5 世纪南印度僧人觉音所著）。

第九级学习内容为《心义灯复注》（Sāratthadīpanī-ṭīkā）（《律藏》的复注，12 世纪斯里兰卡僧人舍利弗所著）。后又改为《阿毗达磨义分别》（Abhidhammattha-vibhāvinī-ṭīkā）[《摄阿毗达磨义论》（Abhidhammattha-saṅgaha）的注疏，13 世纪斯里兰卡僧人妙吉祥（Sumaṅgala）所著]。[1]

巴利文等级考试体系也得到泰国教育部的认可。达到三级相当于初中学位，达到五级等同于高中学位，达到九级则等同于学士学位。通过六级和九级的考生，将由国王或王子在曼谷大王宫玉佛寺（WatPhraKaew 或 WatPhraSi-rattana-satsadaram）颁发证书及代表学位的扇子。对于达到九级的僧人，颁发证书当天会由国王安排车辆护送其到所居住的寺院。[2]

高级僧伽的僧阶晋升，虽然并没有强制性要求要通过巴利文

1　〔泰〕查克里：《泰国巴利语等级考试》，2016 年 3 月 18 日，梵佛研公众号。

2　〔泰〕查克里：《泰国巴利语等级考试》，2016 年 3 月 18 日，梵佛研公众号。

各等级考试，然而按照传统，阶位达到乡级僧伽僧长的僧人往往都通过了巴利文九级考试。另外，通过巴利文六级以上考试的僧伽晋升僧阶也比未通过巴利文考试的僧人更加迅速。所以巴利文佛学考试成了高级僧伽晋升僧阶的重要参考。因此，最终高级僧伽晋升僧阶的考核就以资历、学历为条件来进行综合考量。召勐玛哈祐在清迈参学期间，可能还参加过巴利文佛学的学习与考试，因为通过了三级以上的巴利文佛学考试，才会被授予"玛哈"的称号。在僧伽制度改革初始阶段，凡是由中央僧团选派到曼谷学习、培训的地方僧伽，学成后僧阶直接得到晋升，回到地方，统领地方僧伽。[1]

4. 规范重要的佛教节日及节日习俗

泰北僧伽制度改革中，还对重要的佛教节日进行了规范统一，这是延续四世王时的佛教改革内容，一是规范卫塞节（VisakhaPucha），在佛历 6 月的卫塞节，举行巡烛礼，为大众开示佛陀传的内容；二是规范世尊荼毗纪念日（AsalahaPucha），佛历 6 月 23 日不但要念诵佛陀传，还要念诵四世王出家时所撰写的念诵经文；三是敬僧节（MakhaPucha），规定比丘在节日中必须念诵巴帝摩卡；四是雨安居结束时的供养僧衣节，规定依照佛陀时代的习俗供养僧衣给僧人。

5. 培养人才，弘扬传统文化

当曼谷王朝在泰北由僧伽至平民推行统一规范的语言文字教育之后，从僧伽至王室子弟及平民，继续学习兰那文的人数大幅减少。僧侣们为了获得相应的巴利文佛学学位，世俗平民（尤其是后来逐步形成的中产阶层）为了能跟上现代世俗教育的步伐，纷纷开始积极学

---

[1]　南奔社团:《祜巴召西维猜》，南奔社团驻曼谷印刷厂，2018，第 41 页。

习中部泰语。20 世纪初，泰北著名高僧祐巴西维猜看到这样的局面，为泰北传统文化深感担忧。因为兰那文是传承地方宗教文化的重要载体，对整个泰北传统文化的继承、复兴至关重要。另外，兰那文还流传于兰那佛教文化圈内，在这个文化圈中缅甸景栋、老挝琅勃拉邦以及中国西双版纳都是用兰那文来书写经文，以此作为宗教文化交往的重要媒介。兰那文如果从泰北消失，就会阻断泰北与文化圈内其他区域的宗教文化交流，对弘扬佛法造成莫大的阻碍，曾经辉煌一时的兰那佛教文化也将日趋衰落，对地缘文化的稳固造成很大的威胁。

所以，祐巴西维猜经常教导弟子"若兰那文消失，则佛法衰，佛法衰，则百姓苦"。[1] 祐巴规定在其座下参学、出家、受戒的弟子，必须懂得兰那文或向祐巴学习兰那文。他自己坚持用兰那文刻写贝叶经，念诵佛经。现今所发现的祐巴亲手刻写的贝叶经就有数十卷，主要藏于他曾经参与恢复修建的重要佛寺中，如帕信寺、南奔大佛塔寺、帕府松明寺等。他刻写的佛经有《佛祖巡游记》《法句经》《吉祥经》等。[2]

召勐玛哈祜在祐巴座下参学之时，除了向祐巴学习佛学知识之外，还得以聆听祐巴训示，祐巴曾经嘱咐他："现在的社会变化太快，回去后要记得以佛法作为我们族群的精神支柱，因为清迈的'润'和'傣'是一样的。要先教育善信徒弟有文化知识，至于佛寺不漏雨就可以，有食物填饱肚子就行，一定要先培养人才，如果西双版纳能培养出更多的人才了，那样才不会被他人小看和欺压，这个十分要紧。"[3] 可见祐巴西维猜对人才培养与地方佛教文化的重视以及复兴地方文化的决心。关于培养人才及传承传统文化的训示

1　南奔社团：《祐巴召西维猜》，第 97 页。

2　南奔社团：《祐巴召西维猜》，第 111 页。

3　来自 2017 年 6 月团队成员对中国佛教协会副会长、云南省佛教协会会长刀述仁先生的采访。

使召勐玛哈祐感触颇深，坚定了他回西双版纳以培养地方人才为首要任务，推动僧伽制度改革的决心。

西双版纳僧伽制度改革的主要内容

召勐玛哈祐大约在 20 世纪 20 年代末结束了在泰北的参学回到西双版纳，晋升为僧王（帕召松列阿嘎牟尼僧伽罗阇），担任最高总佛寺大罗阇总寺住持，成为名义上的十二版纳最高宗教权威。为了适应社会的变迁，寻求南传佛教在西双版纳生存发展的路径，他根据自己的参学经历，穷毕生所学针砭时弊，将曼谷王朝对泰北的一些改革经验以及参学所得，因地制宜地加以运用。20 世纪 30 年代初期，他开始在西双版纳进行僧伽制度改革。

（一）建立正规僧令发布制度，统一历法及主要佛教节日

由于召勐玛哈祐本人在参学生涯中遍访各地佛教大德及民间贤能，加之自身又聪颖好学，因此不仅佛学修养极高，而且精通天文历法。他所推行的首项改革就是建立正规的僧令发布制度，统一西双版纳的历法。在此之前，西双版纳的傣历历法算法各有不同，例如勐龙是一种算法，景洪又是另一种算法，不太统一，相对比较混乱。[1] 他规范了西双版纳傣历历法的标准算法，将入雨安居、出雨安居、傣

1　来自 2017 年 6 月团队成员对中国佛教协会副会长、云南省佛教协会会长刀述仁先生的采访。

历新年等传统节日做了历法上的统一，并上奏召片领。由召片领正式授权召勐玛哈祜以僧王及总佛寺名义颁布有关规范历法的僧令到各地佛寺。所颁布的公文上载"总佛寺松列玛哈祜，慈悲通知各地善信，今年是傣历 × 年"，每年新年都有正式的僧令发布，以规范的天文历法统一西双版纳主要的传统佛教节日。因此，西双版纳的天文历法及传统节日是从召勐玛哈祜时代才开始规范起来的。

（二）建立统一的佛寺组织模式，制定相应的僧团管理制度

西双版纳南传佛教的佛寺管理组织与土司管理组织类似，几乎是平行结构。这与曼谷王朝所推行的僧伽改革中，以行政区划管理为蓝本来架构僧团管理模式与佛寺管理组织有一定的相似性。虽然传统的西双版纳佛寺管理组织与僧团管理具有类似金字塔式的组织结构特征，但是当时佛寺管理与僧团管理都很松散。各种相应制度尚未健全，最高总佛寺大罗阁总寺在教务中并没有掌握实权，只在僧俗信众概念中被认为是最高一级总佛寺。因此，召勐玛哈祜决定仿照改革后的泰国僧伽制度，着手整肃西双版纳地区南传佛教僧伽组织，建立统一的佛寺组织模式并制定相应的僧团管理制度。他曾经计划仿照泰国以僧王为最高宗教权威，然后组建一个专门负责整个西双版纳宗教事务的僧伽议事庭——僧伽长老委员会。之后逐渐分权到各个勐级长老、陇级长老，最后到基层村寨佛寺住持，由各级长老所在佛寺分管其辖区内的各个佛寺。各勐大长老在入雨安居、出雨安居时集中到总佛寺参拜。也就是依据僧伽管理模式进行佛寺组织管理，二者并行不悖。

（三）建立僧伽晋升考核制度与其他规章制度

召勐玛哈祜曾经数次召集各勐的祜巴到总佛寺来开会讨论，计

划建立一个类似泰国大长老僧伽委员会这样的机构，即在西双版纳佛教界建立一个"僧伽长老委员会"[1]。建立该机构除了处理西双版纳宗教事务之外，还有一个重要目的就是想建立长老晋升的考核制度，通过资历、学历等条件来选拔各勐大长老。因为以往西双版纳僧阶的晋升，特别是高级僧伽的晋升，大多以资历、佛学修养、信众认可作为标准，并没有统一规范的佛学考试。

召勐玛哈祜在泰北参学的过程中，僧伽制度改革中推行的巴利文佛学考试给了他很大的启迪。巴利文佛学考试是泰国高级僧伽晋升僧阶的重要参考。此类佛学考试有相应的学历认可，巴利文佛学考试达到三级相当于初中学位，达到五级等同于高中学位，达到九级则等同于学士学位。召勐玛哈祜参学回归之后，就萌生了通过建立僧伽长老委员会来制定僧伽晋升的考核制度。他召集各勐的祜巴们协商并编写方案，决定从沙弥晋升比丘一直到晋升高级僧伽祜巴，都要有相应的考核，不能单以年龄作为考量标准。每一层僧阶的晋升都应该对应相应的佛学素养，也就是要通过相应层次的佛学考试，才能够逐步晋升僧阶。

僧阶的晋升应该是年龄、资历与佛学知识的综合考量。关于僧伽晋升考核制度，他计划以宣慰街总佛寺为试点，然后在周边的七个佛寺推行，最终再推广到整个西双版纳。在高级僧伽的僧阶晋升中，例如对萨瓦提、萨瓦密、祜巴等僧阶晋升事务还确定了具体的管理机制。例如，要举行怎样的仪式，要怎样安排相关的赕（供养）活动。

另外，召勐玛哈祜还召集了各地区的"都龙"（有资历的比丘或住持）来商议，建立了有关出家和还俗的规章制度，此项规章制度包括僧侣的还俗制度以及违反戒律等处罚制度。但这些规章制度刚刚制定，计划还未来得及执行，就因为时局动荡而搁浅了。

1　来自 2014 年 2 月团队成员对中国佛教协会副会长、云南省佛教协会会长刀述仁先生的采访。

（四）重视僧伽教育，推动傣族传统文化的继承与发展

召勐玛哈祜十分重视僧才的培养，推动僧伽教育，尤其注重僧人在语言方面的学习。他不仅统一规范了老傣文的语音及文字用法，而且积极鼓励僧众学习汉文、泰文、英文、缅文，并且将傣文化纳入佛教教育（包括天文历法的计算），推动了傣族传统文化的继承与发展。他推动傣文语法规范，通过吸收周边国家词汇、规范发音、编撰语法教材，使其在知识分子中间得到推广。他还推动天文历法的教学，亲自或请人教授天文历法，为西双版纳培养了一大批有修为的僧才，也为傣族人民培养出一大批优秀的知识分子；他的很多弟子后来都在政府担任要职，对西双版纳社会的影响很大。末代傣王刀世勋8岁时曾经到总佛寺出家一段时间，就是由召勐玛哈祜亲自教导。当时召勐玛哈祜对他非常严厉，教导他念经书、学傣文，还要学习傣族的历史文化，童年时的出家学习经历，为刀世勋成年后研究傣族的语言文化打下了坚实的基础。[1]

据云南省佛教协会会长刀述仁先生口述：

> 他在"哇龙"（总佛寺）组织了王室内大臣的孩子和出家的那些亲属，以及勐海那边的头人，有好多勐海这边的人学到"户啦"（天文历法），后来他们还俗后都当了高官，都很厉害。勐海、勐混、勐遮、勐腊、勐龙等地也召集过来学习，可以说是我们西双版纳初次那样办了，就是这种精选出来到总佛寺一起学习是头一次，是召勐玛哈祜起办的，是他的功劳，之前都没有哪一位。在他之前呢，假如谁想学习，就是一个人去拜见师父，请求赐教，没有统一在一起学习。勐龙的"帕龙团"也

1　来自2014年8月笔者对刀世勋先生的采访。

是从那里学习出去的，还有另外一位是嘎洒镇刚去世的精通天文历法计算的艾鹏。这几个人都是师从召勐玛哈祜，从他的系统中出来的。召勐除了传授天文历法，还有念诵的经文也要解释其义；其二还规范了天文历法，计算傣族纪元，预测地震等；其三他对我们傣文进行了一次规范，当时召片领王室里边所有人都通用他的这一套方案，各地头领刚开始培训时都不习惯，召勐严格规范了哪个字应该怎么用，这些做法不是新创文字，而是当时我们傣族没有印刷体，都是靠手写，师从不一，文字有些乱，召勐以总佛寺名义请示王室颁布通知，统一用这个为蓝本。在景洪总佛寺，他精选了景洪、勐遮、勐腊的年轻僧侣来集中学习，在那里学了第一批，学了两年返回，第二批刚要开办，社会就开始动乱了。关于第一批和第二批的学习，正式以上课的形式授课，授课的内容主要是傣文规范学习、天文历法、佛经，佛经内容太多，但还是很重视念诵的经文，对佛经做了一次大的整理，这个是他的做法。

　　在他所教过的徒弟中，有个后来在州政府工作的，叫作"都龙掌"，汉名叫刀光强，就是那位规范我们古傣文的人，现在他的（规范成果）还有，这个刀光强是召勐玛哈祜的学生，当时召勐在景帕杭（总佛寺）教学时，这位可是他的得力助手，这位刀光强后来是在州政府任职，接着在州政协任职，傣名叫"召龙果"，后改名"召龙掌"。后来还参与到了新中国建立后对新傣文的改革当中。另外还有刀运德，这位后来也是在州政府工作，搞外交工作，勐海的我记得几位还俗后去政府工作的，叫"扎必雅萨"，在勐海县民政科，勐遮、勐混的也有，但记不住名字了。

根据刀会长的口述，召勐玛哈祜在重视僧才教育、培养僧才的方式以及规范老傣文、推动傣族传统文化的继承与发展方面的举措，也与他在泰北参学时期所获启迪密切相关。曼谷王朝在泰北推行僧伽制度改革的时候，在泰北地方僧伽中挑选优秀者送到曼谷波文尼维寺进行统一培训学习，学毕则将受训僧伽委以重任，派回地方担任要职，如省级僧伽僧长、县级僧伽僧长及乡级僧伽僧长。如此一来，一则可稳固地方僧伽统治，二则通过到过中央受训的地方僧伽带动其余地方僧伽，可逐渐加强地方对中央僧伽的认同感及向心力。

因此，召勐玛哈祜的这几项改革旨在改变西双版纳佛教界僧团管理松散、各自为政的局面。通过培养僧才，推行统一、规范的文字，推动傣族传统文化的继承与发展，选送僧才到景洪总佛寺进行系统的学习，自上而下使各级僧团密切联系，形成了一个以景洪总佛寺僧王为首、以其余各级僧伽为辅的具有向心力的僧团。通过傣族信众观念中为人天师的僧人进一步传播傣族的传统文化，增强民族凝聚力，有利于振兴佛教，推动佛教发展，凝聚人心，从而稳固土司统治。

西双版纳僧伽制度改革的影响

由于召勐玛哈祜生逢风云变幻的年代，时局变幻莫测，且期间还爆发了抗日战争，几乎没有有关他的文献记载。笔者及团队成员通过多次深入西双版纳做实地调查，从当时最了解他事迹的大德口述、末代宣慰使及其随从零星口述和当地一些 80 岁以上出过家的老康南的口述中挖掘记录了这段鲜为人知却又十分重要的历史。

召勐玛哈祜在西双版纳进行僧伽制度改革的根本目的虽然是振兴佛教，以适应岌岌可危的土司制度，具有一定的时代局限性，而且许多措施与计划由于战争原因，未能来得及实施与推广，但是他的部分改革思路及改革措施还是对后世有宝贵的历史借鉴意义及一定的影响。

（一）佛寺教育与傣族传统文化

李文林的社会考察报告《到普思边去》曾载："傣族佛寺教育分三个等级，即初级教育、中等教育和大学教育。即缅文教育分为三级，凡属摆夷子弟，到七八岁时，即由其父母家属，送入缅寺做小和尚。当由家送入缅寺时，亲友以礼物庆贺，其家属则制备衣袋冠履，送入缅寺，是为一生之荣。故凡子弟不得入寺当和尚者，引为终身之缺憾。小和尚入寺后，除朝夕礼拜外，则终日悠游寺中，每当黄昏之时，则由二佛爷聚小和尚于一地，先教以缅文之字母，继教以拼音，拼音既熟，于是以缅纸写字教之。当教授之余，则任小和尚敲鼓张罗，自由戏乐。俟小和尚识字既多，则授以经文，用个别教学方法，俾小和尚之个性发展。教学既专且勤，故小和尚之缅文，进步甚速。有入寺一二年即能写满纸之缅文者……当和尚若干年之后，则升为二佛爷，其年龄已达十六七岁，此时教者为大佛爷。或教神画，或练习写经，或扬鞭试马，既具绅士资格。又在寺中若干年后，则可回家娶亲与担任地方公务，或承袭土司职守。以其所学，可以应世而自立。拟名此教育为中等教育。二佛爷不还俗者，则升为大佛爷，居社会至尊之地位，一切言论行为，既执社会最高之特权。惟其行动不能越乎佛法，终身研究经典，行动愈严，经典愈深者，社会之信仰亦愈大，远近男女之以金玉衣食来赎者，络绎不绝。社会上之一切兴作事业，则为斯人所操纵，斯人亦当具有释疑惑排难解纷之才识。沿边民族，对大佛爷，信奉最诚，对土司次之，对汉官则又次之。维系沿边民族心理及社会治安者，与其谓为汉官，勿宁说是土司，更勿宁说是大佛爷，反较名实相符也。拟名此步教育为大学教育，亦可名之曰专门教育。其社会教育，无特殊之设置，类皆以其经文为范围人心工具，如每家必有经文教本，每人必视经文为终身之指南……"[1]

根据以上材料，李文林所调查的佛寺教育状况，应该是召勐玛哈祜在西双版纳推动僧才培养、积极鼓励佛教界学习本民族语言文字、开展僧伽教育之后的情形。从那时开始，佛寺教育相对规范化、系统化，内容也更加丰富多样，不但涉及老傣文的念诵、书写，僧人还需要学习天文历法。僧伽成为傣族社会知识分子的核心力量，对傣族群众有着巨大的影响力。因此，佛寺教育在傣族社会中起到了举足轻重的作用，其影响力辐射家庭教育乃至整个社会教育的范畴。[2] 佛寺教育还是习得傣族传统文化最有效的方式，对继承发扬傣族文化、带动全民文化素质的提高，起着关键的作用。

召勐玛哈祜在西双版纳推行的僧伽制度改革中的培养僧才、强调佛寺教育、发扬与继承傣族传统文化的举措，在西双版纳社会发展进程中对振兴佛教、推动傣族社会进步、继承发扬民族文化，起到了奠基作用。他强调佛寺教育的理念，为后来西双版纳南传佛教界的许多高僧大德所继承和发扬。一直到 20 世纪 50 年代初期，尽管傣族地区土司曾开办世俗学校，但是以傣族为主体的南传佛教信

1　李文林：《到普思边去》，云南省立双江简师 1936 年铅印本，第 56~57 页。
2　郑筱筠、梁晓芬：《世界佛教通史》第 8 卷《中国南传佛教（从佛教传入至公元 20 世纪）》，第 189 页。

仰群体仍然是以佛寺教育为主，佛寺教育仍然在傣族社会发挥着重要作用。[1]

20世纪50年代以后，随着云南傣族地区"和平协商土地改革"解除了南传佛教与封建土司制度的依附关系，佛寺教育也有了新的发展。在此期间党和国家在各地开办学校，非常重视民族教育。教师们亲临佛寺，动员比丘和沙弥入学读书，西双版纳一些寺院长老为了支持文化教育事业，实行白天让众沙弥上公立小学读书，夜晚再返寺院学经书和傣文的双轨制，颇受欢迎。[2]"文化大革命"期间，南传佛教遭到极大破坏，佛寺被拆，佛像、佛塔被毁，南传佛教贝叶经被焚毁，僧人被迫还俗。佛寺教育被迫停止，只有学校教育继续发展。20世纪80年代初，随着宗教信仰政策逐步贯彻落实，各地傣族信众自筹资金，重修佛寺佛塔、重塑佛像，又将学龄前男童送入佛寺为僧。佛教界与相关部门协调，鼓励适龄男童披着袈裟上学，放学后则在长老的指导下修习佛经和民族传统文化知识，佛寺教育与学校教育实现了良性互动、健康发展。[3]

如今西双版纳南传佛教界，以帕松列龙庄勐、祜巴罕听、刀述仁等为代表，一直秉承前人的宏愿，强调僧才培养。其始终把培养僧才当作南传佛教工作中的重点，把培养僧才作为自身建设的重中之重，群策群力，树立僧才培养乃百年大计的观念。[4]同时不断探索和实践，先后建立了云南省佛学院、西双版纳佛学院，开创了富有区域性和民族特色的教育模式，在促进南传佛教与傣族传统文化的

1　郑筱筠、梁晓芬：《世界佛教通史》第8卷《中国南传佛教（从佛教传入至公元20世纪）》，第205页。

2　《云南省志》卷66《宗教志》，云南人民出版社，1995，第32页。

3　郑筱筠、梁晓芬：《世界佛教通史》第8卷《中国南传佛教（从佛教传入至公元20世纪）》，第205页。

4　刀述仁：《中国南传佛教面临的挑战和机遇》，2018年3月30日，凤凰网·佛教。

传承、发展方面做出了重要贡献。

　　然而由于社会保障及供养制度等因素，目前南传佛教界仍然面临僧人缺乏的问题，尤其是高级僧才严重缺失，"空佛寺"现象日益凸显。这已经成为当前南传佛教发展中的瓶颈。因此，在党和国家的指导下，教界正集中力量投身于中国巴利语高级佛学院的创建当中。新时代的高僧大德们根据现实情况对南传佛教僧才培养提出构想。首先，要开展多层次、多渠道南传佛教教职人员培训，提高僧侣综合素质。其次，加强佛教院校人才培养，以总佛寺、中心佛寺为依托，办好佛学院，逐步实现南传佛教传统学经方式与现代培养体系的有效衔接、有序运转，建立起一个初、中、高相结合的南传佛教人才培养体系。再次，与国内外佛教院校加强联系，在政策法规的指导下签订人才培养合作意向协议书，拓宽培养渠道。培养能够开展对外交流的南传佛教人才。最后，还要发挥好现有僧才的作用，保证培养多年的人才用得到、留得住。让他们在学成归来之后有发挥作用的舞台，稳定僧人队伍。[1]

　　除此之外，西双版纳南传佛教教内，还有一部分代表基层佛寺的杰出年轻僧才，他们也意识到佛寺教育与傣族文化继承、发扬的重要性，依托勐景来佛寺，建立起了贝叶书院，旨在解决基层佛寺的教育问题。贝叶书院是以南传佛教寺院为依托建立的第一个公益性书院，其性质为民办非学历佛教学校，采用三年制教学计划。书院以"遵守宪法、法律、法规和国家的教育方针政策，遵守社会道德风尚，培养僧才，承继、延续、发展佛教文化与传统文化"为宗旨；以"实践佛陀教诲，延续佛法慧命，重视僧伽教育，落实六和精神，促进僧信互动，依法护持三宝，发扬人间佛教，净化社会人

1　祜巴罕听：《加强南传佛教的人才培养》，《中国宗教》2018 年第 4 期。

心"为校训，为现代社会培养有道德、有素质、有文化的人才，使其既能适应现代社会的发展需要，又能承继与发扬传统文化。[1] 书院不仅教授全打洛镇学僧佛学知识、老傣文及傣族传统文化，还吸纳打洛镇周边学僧与游客学士共同分享、学习南传佛教文化和傣族传统文化。[2] 最富特色的是书院为了适应时代、服务社会，与专业社工团队合作，秉持"从信仰到公益"的理念服务于社区，切实解决当地村寨、社区存在的社会问题，合力打造和谐、有道德、有信仰的村寨，[3] 为基层佛寺教育的发展、创新与转型提供了新思路。

从老一辈的高僧大德到年轻一辈的杰出僧才，都是召勐玛哈祜改革精神的承袭者，他们在党和国家的指引下，与各界共同努力，积极探索一条中国化方向的、既能保持好自身的优秀传统又能适应时代发展需要的中国南传佛教教育之路。

（二）宗教交流

召勐玛哈祜改革中还有一项值得借鉴的举措，就是积极开展与东南亚上座部佛教文化圈的友好往来与对话交流。他的改革皆得益于早年的到处参学。他深入与西双版纳上座部佛教联系最密切的兰那佛教文化圈范围内进行参访学习，足迹遍布老挝、缅甸景栋及泰国北部。他在泰北的参学经历成了他在西双版纳推行僧伽制度改革的重要参考。西双版纳佛教文化属于兰那佛教文化圈范畴，在这个佛教文化圈内的傣－泰民族同根同源，在语言、文字、宗教文化方面有着极大的相似性，自古以来，相互间在政治、经济、宗教、文

---

1 都坎章：《贝叶书院章程》，内部资料，第 1 页。
2 都坎章：《西双版纳南传佛教佛寺教育浅析——以贝叶书院为例》，郑筱筠、康南山主编《首届南传佛教高峰论坛文集》，中国社会科学出版社，2017，第 446~447 页。
3 《儿童之家经验交流分享回顾》，2017 年 12 月 30 日，贝叶书院公众号。

化方面都有密切的交往，更容易展开对话。在这个范围内，当其中一个区域佛教文化式微之时，都可以及时与其余地区展开交流学习，借鉴对方先进经验，再与时俱进因地制宜运用于本土。召勐玛哈祐的改革就是历史上宗教文化交流、借鉴与创新的典型。这样的交流、借鉴与创新，在此后近百年的时间中从未中断过。西双版纳南传佛教与东南亚南传佛教文化圈的交流对话，在近现代西双版纳南传佛教的复兴发展中起到了关键的作用。

以西双版纳与泰国的宗教交流对话为例，近现代，泰国与西双版纳南传佛教交流互鉴的形式主要可以分为以下几类。

1. 僧伽教育合作交流

在 20 世纪 90 年代以前，西双版纳僧人一直都延续不断至泰国参学，尤其是"文化大革命"之后，佛寺教育、佛教文化遭到破坏，佛教发展停滞不前。要重建佛寺教育、复兴佛教除了依靠党和国家、当地僧伽、信众的自身重建之外，一部分僧人还延续了到境外参学的传统，到泰国、缅甸等南传佛教发展延续性较好的地区学习，其中以到泰国留学的僧人居多。

在"文化大革命"之后 90 年代之前，西双版纳佛学院尚未建立，僧人们的修学完全依靠老一辈僧人口口相传，虽然在经书上也能学到一些，但是缺乏系统规范。要想学习到系统规范的佛学，僧人就要自行到泰国留学，通过泰国一些著名寺院大长老做担保，出具邀请函，然后过去短期或长期参学。1990 年，中国佛教协会选派了 10 名中国南传佛教学僧赴泰国留学。不少西双版纳的学僧选择了泰北南奔佛陀圣迹寺[1]，该佛寺除了系统佛学教育外，还以禅修教学出名。学僧们 1990 年去学习，1994 年初返回。三年多的时间

---

1   南奔佛陀圣迹寺照片见附录。

中，学僧们系统地学习了佛法、戒律、佛经、禅修实践、如何建设衣钵、出家授戒的方法、建立戒坛的规制、社会弘法方式等。每学年结束之后，还有相应的佛学考试，从三藏经典学习到有次第性的禅修学习实践。泰方整个佛学体系延续性较强，非常规范。[1] 第一批学僧学成毕业以后又回到西双版纳总佛寺，在佛寺里教授佛学和泰语，他们中的两位僧侣被送到勐腊的龙青寺佛学院教书。这一批早期被正式派往泰国学习的僧侣，现已是西双版纳南传佛教界的中流砥柱，有部分人成了高级僧伽，晋升为祜巴。

　　自从 1990 年派遣第一批学僧至泰国学习之后，官方正式派出学习及民间自行到泰国参学的学僧越来越多。目前，西双版纳与泰国北部之间的学僧交换，主要通过佛学院进行。西双版纳佛学院与泰国摩诃朱拉隆功佛教大学帕尧府分校有交换学僧的协定。近年来，帕尧府分校把佛教对外交流的网络扩展到了湄公河区域的邻国，同中国、老挝、缅甸都有学僧交流计划，意在加强湄公河流域社会与文化的发展。数年来中国不少南传学僧前往学习，目前还有数位在读佛学硕士研究生，该校的长老也时常受邀来中国参加重大佛教活动，致力于以佛法慈悲和平、清净智慧的理念来促进人类的文明，以文化的交流来推动国与国之间在各个领域的合作。[2] 除此之外，还有部分学僧自费或通过供养捐助，自行到摩诃朱拉隆功佛教大学总校、清迈分校进行学习。

　　笔者在西双版纳做田野调查时通过采访几位曾经在泰国学习过的僧人进一步了解到泰国的佛学教育比较规范、成体系，教育制度完善。佛学教育分为两类，一类是专门教授佛学，有次第性；另一

1　来自 2013 年 8 月笔者对祜巴罕听的采访。

2　来自 2018 年 10 月团队成员参加泰国摩诃朱拉隆功佛教大学帕尧府分校佛学交流活动时的采访。

类是综合佛学教育，摩诃朱拉隆功佛教大学就属于这一类，不仅教授佛学知识还教授其他的技术和文化课程，类似于我们国家的国民教育。佛学知识有三个等级，巴利语有九个等级。西双版纳有佛教传统，但是没有真正的佛教教育和有等级规范的佛学教学方式。沙弥在西双版纳从小学习的是戒律、教义、禅坐、做人的道理，大多数是局限于形式上的，是虔诚的、精神上的，但小沙弥并不知道为什么学，所学内容是什么意思，不了解其中内涵，因为佛学院很多的老师是从泰国毕业回来的，所以只是按照泰国的教学形式教授。在泰国那边学习则是学习理念、要义和禅修实践。了解到什么是佛教，学了以后怎么去用，怎么去实践，体会到了实践的意义以后怎么去教导别人。可以把从泰国学习到的知识用到现在的修行中，特别是佛教对于生活、对于自身心态的见解，[1]因此，在泰国的学习更为系统、规范。同时，回国的僧侣也会尽自己的所能保护本民族传统的佛教文化，例如在西双版纳大勐龙，就有从泰国回来的一位比丘组织村里面的老人们集中制作贝叶经。留学僧侣表示，到泰北学习佛教是一次很好的宗教学习经历，而且能够见到各种各样的佛教仪式，对佛教的学习很有帮助，对于中国南传佛教仪式仪轨的恢复有重要意义。

2. 禅修交流

从泰国学成归来的僧才与泰国佛教界长老们一直保持着密切的联系，为了解决西双版纳佛学教育缺乏禅修实践的问题，帕松列龙庄勐早在 1991 年就邀请过泰北著名禅修寺院郎奔寺住持素潘长老到西双版纳教导僧众禅修。2010~2013 年素潘长老连续来到西双版纳参访、教禅，教导的对象除了僧众之外，还有不少信众，除了傣

1　来自 2013 年 8 月笔者对祜巴罕听的采访。

族信众之外，还有不少汉族信众，以及不少对南传禅修法门感兴趣的非宗教人士。第一年参加者有 30 人，第二年有 50 人，第三年扩大到了 100 多人。第三年除了沙弥、比丘、信众以外还有戒尼参加。通过延请泰北长老到西双版纳教禅，初步建立了双方的禅修合作，使西双版纳部分僧众及信众、禅修爱好了解了郎奔寺禅法。由于我们国家宗教政策对外籍僧人的相关规定，长老不能频繁往返西双版纳长期教禅，就采取接受僧人、信众及禅修爱好者直接到郎奔寺禅修的模式。[1]

　　郎奔寺禅法为泰北著名高僧隆波通大长老在缅甸学习马哈希禅法之后所创立。在泰北有两个重要的禅修中心，一个在中通佛塔寺，隆波通大长老为住持；另一个就在郎奔寺，由隆波通大长老嫡传弟子素潘长老为寺院住持及核心禅修业处导师。郎奔寺共有 4 位禅师，在禅修者入寺禅修时，佛寺接待处会为禅修者安排专属业处指导的禅师，头一天禅修结束后，第二天早晨禅师们都要一对一检验禅修者的禅修报告，并有针对性地指导禅修。朗奔寺多年致力于禅修实践，被泰国教育部授予优秀心理健康发展中心。摩诃朱拉隆功佛教大学清迈分校佛学专业的学生，都要到郎奔寺进行禅修学习、实践，在毕业之前除了通过佛学考试之外，必须在郎奔寺进行为期 45 天的禅修实践，最终考核合格才可以毕业。

　　目前郎奔寺与西双版纳建立起禅修合作模式，云南省佛教协会、西双版纳总佛寺、西双版纳橄榄坝曼听佛塔寺就常年举办短期出家及止观禅修活动，禅修课程根据我国的实际情况并结合国外禅修中心的课程而制定。到西双版纳参加禅修活动的人士还可以到泰北郎奔寺进行短期或长期的禅修实践活动。许多国内禅修爱好者，

1　来自 2017 年 8 月对朗奔寺住持素潘长老的采访。

包括西双版纳本地僧人，通过西双版纳总佛寺得知泰北郎奔寺禅修
中心，每年都会定期到泰北郎奔寺进行长、短期的精进禅修，或参
加短期出家活动。目前，每年在郎奔寺禅修的外国人有 700 人，中
国禅修爱好者就占了 20%。另外，曾经跟随素潘长老学习过的西
双版纳僧人，目前也在金龟塔禅寺教导西双版纳僧人及傣族信众学
习禅修。禅修实践活动的交流，增强了西双版纳与泰北佛教界的交
往，扩展了弘法渠道，提升了西双版纳南传佛教在禅修实践方面的
习得。

图 5-2　隆波通大长老与素潘长老在中通
佛塔寺教导禅修（笔者摄于中通佛塔寺）

图 5-3　中通佛塔寺（笔者摄）

图 5-4　郎奔寺禅修中心（笔者摄于郎
奔寺禅修中心）

图 5-5　禅修晚课（笔者摄）

3. 经典交流与翻译

一直以来西双版纳僧人都有从泰北延请三藏经典的宗教传统。一开始延请回来的经典，绝大多数是用兰那文书写的三藏经典，由于兰那文与老傣文相似度极高，文字理解上没有任何问题，所以早期延请的经典无须翻译，后来泰北僧伽制度改革之后，许多佛寺三藏经典改为用泰文书写，很多僧人无法阅读，就由曾经留学泰国的僧人们将泰文经典翻译成傣文之后在西双版纳进行传播。除了到泰国延请经典外，泰国佛寺、佛教学校也会到西双版纳供养三藏经典。泰国摩诃朱拉隆功佛教大学清迈分校的长老就曾于2013年、2016年带领泰国信众两次到勐景来佛寺贝叶书院供养过兰那文三藏经及汉译南传大藏经。

2018年，贝叶书院与缅甸掸邦第四特区曼迈飞洪罕佛学院和金龟塔禅寺合作启动南传佛典《500集佛本生故事》翻译项

图5-6　泰国摩诃朱拉隆功佛教大学清迈分校湄公河基金会到西双版纳勐景来佛寺供养南传大藏经（团队成员摄）

目，将有深刻哲理且极具启发意义的佛本生故事从泰文译成傣族经书文，召集了西双版纳、景栋、清迈的10位资深佛学专业人士进行翻译，书院部分教师也参与到翻译工作中，目前项目正在进行中。

另外，云南集政界、教界、学界之力，历时九年搜集整理翻译的《中国贝叶经全集》，包含139部贝叶经卷本，也通过不同渠道跨境流通至泰国的一些寺院及图书馆当中。双方经典的交流与翻译，对深化双边对话、提升僧人佛学修养有着重要意义。

4.高僧弘法交流

虽然南传佛教在西双版纳有过20多年的发展滞缓期，但是当地与泰国的民间佛教交流一直持续不断。在特殊时期，一些僧人如祜巴香腊、祜巴辛曼等迫于压力到泰国、缅甸等地出家。由于20世纪50年代末至80年代中期，西双版纳大多数僧人被迫还俗，所以后来泰国、缅甸一带的高僧赴西双版纳为这些被迫还俗的僧人重新授戒，使其得以恢复僧人身份。一些泰国北部的高僧为了帮助西双版纳复兴佛法，不辞辛劳，早期通过民间渠道至西双版纳弘法的泰国高僧们一路跋山涉水步行至西双版纳。他们到了之后，带领信众修缮佛寺、重建佛塔佛像，教导信众。"文化大革命"时期，僧人们被迫还俗，佛经被烧毁、寺院被破坏。西双版纳佛教复苏初期，西双版纳许多佛寺受戒仪式已断，缅甸、泰国的僧人到西双版纳帮助在"文革"时期还俗的僧人重新受戒，恢复僧人的身份，主持佛寺里的各种佛教仪式。

现在，泰北高僧也经常到西双版纳进行弘法交流，祜巴温忠就是其中的代表。作为德高望重的大长老，祜巴温忠已成为西双版纳与泰北宗教界沟通交流的重要桥梁。他先后三次到西双版纳进行弘法交流，在弘法过程中为西双版纳信众授三皈依五戒并向僧团及信众开示佛法。

他为僧团及信众讲解自己的修行体悟，由于现在大部分西双版纳佛教文化流于形式，缺少实质和内涵，有一大部分民众特别是年青的一代对佛法内涵知之甚少，与泰国、缅甸等佛教国家信众对佛法的理解程度及佛教礼仪、仪轨的掌握程度相距甚远。类似祜巴温忠等高僧的弘法，让信众更进一步了解了佛法，使西双版纳的信众们增强了对三宝的信心与信仰，对他们的道德伦理观也有不少提升。同时，弘法对南传佛教禅修实践、佛教知识的普及都有积极的推动作用。禅修实践不仅针对僧团，也针对信众。一则教导僧团指导信众禅修的方式方法，二则让信众了解在家人须持守的戒律与佛陀教法。[1]

中国南传佛教界的高僧大德同样在双方弘法交流中发挥了重要作用。中国佛教协会副会长、云南省佛教协会会长刀述仁大德居士就多次前往泰国进行佛教友好交流活动，护送我国佛指出国巡礼。1989 年，刀述仁会长专程率团到泰国参加前僧王遗体荼毗仪式，1995 年又担任护持团团长护送佛指舍利到泰国供奉。他为促进中国南传佛教界与东南亚国家佛教界的友好往来做出了重要贡献。2011年，泰国副僧王松列帕玛哈拉查芒格拉占长老向刀会长授予摩诃朱拉隆功佛教大学名誉博士学位，以表彰和鼓励他在弘法利生、促进中泰两国佛教文化交流及南传上座部佛教教育等方面所做出的特殊贡献。[2]

另外，在泰北清迈有一个值得关注的宗教交流现象——南传僧人与傣－泰民族境外社团的交流，即在清迈长居或短居的南传僧人

1　来自 2015 年 5 月笔者在西双版纳的田野调查。

2　康南山：《刀述仁副会长荣获摩诃朱拉隆功佛教大学教育行政管理名誉博士学位》，《法音》2011 年第 5 期，第 13 页。

（绝大多数来自中国西双版纳、缅甸景栋）与在清迈境内的傣－泰民族社团的交流。这个傣－泰民族社团绝大多数来自湄公河流域地区，是非泰国籍的傣－泰民族，他们由中国西双版纳的傣泐人、老挝泰老人以及缅甸景栋泰艮人及掸族构成，这些傣－泰民族大多是在泰北的外来务工人员或商人。每星期日他们都会在摩诃朱拉隆功佛教大学清迈分校附属巴利文佛教中学举行社团聚会。聚会的主要目的是借助佛教学校免费提供英文、泰文学习平台这样的佛教公益活动来学习和交流。每次的聚会都会邀请南传僧人前来进行简短的交流，交流内容就是南传僧人们对他们进行简单的佛法开示或鼓励。在异国他乡，僧俗两界简单而有延续性的相互交流，不但可以增进同一个文化圈内傣－泰民族的宗教文化认同感与相互之间的友谊，彼此之间还可进行资源共享，也为同一个文化圈内僧人弘法利生提供了一种新的思路。

图5-7　2015年5月祜巴温忠至西双版纳弘法交流
（笔者摄于景洪总佛寺）

5. 宗教仪式交流

宗教仪式交流是双方宗教文化交往的常态，也是宗教文化交流中最为频繁的。每逢重要佛事活动或重要宗教仪式，双方长老都会互访、参与宗教仪式。比较典型的就是泰国御赐袈裟仪式及高僧升座仪式。自2004年泰国国王首次向西双版纳总佛寺布施御赐袈裟起，泰国王室向中国云南省布施御赐袈裟已经连续举行了十余年，最后一次是2015年11月在勐景来佛寺御赐袈裟。另外，2016年2月16日，西双版纳总佛寺隆重举行南传佛教帕松列和帕祜巴升座庆典法会。共有6位长老升座，来自13个国家的大德法师、专家学者及数千佛教四众弟子出席了此次活动。

大型宗教仪式的交流，不仅可以增进双方宗教界的宗教友谊及宗教情感，还可以在一定程度上带动旅游产业的发展，带动、刺激供养力度，使信众供养资本在不同地区间得到流动。

西双版纳和泰国之间的宗教文化交流，有其积极影响，但同时存在消极的一面。积极意义在于缅甸、泰国一带的南传佛教文化传承较为完整，因此西双版纳南传佛教在复兴时期从外围到内核都大量借鉴了这些地区的佛教文化，尤其是泰国北部地区的。频繁、深入的佛教文化交流，逐步为西双版纳佛教文化的发展提供了源源不断的能量，推动了西双版纳佛教文化的复兴。

而消极方面则在于西双版纳佛教文化从内核到形式逐渐"泰化"，这种泰化主要表现在以下方面。第一个方面是最常见的，就是佛寺建筑外观、壁画风格的"泰化"。许多地区的佛寺是由泰国人捐资建造的，甚至连工匠都来自泰国。这些佛教艺术趋于"泰化"而丧失了西双版纳的本土化特征。第二个方面在于佛法教派也与泰国佛法教派趋同，内核与形式逐渐"泰化"，成了一种文化复刻，本土文化特征逐渐淡化。

图5-8　2016年2月15日南传佛教帕松列和帕祜巴
升座庆典法会前夕，东南亚南传佛教国家僧人参加诵经
祈福仪式（笔者摄于景洪总佛寺）

图5-9　2016年2月16日南传佛教帕松列和帕祜巴
升座庆典法会（笔者摄于景洪总佛寺）

　　但是在"泰化"的过程中，存在宗教文化转型的问题。泰国的
宗教文化也是经历过转型的。从政治上来看，泰北原本是独立的兰
那王国，是在19世纪末才被并入泰国版图的。兰那与中国西双版

纳、缅甸掸邦、景栋地区在历史上属于同一个兰那佛教文化圈，以兰那文也就是老傣文为重要的宗教文字。兰那佛教文化圈的佛教文化与当今泰国的主流文化还是存在着许多的差别。从宗教上来看，泰国建立统一的国家之后，佛教经历过许多次僧伽制度改革，其中最大、最彻底的一次是拉玛五世的僧伽制度改革，其使得整个泰国的佛教在僧伽教育、僧团管理等方面都必须接受泰国国家南传上座部佛教委员会的规范管理，宗教的管理被纳入国家行政管理体系。

所以，西双版纳如果在宗教建设方面一味借鉴泰国经验，依赖泰国僧团的复兴，而缺乏自己的能够研习巴利三藏经典、禅修、弘法等方面的僧才以及擅长本民族佛教艺术的艺术家，对传统文化的传承进行监督、把关、保护，宗教文化交流最终会成为单一的宗教文化复刻，而使本民族的特色丧失。以佛教艺术为例，目前西双版纳境内相当一部分佛寺丧失了本民族的文化艺术特征，许多佛寺基本是仿照泰国佛寺来重建的，工匠也多是从泰国直接请来的。佛寺壁画、佛寺雕塑、佛像塑像都有很浓厚的"泰国风格"，[1] 仿照泰国当代佛教绚丽华美和金碧辉煌的风格，以此为美、为风尚。"泰化"的原因除了本地僧人在参访交流的过程中到泰国"请进来"即请泰方的工匠直接到西双版纳参与修建佛寺，也有泰国僧人及善信们"走进来"即直接带领工匠或泰国佛寺图纸到西双版纳，重建佛寺、捐赠泰国佛像。虽说双方的初衷都是西双版纳佛教的复兴以及功德供养，但是这种单一的复制影响了西双版纳佛教原有的本土化特征，确为一件憾事！

虽然西双版纳本土佛教艺术在"文革"当中遭受破坏，但也并非全然不存。作者及团队成员在田野调查过程中发现，民间一些曾

1　相关情况见附录。

经出过家的老康南仍然保存了很多贝叶经以及不少绘制在棉纸上的佛寺、佛本生经故事的绘图。这些贝叶经与棉纸画册很多藏于西双版纳州政协文史资料室，是我们在调查过程中无意当中发现的。这些画册所绘制的佛寺与佛本生经故事，色彩绚丽、栩栩如生，具有很浓厚的傣族艺术风格特征。然而由于缺乏经费，也缺乏专业人士的整理与保护，目前这些画册以及不少的贝叶经，[1] 虽然存储于政协文史资料室的铁柜中，却没有得到分类整理，没有保护措施，更没有现代数字化复制留存。由于气候湿热，年复一年，这些宝贵的民族文化遗产濒临彻底消失的绝境。抢救性地保护、继承傣族的传统佛教文化艺术刻不容缓。如果这些尚存的文化瑰宝能得到分类整理、保护、研究，必然会为南传佛教文本研究、南传佛教艺术研究提供不少宝贵的资料。

另外，从地缘文化与地缘政治的角度来看，"一切向泰看"的文化复刻，不利于增强云南西双版纳傣族民众的向心力，反而易淡化中国境内傣族民众的国家认同，导致离心力的产生，甚至地方主义、狭隘"大泰族主义"情绪的抬头，不利于边疆地区的和谐稳定。因此，保护、传承、挖掘南传佛教文化中的精髓，将南传佛教文化纳入多元的中华文化体系之内，坚持佛教中国化的道路，使更多的非傣 - 泰民族接受、认可南传佛教文化，拓宽民心相通的受众群体，积极发挥本土南传佛教文化的优势与亮点，才能使双边宗教交流、对话更具积极意义。应在云南南传佛教文化传播区域培养自己的僧才，建立系统规范的佛教大学，健全僧伽教育体系与僧团供养制度。我国南传佛教界迫切需要搭建自身的专业学术平台，推进中国巴利语高级佛学院建设以及佛教高级人才的培养。既借鉴对方

1　可参看附录，笔者摄于西双版纳州政协文史资料室。

优良的佛教传统，又适应国家、时代发展的需要，才能使南传佛教建设在对外宗教交往之中获得更为有效的借鉴。

兰那佛教文化圈属于东南亚南传佛教文化圈的一部分，在它所涵盖的历史地理空间范围内，民间对宗教文化的认同感更为强烈，这种认同感恰好是"一带一路"倡议中"民心相通"的重要纽带，也是我国与东南亚国家进行公共外交以及政治、经济合作交流的重要支撑力量。在中国与东南亚各国宗教文化的交流中，各地南传佛教僧人之间的交流是核心，他们不但是弘法使，更是民间"外交家"。他们在相互的交流中通过引导信众布施，给予边境地区一些贫困人口一定的帮助，可以促进国与国之间的互惠互利。[1]

---

[1]　帕松列龙庄勐：《南传佛教文化是连接中国与南亚东南亚的黄金纽带》，2020 年 5 月 23 日，凤凰网·佛教。

结　语

本书通过大量中外文资料结合实地调查，以历史为主导、宗教交流为主线，梳理、分析了泰北兰那王国的形成发展与泰北佛教的传入、变迁，兰那文化圈的形成及兰那佛教与西双版纳佛教的关系。

追溯与总结

第一，从兰那佛教文化圈形成的历史空间来看，其与孟人佛教自湄南河流域向北传播有很大关系，最重要的是与泰北主体民族所建立的兰那王国的兴起、扩张、繁荣息息相关。从开国国王芒莱王接受佛教开始，兰那王国历代国王都依赖佛教解释、确立他们在政治统治方面的合理性与正统性。在兰那，国王必须是佛教忠实的拥护者，其正统性也必须经过僧伽的认可。佛教僧伽也依赖统治阶层获得相当的供养以延续并弘扬。

兰那王国在形成、发展、繁荣的过程中，以清迈为中心区域，以中国西双版纳、缅甸景栋、勐乃、勐勇以及老挝琅勃拉邦为影响范围的周边区域。兰那与这些周边区域的主体民族都是傣－泰民族，有着地缘、族源、血缘的天然联系，自古以来关系亲密、交往密切。在历史进程中，这个区域内的民族之间相互迁徙，从而促进了各民族宗教文化之间的相互交流、融合。佛教传入泰北后，兰那在与周边地区交往的过程中，将佛教文化向外传播，形成了以清迈为中心，以中国西双版纳地区、缅甸景栋、勐乃、勐勇以及老挝琅勃拉邦为覆盖区域的兰那佛教文化圈，也称泰庸文化圈，兰那佛教文化圈是一个文化地理概念，属于南传上座部佛教文化圈的范畴，同时也具有其他民族文化的特征，尤其是傣－泰民族的文化特征。兰那佛教文化圈的形成，也是佛教文化在传播普及过程当中的一个缩影。佛教文化涵盖范围广阔，它覆盖了东南亚及南亚的很多地区，是一种国际文化现象。兰那佛教文化圈的形成，就是在佛教文化推广普及的过程当中加入了兰那本土文化元素，并加以融合、创造，形成了自己独具特色的文化，也是泰北兰那泰庸人的特色文化。兰那佛教文化圈的形成和发展进一步加强了泰北兰那与清迈以北区域之间的亲密关系，使佛教文化成了这个区域之内重要的精神纽带。

第二，随着兰那王国的衰落、缅甸的兴起，兰那最终被纳入缅甸统治之下，在200多年的被统治时期，兰那人民进行了不屈不挠的抵抗，其中兰那僧伽发挥了重要的作用，在此期间兰那政治、经济的全面衰落导致泰北佛教的衰落与滞缓发展，然而由于战争使泰北民族进一步多元化，泰北佛教民间宗派也呈现出多元化特征。

18 世纪，暹罗曼谷王朝兴起，为了借助宗教的力量巩固加强封建中央集权统治，从一世王到四世王都极为重视佛教，他们整理佛经、开展佛学考试、整肃僧伽、整顿僧团戒律。四世王时期泰国开始面临西方列强的侵扰，要抵抗列强，不沦为殖民地，除了向西方学习之外，还需要巩固自己的宗教文化根基。

僧伽制度改革是曼谷王朝应对殖民主义入侵、加强中央集权统治、加强宗教思想统治所进行一系列改革的核心部分。改革的缘起不但与外部殖民主义的扩张威胁息息相关，也与暹罗内部政治、经济、宗教发展的需求密切相关。四世王时开始着手推行佛教改革，独尊孟人僧团，创立法宗派。推行僧伽制度改革，以四世王个人对巴利经典、注释与律藏的诠释为基础，成立一个僧伽教育系统，现代佛教奉四世王所印行的经典为权威法典。此系统沿用至今，所依据的是学位、考试与僧伽制度中的层级化。五世王、六世王的僧伽制度改革是四世王改革的延续。

1902 年颁布的 121 号《僧伽法》是僧伽制度改革中的重要突破，是僧伽官僚结构系统化的首次尝试。该法令的实施标志着泰国佛教基本被纳入了政府的行政轨道。通过这份文件，全国上下的僧伽被统一管理，全部纳入了中央的管辖之下，整个僧团结构与中央的行政机构并行，有利于有效地整合社会，统一中央集权，促进国家统一。

18 世纪，兰那为了赶走缅甸侵略者，选择与中部泰人结盟，使兰那成了暹罗的藩属国。19 世纪中期以后，兰那的局势发生了变化，随着《鲍林条约》《清迈条约》的先后签订，英国人不断插足泰北事务，泰北作为暹罗的藩属，是暹罗北部重要屏障，暹罗开始计划取消泰北藩属国的地位而直接将其划入暹罗版图之内，因此，在泰北推行了一系列改革，僧伽制度改革就是其中一项重要内容，对促进兰那接受中央王朝，完成对泰国的政治认同，将泰北进一步整合到泰国起了重要的作用。对泰北僧伽制度的改革主要集中在对僧伽教育、僧伽等级及僧伽结构的改革。

1902 年 121 号《僧伽法》在北部推广的僧伽制度改革旨在将原本各个地区权力分散的僧伽制度变为权力集中的有严格等级的僧伽官僚制，最终由大长老会统一领导，将泰北地方僧伽纳入中央的管辖之下。这样破坏了兰那原有的传统，使兰那原有的宗教、文化传统从多元化走向单一化和集权化，削弱了泰北的地方宗教势力。同时遭到以祐巴西维猜为代表的地方宗教势力的抵抗，最终抵抗未果，兰那地方僧伽被统一纳入中央僧伽的统治结构当中。1902 年《僧伽法》的颁布，基本奠定了泰国僧伽、寺院管理及僧伽教育等方面的格局，在泰北佛教发展变迁的过程中起到了重要作用，给泰北佛教及社会带来深远影响。

第三，在兰那佛教文化圈范畴内的西双版纳与泰北在历史上保持着不间断的交流、互动。兰那佛教重要佛教教派的建立与兴盛，必然会随着相互之间的不断交往北传至西双版纳，14~15 世纪兰那的两个重要佛教教派花园寺派与红林寺派先后传入西双版纳，在西双版纳形成了摆孙派与摆坝派。随着佛教的传播，文字作为宗教的重要载体也应运而生。西双版纳用来记录佛经的老傣文与兰那文有着极大的相似性，双方文字完全互通。从佛教传入西双版纳开始，西双版纳与泰北之间就保持着持续的宗教交流，交流的形式主要有经典交流、高僧弘法交流以及由民族迁徙而形成的宗教交流。民族迁徙中的宗教交流在 19 世纪末还形成了具有傣泐民族特色的地方宗派。西双版纳与泰北的宗教交流传统，是双方互鉴学习的重要基础，在双方随后的佛教发展过程中越发凸显了重大意义。

第四，19世纪末20世纪初的西双版纳外部面临着殖民主义威胁，内部则局势动荡，王室纷争不断，土司政权削弱，经济、教育方面都很落后。当时的佛教与中央政府的关系不大，却由于宗教传统及宗教习俗与兰那僧伽制度、土司制度的形成有着密切的关系，僧伽结构较为松散，同时僧伽制度中的组织制度又与土司管理制度类似，几乎同调，并行不悖。在社会政治经济因素与僧伽制度特征等因素的交织下，西双版纳的佛教呈现出寺院管理混乱、僧伽结构松散的局面，无法在社会上形成强有力的向心力及凝聚力。在当时的社会背景下，土司政权式微，如果没有强有力的僧团及严密的僧伽制度作为支撑，土司政权式微的状况势必会日趋严重。召勐玛哈祜作为王室成员，又是僧伽领袖，为了改变佛教界状况，扶持岌岌可危的土司政权，通过在北部的参访学习，将在泰北著名高僧祜巴西维猜座下学习所获与曼谷王朝对泰北僧伽制度改革中的部分经验因地制宜地运用于西双版纳僧伽制度改革中。他所推行的改革，首先是建立僧令发布制度，统一历法。其次建立晋升考核制度与其他规章制度。最后是在僧伽教育方面重点培养僧才，通过僧伽教育推动傣族传统文化的继承与发展。

第五，召勐玛哈祜在西双版纳进行僧伽制度改革的根本目的虽然是振兴佛教界，以适应岌岌可危的土司制度，具有一定的时代局限性，而且许多措施与计划由于战争原因未能来得及实施及推广，但是他的部分改革思路及改革措施还是有宝贵的历史借鉴意义，对后世产生了一定的影响。具体就体现在加强僧伽教育、发扬傣族传统文化以及推进对外交流方面。在召勐玛哈祜改革之后，佛寺教育更加规范、系统，内容也更加丰富多样，对继承发扬傣族文化、带动全民文化素质的提高起到关键的作用。强调佛寺教育，发扬与继承傣族传统文化的举措，在西双版纳社会发展进程中对振兴佛教、推动傣族社会进步、继承发扬民族文化起到了功不可没的奠基作用。

他强调佛寺教育，着力培养僧才的理念，为后来西双版纳南传佛教界的许多高僧大德所继承和发扬。由于历史原因，西双版纳佛寺教育建设及僧才培养过程虽然曲折，但总算有一定传承发展。直到现在中国南传佛教的高僧大德始终将培养僧才作为自身建设的重中之重，切实推进各层次僧才的培养，把重心放在中国巴利语高级佛学院的创建之上，来解决目前中国南传佛教所面临的僧才短缺、空寺现象突出的问题。从西双版纳僧伽领袖到年轻的地方僧才，都是召勐玛哈祜改革精神的承袭者，他们在党和国家的指引下，与各界共同努力，积极探索一条中国化方向的、既能保持好自身的优秀传统又能适应时代发展需要的中国南传佛教教育之路。

召勐玛哈祜改革中还有一项值得借鉴的举措，就是积极开展与东南亚上座部佛教文化圈的友好往来与对话交流。他的改革皆得益于早年的到处参学。他深入与西双版纳上座部佛教联系最密切的兰那佛教文化圈范围内进行参访学习，足迹遍布老挝、缅甸景栋及泰国北部。他在泰北的参学经历成了他在西双版纳推行僧伽制度改革的重要参考。南传佛教流传地区间的交流、借鉴与创新，在此后近百年的时间中从未中断。西双版纳南传佛教与东南亚南传佛教文化圈的交流对话，在近现代西双版纳南传佛教的复兴发展中起到了关键的作用。

文化圈与宗教交流

　　文化圈是以民族区域文化为核心形成的，兰那佛教文化圈的形成是以傣 - 泰民族文化为基础，在佛教的传播过程中逐步形成的。因此，兰那佛教文化圈内的傣 - 泰民族不但同根同源且法派相承，有着深厚的族源、地缘、血缘关系。相互之间有着较深的文化认同与宗教认同，在历史上彼此之间也曾相互协助复兴佛教，是一个天然的国际宗教文化交流平台。

　　泰北佛教在经历了 1902 年改革之后，与泰国中部地区佛教日渐相同，本土化特征逐渐丧失。无论是寺庙建筑、佛像造型等佛教艺术还是宗教仪式都被中部地区逐步同化。泰北一些僧人意识到维护传统兰那佛教文化的重要性与迫切性，逐步建立起一些南传佛教教育弘法基金会，旨在立足兰那佛教文化圈，除承担扶贫济弱等社会慈善功能之外，还利用兰那佛教文化圈这个国际宗教文化交流平台，与周边国家、地区进行南传佛教文化交流。

　　笔者实地调查的泰北花园寺湄公河流域南传佛教教育弘法基金会就是南传佛教文化交流平台的一个典型案例。该基金会通过泰北南传佛教在兰那佛教文化圈的影响力，与周边国家南传佛教传播地区进行文化、教育方面的合作、交流，深化了泰国南传佛教文化的软实力，使泰北与周边国家、地区逐步产生文化 - 经济一体化效应。

　　基金会的建立缘于一次偶然的机会。2004 年，朱拉隆功佛教大学清迈分校将巴利文版本的《修行人》一书转译为泰艮文（兰那文），连同功德衣一起布施给了缅甸景栋，并援助当地修缮佛塔。双方僧团在交流之时，深感传统文化流失迅速，许多寺庙很多年轻僧人已经不会再阅读古老贝叶经中所刻写的兰那文。在景栋的一些佛教学校,也极度缺乏用兰那文注疏的三藏经典及佛本生经故事等重要的佛学教材。借此布施功德衣的机会,以朱拉隆功佛教大学清迈分校副校长为首的部分泰北僧团与景栋僧团共同探讨如何促进佛教教育与弘法大业的问题。最终达成共识,欲在兰那佛教文化圈的范畴内建立一个基金会,范围包括泰国北部(兰那)、缅甸(掸邦景栋、东枝)、中国(西双版纳)、老挝(琅勃拉邦),旨在促进湄公河流域地区南传佛教教育、文化、艺术等方面的交流与发展。通过多方的考察与商讨,最终湄公河流域南传佛教教育弘法基金会得到清迈慈善基金会认可之后,于 2005 年正式建立。

基金会成立后,确定了明确的目标:(1)促进湄公河流域地区佛教文化、艺术的合作与交流;(2)修缮各地佛教寺庙,强化寺庙作为人们精神依托的神圣空间的功能;(3)培养湄公河流域地区佛教人才;(4)促进湄公河区域教育、文化的发展与合作,在发展合作中普及、弘扬佛教文化,提升佛教文化对社会的影响力与感染力;(5)保护、发扬湄公河流域地区的传统佛教文化;(6)弘扬佛教和平、稳定的价值观,促进区域社会乃至全世界和平共处、和谐美好;(7)通过佛法净化人心,以佛法理念关切社会道德。

基金会成立至今,创建者们一直致力于推动湄公河地区佛教教育、文化、弘法、佛教慈善等活动,逐渐形成了一个以清迈为中心、覆盖周边地区的南传佛教文化交流平台。

(一)平台的规划、开展的相关项目及特点

1. 促进湄公河流域佛教文化的合作发展

湄公河流域地区南传佛教流传区域语言与文化具有极大的相似性,这成为相互之间合作的重要基础。南传佛教文化是相互间合作的根基，是共同的信仰纽带。在这样的基础上进行合作更容易建立起人们之间的信任感与亲切感，从而扩大相互之间合作的领域，尤其是在发展佛教文化艺术方面。而合作的主要手段就是在湄公河流域地区内培养高级佛教人才，主要包括高级佛学人才的培养及禅修指导人才的培养。基金会为湄公河流域范围内的南传僧人设置了佛学奖学金。在泰北、缅甸掸邦、老挝琅勃拉邦及中国西双版纳范围内，凡有高中教育经历的僧人都可以从基金会申请进入朱拉隆功佛教大学清迈分校接受更高层次的正统佛学教育。除学习之外，修行也是重要的组成部分，因此禅修指导人才的培养也很必要。基金会会在研二期间为留学学僧安排 3~6 个月的禅修训练，训练地点就在著名的清迈郎奔寺国际禅修中心。成绩显著的僧才，可以到缅甸著名的禅修中心继续深造进行禅修实践。禅修实践突出者，在毕业之后回到当地禅修中心教禅，担任禅师。

另外，积极参与、支持各地区的宗教活动，增进宗教情感也是促进区域内佛教文化合作的重要手段。基金会依托佛教教育资源，每年都会在重要的佛教节日或活动中派遣师生去周边地区参加，例如布施功德衣、佛寺大殿落成之后的升顶仪式以及高僧弘法活动等。

2. 保护传承佛教文化，保持地方佛教文化的多样化特征

基金会认为，每个区域都有自己的特色文化，如何让地方文化与时俱进，要依赖社会多方合作，来评估该地方文化的弱点、优势、机遇以及威胁地方文化传承与发展的因素。湄公河区域的地方文化所受到的全球化的威胁已经影响到了该地区人们传统的生活。而寺院是担负着传承地方文化使命的重要机构，既要传承文化，又要适应社会、服务众生。因此，要保持地方文化多样性发展，主要要着力于湄公河流域传统文化的复兴。

基金会目前已帮助南传佛教地区修缮、恢复佛教古迹（寺庙、佛塔）及修建佛寺，如帮助清迈、清莱、南邦以及缅甸掸邦景栋地区修缮、建立佛教寺庙，修建孤邸（僧寮），同时给这些地区铸造、赠送佛像。在修缮、建造佛寺时特别注重对当地传统建筑风格的恢复及保存。目前已在 8 处修缮、建造佛寺佛塔并捐赠佛像，主要集中在泰北边远山区及缅甸掸邦地区。除修缮佛寺佛塔外，还协助掸邦修撰《掸族地方志》。与景栋开展兄弟之邦合作计划，为景栋的佛教学校捐赠佛学教材、教学设备并对当地民众进行佛学知识普及和培训。制订"和谐宗教计划"，定期邀请湄公河区域佛教界人士进行佛教研讨，研讨会的主要宗旨就是加强湄公河－澜沧江流域国家佛教界的联系，增进宗教情感。在创新中维护传统文化、继承传统文化，为新时代新宗教的对话拓展更多的交流渠道。强调寺院是南传佛教信仰地区精神信仰与精神凝聚力的物化载体，并在合作区域内建立传统文化保护的示范性寺院。

3. 佛教慈善的社会实践

湄公河区域内许多地方的人存在贫困、健康问题，严重影响当地人们的生活质量及社会稳定。救济、帮助这些特殊群体，也是稳定社会的一个重要部分。基金会通过动员社会力量整合社会资源、服务关怀本国及周边地区弱势群体，以佛教慈悲济世的救渡精神对社会大众普及慈善公益理念。此外，基金会还使慈善活动常态化、规范化。与相关机构沟通协调，获得政府相关职能部门的支持，使佛教慈善活动合法化、规范化，并与其建立伙伴关系，对弱势群体进行联合救助。目前已开展的具体项目包括贫困学生奖、助学金的援助，贫困老人救助，残疾人救助，医疗救助以及为失业者、毕业学生创造就业机会（提供就业的机构多为社会公益慈善机构）。

4. 促进湄公河流域地区教育－学术的多边合作

信息技术加快了经济一体化的进程。在这样的时代特征下，原本政治边界的划分必然会导致彼此之间在政治、经济领域的竞争，甚至是冲突。而了解、尊重相互之间的文化，加强文化交流与合作无疑是化解矛盾、消除纷争、平息冲突、理顺关系的重要手段。因此，在语言、文化、社会思想体系、社会变迁等方面开展相互之间的学术与教育合作，是增进湄公河流域地区人民相互理解的必要方式。这样可以消弭族群与政治边界，达到区域之间的美美与共、和谐发展。

具体计划：

（1）建立多边社会文化合作机制；

（2）建立湄公河区域内学术研究合作机构；

（3）促进并支持相关方面的奖学金、助学金机构的建立，为致力于社会文化、佛学学习的学生提供、寻找奖学金、助学金，僧人优先；

（4）促进并支持湄公河区域相互间的学术合作；

（5）促进并支持合作建立信息平台：学术资料、信息资料的交换与更新，特别强调佛教文化方面。[1]

具体项目：

（1）建立宗教、社会文化学术交流平台。

（2）建立宗教、社会文化研究人员联合机构。

（二）南传佛教文化交流平台对泰国与周边国家关系的影响

泰北的南传佛教文化交流平台立足于地缘、族源，通过地缘、

1　来自 2016 年 2 月对泰北花园寺湄公河流域南传佛教教育弘法基金会的采访。

族源优势确定了湄公河流域一带泰北南传佛教文化的重要地位，对周边地区形成了向心力，更容易促进泰国与周边地区展开民间外交，在一定程度上对泰北与周边地区在政治、经济交流合作方面起到了助力作用。

与基金会长期进行佛教文化合作交流的景栋，2015 年 9 月与清迈缔结为友好城市。清迈府尹与代表团一同前往缅甸景栋市会见景栋市长，商讨清迈府与景栋市缔结友好城市事宜，与缅方代表商讨两国边境地区经济与科教文化发展问题，制订发展计划。

清迈府商业厅副厅长帕盖曼女士表示，加强清迈与景栋的友好关系，可有效促进边境地区经济发展，对促进经贸和旅游业发展十分有益。清迈和景栋相距不远，交通往来便利，而两国往来可联通周边的中国和老挝。泰国和缅甸是东盟成员国，不久东盟经济共同体将成形，可将清莱、清迈与缅甸景栋的经济、文化、医疗和公共事业推向新高度，双方加强联系是大势所趋。因此，南传佛教文化交流平台的形成深化了泰国佛教文化的软实力，为泰国与周边国家的合作创造了良好、稳定、和谐的社会文化环境，从一定层面上推动了泰国与周边国家在政治、经济、文化、外交方面的合作、发展。[1]

1　饶睿颖：《南传佛教文化交流平台的构建与周边国家关系研究》，郑筱筠主编《东南亚宗教研究报告："一带一路"与东南亚宗教》，中国社会科学出版社，2018，第 201～208 页。

参考文献

一　中文资料

〔泰〕巴差吉功札:《庸那迦纪年》，王文达译，简佑嘉校，云南民族学院、云南省东南亚研究所，1990。

《版纳文史资料选辑》第 1 辑《车里宣慰世系简史专辑》，中国人民政治协商会议西双版纳傣族自治州委员会文史资料工作委员会，1987。

〔泰〕彼利雅·盖勒:《泰国佛教文化艺术》，傅云仙译，云南美术出版社，2007。

〔缅〕波巴信:《缅甸史》，陈炎译，商务印书馆，1965。

《车里宣慰使世系集解》，云南民族出版社，1989。

陈序经:《猛族诸国初考》，东南亚古史研究之二，印本，出版社及年月不详。

《傣族社会历史调查（西双版纳之一至十）》，云南民族出版社，1983。

刀述仁：《南传上座部佛教在云南》，《法音》1985 年第 1 期。

刀述仁：《中国南传佛教面临的挑战和机遇》，2018 年 3 月 30 日，凤凰网·佛教。

邓殿臣：《南传佛教史简编》，中国佛教协会，1991。

都坎章：《贝叶书院章程》，内部资料。

都坎章：《西双版纳南传佛教佛寺教育浅析——以贝叶书院为例》，郑筱筠、康南山主编《首届南传佛教高峰论坛文集》，中国社会科学出版社，2017。

杜佑：《通典》，王文锦等点校，中华书局，1988。

段立生：《东南亚宗教嬗变对各国政治的影响》，泰国曼谷大通出版社，2007。

段立生：《泰国通史》，上海社会科学院出版社，2014。

《儿童之家经验交流分享回顾》，2017 年 12 月 30 日，贝叶书院公众号。

樊绰撰，向达校注《蛮书校注》，中华书局，2018。

方英美：《兰那傣仂织锦工艺的传承与发展》，博士学位论文，云南大学，2010。

龚浩群：《佛与他者：当代泰国宗教与社会研究》，社会科学文献出版社，2019。

龚浩群：《佛与他者：现代泰国的文明国家与信仰阶序的建构》，《思想战线》2010 年第 5 期。

龚锐：《圣俗之间：西双版纳傣族赕佛世俗化的人类学研究》，云南人民出版社，2008。

何平:《从云南到阿萨姆》,云南大学出版社,2001。

贺圣达:《东南亚南传上座部佛教文化圈的形成、发展及其基本特点》,《东南亚南亚研究》2015 年第 4 期。

贺圣达:《缅甸史》,人民出版社,1992。

祜巴罕听:《加强南传佛教的人才培养》,《中国宗教》2018 年第 4 期。

华思文:《泰傣民族发展史中的勐文化》,博士学位论文,云南大学,2000。

黄素芳:《从兰那泰王国到泰国北方诸府——历史上泰北与曼谷王朝的关系及内务部对泰北的改革》,《东南亚》2004 年第 1 期。

〔英〕霍尔:《东南亚史》,中山大学东南亚历史研究所译,商务印书馆,1982。

江应樑:《傣族史》,四川民族出版社,1983。

金勇:《以国王为元首的民主制:当代"泰式民主"的文化建构》,东南亚社会与文化研讨会会议论文,2018 年。

净海:《世俗与神圣:南传佛教国家的宗教与政治》,宗教文化出版社,2000。

康南山:《刀述仁副会长荣获摩诃朱拉隆功佛教大学教育行政管理名誉博士学位》,《法音》2011 年第 5 期。

柯树勋:《普思沿边志略》,兰州大学出版社,2003。

〔泰〕黎道纲:《八百媳妇请属元廷考》,《东南亚》1995 年第 1 期。

〔泰〕黎道纲:《泰境古国的演变与室利佛逝之兴起》,中华书局,2007。

李拂一:《车里》,商务印书馆,民国 22 年。

李拂一:《泐史》,文建书局,1947。

李杰:《西双版纳宗教生态系统与社会关系研究》,博士学位论文，中央民族大学，2016。

李文林：《到普思边去》，云南省立双江简师1936年铅印本。

郑绍谦原本，李煦龄续修《普洱府志》，咸丰元年刻本。

李志荣：《中国古典经济学理论辑要》，中国财政经济出版社，2017。

〔泰〕卢乍亚·阿帕空：《1884~1908年间泰国北部各邦同曼谷王朝的关系》，贺圣达、何平编译，《东南亚》1984年第2期。

玛欣德尊者：《比库巴帝摩卡》，中国上座部佛教西双版纳法住禅林，2014。

玛欣德尊者：《图说洁地》，上座部佛教图说系列之二，西双版纳法住禅林内部资料，2015。

《明史》，中华书局，1974。

聂迅：《清代滇东南边疆民族地区国家治理的区域演进与历史进程研究》，博士学位论文，云南大学，2016。

饶睿颖：《从"八百媳妇"到"兰那王国"名称变更考释——泰国古代北方泰族国家变迁新探》，《广西民族研究》2010年第2期。

饶睿颖：《泰北泰庸人与中国西双版纳傣泐人历史关系研究》，《广西民族大学学报》2012年第1期。

饶睿颖：《泰北主体民族泰庸人与老挝泰佬人历史关系研究》，《广西民族研究》2012年第1期。

宋立道：《从印度佛教到泰国佛教》，东大图书股份有限公司，2002。

宋立道：《神圣与世俗——南传佛教国家的宗教与政治》，宗教文化出版社，2000。

谭乐山：《南传上座部佛教与傣族村社经济》，云南大学出版社，2005。

〔美〕通猜·威尼差恭:《图绘暹罗:一部国家地缘机体的历史》,袁剑译,译林出版社,2016。

王海涛:《云南佛教史》,云南美术出版社,2001。

王晓帆:《中国西南边境及相关地区南传上座部佛塔研究》,博士学位论文,同济大学,2006。

王彦威、王亮辑编《清季外交史料》第10册,湖南师范大学出版社,2015。

〔英〕O.W.沃尔特斯:《东南亚历史、文化和区域透视》,新加坡东南亚研究所,1982。

吴之清:《贝叶上的傣族文明——云南西双版纳南传上座部佛教社会研究》,人民出版社,2008。

伍琼华、彭多意:《中国南传佛教资料辑录》,云南大学出版社,2015。

《西双版纳傣族社会综合调查之》(一),云南民族出版社,1983。

《西双版纳傣族社会综合调查之》(二),云南民族出版社,1986。

《西双版纳傣族自治州概况》,民族出版社,2008。

肖志云:《柯树勋改革与西双版纳的近代化》,《文教资料》2016年第26期。

谢远章:《泰傣学研究六十年》,云南民族出版社,2008。

《新唐书》,中华书局,1975。

杨筑慧:《清末民初对西双版纳的开发》,《云南民族大学学报》2012年第6期。

姚珏:《傣族本生经研究——以西双版纳勐龙为中心》,《世界宗教研究》2006年第3期。

姚珏:《对云南西双版纳现存傣族南传上座部佛教巴利语文献特殊价值暨研究方法的几点认识》,《宗教学研究》2006年第4期。

义净著, 王邦维校注《南海寄归内法传校注》, 中华书局, 1995。

尤中:《中国西南边疆变迁史》, 云南教育出版社, 1987。

余定邦:《中国和八百媳妇的关系——古代中泰关系史上的重要一章》,《世界历史》1981年第4期。

庾恩旸:《云南普防巡阅管见录》, 云南大学图书馆藏, 1915。

《元史》, 中华书局, 1976。

《云南省志》卷66《宗教志》, 云南人民出版社, 1995。

张公瑾、杨民康:《中华佛教史·云南上座部佛教史卷》, 山西教育出版社, 2014。

张公瑾:《傣族文化》, 吉林教育出版社, 1989。

征鹏主编《西双版纳佛教》, 云南民族出版社, 2012。

郑筱筠:《世界佛教通史》第12卷《斯里兰卡与东南亚佛教(从佛教传入至公元20世纪)》, 中国社会科学出版社, 2015。

郑筱筠、梁晓芬:《世界佛教通史》第8卷《中国南传佛教(从佛教传入至公元20世纪)》, 中国社会科学出版社, 2015。

郑筱筠:《中国南传佛教研究》, 中国社会科学出版社, 2012。

周娅:《地缘文化及其社会建构——东南亚宗教、民族的政治社会学视野》, 中国社会科学出版社, 2016。

朱德普:《泐史研究》, 云南人民出版社, 1993。

二 泰文资料

〔泰〕阿伦腊·维先考:《古代清迈社会中的阶级关系》,《清迈大学社会学院年刊》, 1981。

〔泰〕阿伦腊·维先考:《清迈纪年》,清迈建城700周年庆祝会纪念著书,清迈大学,1998。

〔泰〕阿伦腊·维先考:《古代兰那法典研究》,清迈大学出版社,1981。

〔泰〕阿伦腊·维先考:《从泰北贝叶经中探析曼谷王朝初期的兰那社会》,博士学位论文,朱拉隆功大学,1977。

〔泰〕阿伦腊·维先考:《兰那王国宗教》,白象出版社,1989。

〔泰〕阿伦腊·维先考、金达娜·玛塔勇布鲁:《帕尧城的历史与弦琴演奏中的文字游戏》,清迈文化中心,1984。

〔泰〕阿纳多·本迪耶:《兰那与老挝在佛教文学方面的关系》,清迈提那出版社,1984。

《阿育陀耶王朝史》,朱拉图书出版社,2000。

〔泰〕巴迪·几那瓮:《帕召夏维拉——清迈城主》,清迈府第33陆军出版社,1996。

〔泰〕巴统·达卡那南:《五世王时期僧团救世》,大众出版社,2007。

〔泰〕布拉空·尼曼贺敏:《真憨:泰族诗歌中的英雄》,庆祝布拉塞教授诞辰90周年学术会议会议论文,曼谷艺术大学,2009年3月。

〔泰〕布拉塞·乃那空:《碑刻中的兰那历史》,曼谷GSWU基金出版社,1991。

〔泰〕布拉塞·乃那空:《芒莱法典》,曼谷诗那卡琳大学出版社,1987。

〔泰〕布拉唯·玛萨绲腊:《芒莱大帝》,商务出版社,1998。

〔泰〕布拉育·西提潘:《泰国政治史》,吞武里那空吞出版社,1998。

〔泰〕布利萨纳·丝丽楠:《泰国与藩属国兰那泰在曼谷王朝初期的关系》,白象出版社,1998。

〔泰〕布旺·朵乔:《清迈建城记》,清迈大学社会研究院内部资料,1979。

〔泰〕查克里:《泰国巴利语等级考试》,2016年3月18日,梵佛研公众号。

〔泰〕丹隆萨·坦奔:《兰那王国的形成》,硕士学位论文,朱拉隆功大学,1985。

〔泰〕达摩迪洛尊者:《大佛塔寺勐柱传说》,清迈奔希利出版社,1995。

〔泰〕盖西·尼曼贺敏:《兰那文献基础知识·宗教文化卷》,白象出版社,2001。

〔泰〕盖西·尼曼贺敏:《兰那史料中的宗教与文化》,清迈图书中心,1984。

《哈里奔猜佛塔纪年》,清迈大学藏书。

〔泰〕汉·朋:《兰那泰的由来》,奔密·占他布拉塞译,清迈大学出版社,1983。

〔泰〕汉·朋:《兰那历史简介》,清迈星文出版社,2004。

〔泰〕汉·朋:《兰那历史的由来》,清迈圣领出版社,1983。

〔泰〕集·蒲密萨:《高棉人之真相》,曼谷靓木出版社,1982。

〔泰〕卡玛拉·提雅瓦妮琦:《消失的修行森林》,《香光庄严》,2000年9月。

〔泰〕卡仲·素帕尼:《泰国历史学与考古学中的问题》,曼谷社会科学学会,1982。

〔泰〕拉达婉·赛肖:《缅甸统治兰那的200年》,朱拉图书出版社,2002。

〔泰〕拉塔娜蓬·塞塔绲:《清迈—南奔盆地的经济文化历史》,曼谷春蚕书局,2009。

〔泰〕腊达班娅特拉整理《清干玛里匪》,盛·孟唯屯译,蓬萨瓦·素理约泰亲王葬礼纪念出版,1975。

〔泰〕玛尼·婉丽颇东:《辛霍纳瓦的传说》(修订版),曼谷历史文献出版委员会,1973。

〔泰〕那泇孟·提拉瓦编译《曼谷王朝史,一世王》,曼谷学术出版社,1996。

〔泰〕那塔甘·令萨塔蓬:《清迈——兰那的心脏》,帕塔出版社,2001。

〔泰〕那翁斯丽·翁唐撒瓦:《泰国北部地貌》,白象出版社,2001。

〔泰〕奈那·隆突拉:《兰那文字》,艺术大学古文献学院东方语言系,1984。

南奔社团:《祐巴召西维猜》,南奔社团驻曼谷印刷厂,2018。

〔泰〕尼达雅·翁维瓦:《五世王与佛教的振兴》,硕士学位论文,诗那卡琳纳大学,1981。

〔泰〕尼提·耀思翁:《泰国历史研究的问题与运用》,素可泰大学,1986。

〔泰〕农帕纳·阿努鹏帕:《121号僧伽法令对僧伽统治的影响》,朱拉隆功大学出版社,2003。

《帕尧府历史》,泰国国家博物馆藏书。

《帕召难法典》,清迈皇家大学兰那研究中心,1990。

〔泰〕彭撒通·嘎诺辛巴袒:《三世王时期,瓦琪拉央的佛教改革》,(泰)《佛学研究》2006年第13期。

〔泰〕披耶布拉查吉扎:《庸那迦历史》,披耶帕那空出版社,

1955。

〔泰〕菩提光尊者:《占玛黛薇纪年》，清迈大学社会研究院编译，1995。

《清迈王朝史》，清迈大学社会研究院，2001。

清迈大学社会学院编译《宗教本源志》（红林寺版本），艺术大学出版社，1975。

〔泰〕萨兰萨瓦迪·王素恭:《兰那历史》（第四次修订），曼谷因陀罗出版社，2008。

〔泰〕萨兰萨瓦迪·王素恭:《兰那历史》（第五次修订），曼谷阿美林出版社，2018。

〔泰〕萨兰萨瓦迪·王素恭:《兰那的文化与政治》，东乌出版社，1999。

〔泰〕萨兰萨瓦迪·王素恭:《勐难纪年》（佛诞寺版本），曼谷阿美林出版社，1996。

〔泰〕萨兰萨瓦迪·王素恭:《旺功甘，古兰那居住区历史研究》，清迈唯新设计出版社，2008。

〔泰〕萨兰萨瓦迪·王素恭、巴利瓦:《清莱风土》，清迈大学出版社，1991。

〔泰〕萨兰萨瓦迪·王素恭:《兰那的文化与政治》，白象出版社，2000。

〔泰〕萨兰萨瓦迪·王素恭:《兰那古代社区历史研究》，清迈大学艺术文化促进中心，2004。

〔泰〕萨兰萨瓦迪·王素恭:《兰那历史证据》，白象出版社，2003。

〔泰〕萨兰萨瓦迪·王素恭:《兰那与中国的朝贡贸易》,《勐难纪年》（佛诞寺版本）。

〔泰〕萨兰萨瓦迪·王素恭:《有关兰那的地方志》,清迈大学内部资料,1993。

〔泰〕萨兰萨瓦迪·王素恭:《诏解栋家族的政治作用》,兰那学研究会议,清迈大学,1985。

〔泰〕萨兰萨瓦迪·王素恭:《兰那泰历史证据》,清迈大学人文学院,1991。

〔泰〕萨兰萨瓦迪·王素恭:《兰那国王》,瓦妮达出版社,2017。

〔泰〕萨姆达腊:《六大习俗》,白象出版社,1990。

〔泰〕萨宛·镯素腊:《北部泰人》,白象出版社,1999。

〔泰〕萨宛·镯素腊:《披耶芒莱建立勐景栋的历史》,曼谷吞武里出版社,1972。

〔泰〕萨宛·镯素腊:《泰庸—勐人》,曼谷大众出版社,1969。

〔泰〕萨宛·镯素腊:《素汪空堪的传说》,泰国兰那历史研讨会论文,第2本,大城出版社,1972。

〔泰〕赛冲·宛纳腊:《阿育陀耶之前的罗斛》,历史会议论文,朱拉隆功大学,1981年9月。

〔泰〕散迪·莱素:《清盛艺术·兰那艺术》,那空巴统艺术大学出版社,1991。

《上座部升座:兰那僧伽僧阶升座仪式》,摩诃朱拉隆功佛教大学清迈分校,邻国佛教研究项目结项报告,2010。

〔泰〕斯丽瓦·堪湾萨:《印度文化对东南亚的影响》,文字发展出版社,1984。

《四世王记》,泰国国家档案馆档案,1787年（佛历2331年）。

〔泰〕宋迈·布楞级:《芒莱王训诫》,清迈大学社会学院,1976。

〔泰〕宋卓·王素恭:《圣地乌孟寺》,清迈大学社会研究院,维尼达出版社,2018。

〔泰〕宋卓·王素恭:《泰国历史著作中兰那文字的由来》,《历史文献》第 20 期,1987 年 7~12 月。

〔泰〕颂彭·维塔亚萨:《掸族历史》,曼谷创新出版社,2001。

〔泰〕素超·博重:《法宗派的诞生:邵法师传》,曼谷印刷股份有限公司,2003。

〔泰〕素拉彭·丹立棍:《兰那社会、环境与文化》,清迈大学出版社,1989。

〔泰〕素那·楚他拉侬:《缅甸攻打泰国(清迈投降部分)》,曼谷玛迪冲,1994。

〔泰〕素那·习览布:《稻作与泰人》,曼谷稻作文化研究院,1999。

〔泰〕《素汪空堪的传说》,第 72 次历史学术会议论文,第 4 册,曼谷艺术大学,1999。

〔泰〕索帕·卡那蒙:《兰那救世圣僧祜巴西维猜》,博士学位论文,法政大学,2003。

〔泰〕他维·萨汪般亚棍编译《勐勇纪年》,清迈图书中心,1984。

〔泰〕腾素·农暖:《二战期间的泰国》,白象出版社,2001。

〔泰〕田猜·阿克松迪:《兰那生肖佛塔研究》,博士学位论文,清迈大学,2011。

〔泰〕瓦栖拉央·瓦洛罗尼:《佛教百科》,曼谷摩诃蒙固佛教大学,1986。

〔泰〕维奈·朋斯翩:《八百媳妇－八百大甸》,泰国总理秘书办公室中泰史料研究委员会,1996。

〔泰〕乌雯腊·潘图敏:《缅甸的兰那文化》,清迈大学人文学院,泰语系研究项目资料。

〔泰〕佚名:《古城的历史》,清迈大学,1989。

〔泰〕佚名:《清迈王朝史》(贝叶经改写本),清迈大学社会学院、人文学院,1975。

〔泰〕佚名:《哈里奔猜佛塔的传说》,曼谷艺术书局,1988。

〔泰〕玉萍·珂木:《兰那社会的僧团与政治(1411~1558 年)》,硕士学位论文,曼谷艺术大学,2003。

〔泰〕玉萍·珂木:《缅甸统治下的兰那》,清迈皇家大学内部资料,1992。

〔泰〕育色裕几·玛素哈拉:《文化艺术的传承与政治联姻》,因他腊提出版社,1997。

〔泰〕占他奔·西提:《坤勐》,山区少数民族研究院,1996。

〔泰〕智宝尊者:《胜者时鬘》,曼谷艺术大学出版社,2009。

三　英文资料

Acts on the Administration of the Buddhist Order of Sangha (1963). Thailand: The Mahamakuta Educational Council, B.E. 2506.

Acts on the Administration of the Buddhist Order of Sangha (1963). Thailand: The Mahamakuta Educational Council, B.E. 2506. Anderson, B. R. O'G. (1972) .

Anagnost, Ann 1994 "The Politics of Ritual Displacement", in Charles F. Keyes, Laurel Kendall and Helen Hardacre, eds., Asian Visions of Authority. Religion and the Modern States of East and Southeast Asia, Univ. of Hawaii, Honolulu

Andrew C. Shahriari, *Khon Muang Music and Dance Traditions of*

North Thailand, White Lotus Press, 2006.

Aye Kyaw, " Burmese Sources for LanNa Thai History", *Journal of the Siam Society*, Vol. 73, 1985.

Buddhismus, Staat und Gesellschaft in den Laendern des Theravdda-Buddhismus. Vol. I , Frankfurt (1966); Vol. II , Wiesbaden(1967) . (1970) .

Buddhist Education in Thailand (1961) . Bangkok: Mahamakut Educational Council. Bunnag, Jane(1973) .

Buddhist Monk Buddhist Layman, A Study of Urban Monastic Organization in Central Thailand. Cambridge University Press. Bunnag, T.(1968) .

Christianity and Buddhism. Sinclaire Thompson Memorial Lecture. Fifth Series. Bangkok, B.E. 2511.(1969) .

Dodd, William Clifton, The Tai Race - The Elder Brother of the Chinese, Bangkok: White Lotus Press, 1996.

Emmanuel Guillon, *The Mons: A Civilization of Southeast Asia*, James V.Di Crocco trans.and ed., The Siam Society, 1999.

Exchanging Dhamma While Fighting. Mutual Understanding Between Religions, Series no. 10. Bangkok. (1970) . In Samsara Exists Nibbana. Mutual Understanding Between Religions, Series no. 12. Bangkok. (19710) . Toward the Truth (ed. Donald K. Swearer) . Philadelphia: The Westminster Press. 531.

Foon Ming Liew-Herres, Volker Grabowsky, Aroonrut Wichienkeeo, *LanNa in Chinese Historiography*, Institue of Asian Studies, Chulalongkorn University Press, 2008.

Hans Penth, *A Brief History of Lanna: Civilizations of North*

Thailand, Chiang Mai: Silkworm Books Press, 2000.

KamalaTiyavanich: ForestRecollection-Wandering Monks in Twentieth-Century, Thailand.Silkworn Books, 1997.

Mangrai, Sao Saimong 2002 The Padaeng Chronicle and the Jengtung State Chronicle Translated, Centers for South and Southeast Asian Studies, Univ. of Michigan.

Religion and Progress in Modern Asia. Glencoe, 111.: The Free Press. Berval, R. de (1959)(ed.) . Kingdom of Laos, the Land of the Million Elephants and of the White Parasol. Limoges: A. Bontemps Co., Ltd. Bharati, A.(1965) .

Reynolds, Craig James (1972) . "The Buddhist Monkhood in Nineteenth Century Thailand", PhD diss., Conell University.

Somboon Suksamran, "Buddhism and Politics in Thailand: A Study of Socio-Political Change and Political Activism of the Thai Sangha", Institute of Southeast Asian Studies, Singapore, 1982.

Tambiah, Stanley J., Buddhist saints of the forestand the cult of amulets, Cambridge: Cambridge University Press, 1984.

Swearer, Donaldk. 1976. Wat Haripunjaya: A Study of the Royal Temple of the Buddha's Relic, Lamphun, Thailand. Missoula, Mont.: Scholars Press for the American Academy of Religion.

Taylor, J.L, Forest Monks and the Nationa-State: An Anthropological and Historical Study in Northeastern Thailand, Singapore: Institute of Southeast Asian Studies, 1993.

The Ancient Khmer Empire. Philadelphia: Transactions of the American Philosophical Society, New Series XLI, Part 1. Buddhadasa, B. (1967) . Two Kinds of Language. Bangkok: Sublime Life Mission.

（1968）.

The Chiang Mai Chronicle, trans. by David K. Wyatt and Aroonrut Wichienkeeo, Chiang Mai: Silkworm Books Press, 1995.

The Department of Religious Affairs, Bangkok. Archaimbault, C. （1971）. The New Year Ceremony at Basak（South Laos）. Data Paper No. 78. Southeast Asia Program. Ithaca, N.Y.: Cornell University. The Bangkok Post, November 9, 1971; December 19, 1971. Bechert, H. （1966, 1967）.

The Provincial Administration of Siam from 1892 to 1915: A Study of the Creation, the Growth, the Achievements, and the Implications for Modern Siam, of the Ministry of Interior Under Prince DamrongRachanuphap. Unpublished PhD diss., St. Anthony's College, Oxford University. Casparis, G. de（1962）.

The Tantric Tradition. London: Rider, 1965.（1970）. "The Hindu Renaissance and Its Apologetic Patterns." Journal of Asian Studies, vol.* XXIX, no. 2, pp. 267-287. Bloch, M.（1962）. Feudal Society. Chicago: The University of Chicago Press. Briggs, L. P.（1951）.

Thepprawin Chanraeng, "History of Buddhism in Lanna: An Analysis Data from Manuscript and Archeological Sources", The Journal of Buddhist Studies, Vol.10, No. 1（January-June, 2019）.

Bellah, R. N., "Theravada Buddhist Sangha: Some General Observations on Historical and Political Factors in Its Development", Journal of Asian Studies, Vol. XXIX, No. 4, 1965.

Vachara Sindhuprama, "Modern Education and Socio-Cultural Change in Northern Thailand, 1898-1942", PhD diss., University of Hawaii, December 1988.

Victor Purcell, *The Chinese in Southeast Asia*, London: Oxford University Press, 1952.

Volker Grabowsky, "Forced Resettlement Campaigns in Northern Thailand during the Early Bangkok Period", *Journal of Siam Society*, Vol. 2, No. 5, 1993.

附　录

田野调查图像资料

南奔勐神神社女王国女王护卫德阔壁画（一）

南奔勐神神社女王国女王护卫德阔壁画（二）

南奔勐神神社女王国女王护卫德阔壁画（三）

南奔勐神神社女王国女王护卫德阔壁画（四）

金芒寺山路（一）

金芒寺山路（二）

金芒寺山脚，狗母亲纪念祠

金芒寺佛塔

金芒寺大殿壁画（一）

金芒寺大殿壁画（二）

金芒寺大殿壁画（三）

金芒寺大殿壁画（四）

金芒寺大殿壁画（五）

金芒寺大殿壁画（六）

金芒寺大殿壁画（七）

金芒寺大殿壁画（八）

金芒寺大殿壁画（九）

金芒寺大殿壁画（十）

金芒寺大殿壁画（十一）

金芒寺大殿壁画（十二）

金芒寺大殿壁画（十三）

金芒寺大殿壁画（十四）

金芒寺大殿壁画（十五）

金芒寺大殿壁画（十六）

金芒寺大殿壁画（十七）

金芒寺大殿壁画（十八）

金芒寺大殿壁画（十九）

祜巴西维猜舍利

祜巴西维猜所刻贝叶经经柜

祜巴西维猜纪念佛寺曼邦佛寺

祜巴手、脚印纪念圣迹

祜巴西维猜照片

南奔佛陀圣迹寺佛殿

南奔佛陀圣迹寺佛陀晒袈裟遗迹

南奔佛陀圣迹寺佛足印

南奔佛陀圣迹寺那迦台阶

景洪总佛寺

西双版纳传统佛寺

兰那传统佛寺栋衮寺

泰北现代佛寺

摆放于西双版纳州政协文史资料室铁柜中的棉纸画册

采访刀世勋夫妇

《少年王召波拉》(一)

《少年王召波拉》(二)

《少年王召波拉》（三）

《少年王召波拉》（四）

《少年王召波拉》（五）

《少年王召波拉》（六）

以上为佛本生经故事《少年王召波拉》中的故事情节

棉纸画册藏于西双版纳州政协文史资料室

图书在版编目 (CIP) 数据

泰北佛教史 / 饶睿颖著. -- 北京：社会科学文献
出版社, 2021.11
（九色鹿）
ISBN 978-7-5201-8393-2

Ⅰ.①泰…　Ⅱ.①饶…　Ⅲ.①佛教史 – 研究 – 泰国
Ⅳ.① B949.336

中国版本图书馆CIP数据核字（2021）第166551号

·九色鹿·
泰北佛教史

著　　者 / 饶睿颖

出 版 人 / 王利民
组稿编辑 / 郑庆寰
责任编辑 / 赵　晨
文稿编辑 / 梁　赟
责任印制 / 王京美

出　　版 / 社会科学文献出版社·历史学分社（010）59367256
　　　　　 地址：北京市北三环中路甲29号院华龙大厦　邮编：100029
　　　　　 网址：www.ssap.com.cn
发　　行 / 市场营销中心（010）59367081　59367083
印　　装 / 三河市东方印刷有限公司

规　　格 / 开　本：787mm×1092mm　1/16
　　　　　 印　张：24.25　插　页：1　字　数：296千字
版　　次 / 2021年11月第1版　2021年11月第1次印刷
书　　号 / ISBN 978-7-5201-8393-2
定　　价 / 78.80元